项目资助

西南交通大学法学专项研究项目资助(项目编号:SWJTU SPAL002)

四川省科技计划项目软科学项目"职务科技成果混合所有制改革的知识产权法理研究"(项目编号:2018ZR0221)

四川省科技计划项目软科学项目"四川省职务科技成果混合所有制改革的实效及完善对策研究——基于试点单位的调查分析"(项目编号:2020JDR0054)

西南交通大学－中细软中国高铁知识产权研究院、四川省知识产权教育培训(西南交通大学)基地2022—2023年度资助(项目编号:IP22001－IP22005)

职务科技成果混合所有制改革的知识产权法律问题研究

徐兴祥　饶世权　杨　珊　陈迎新　夏永梅　著

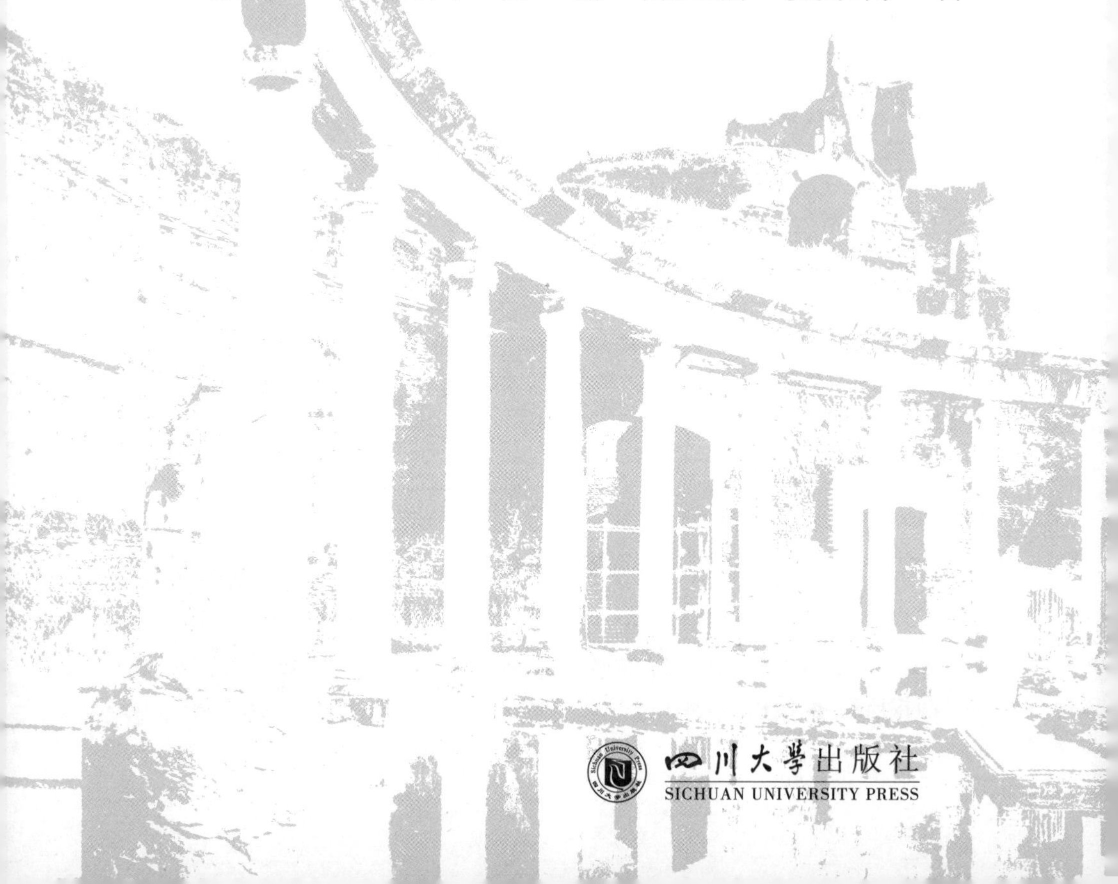

图书在版编目（CIP）数据

职务科技成果混合所有制改革的知识产权法律问题研究 / 徐兴祥等著. — 成都：四川大学出版社，2023.11
ISBN 978-7-5690-6477-3

Ⅰ. ①职… Ⅱ. ①徐… Ⅲ. ①科技成果－知识产权法－研究－中国 Ⅳ. ①D923.404

中国国家版本馆 CIP 数据核字（2023）第 230728 号

书　　名：职务科技成果混合所有制改革的知识产权法律问题研究

Zhiwu Keji Chengguo Hunhe Suoyouzhi Gaige de Zhishi Chanquan Falü Wenti Yanjiu

著　　者：徐兴祥　饶世权　杨　珊　陈迎新　夏永梅

选题策划：梁　明
责任编辑：李畅炜
责任校对：梁　明
装帧设计：墨创文化
责任印制：王　炜

出版发行：四川大学出版社有限责任公司
　　　　　地址：成都市一环路南一段 24 号（610065）
　　　　　电话：（028）85408311（发行部）、85400276（总编室）
　　　　　电子邮箱：scupress@vip.163.com
　　　　　网址：http://press.scu.edu.cn
印前制作：四川胜翔数码印务设计有限公司
印刷装订：四川煤田地质制图印务有限责任公司

成品尺寸：165 mm×230 mm
印　　张：18
字　　数：268 千字

扫码获取数字资源

版　　次：2023 年 12 月 第 1 版
印　　次：2023 年 12 月 第 1 次印刷
定　　价：88.00 元

四川大学出版社
微信公众号

本社图书如有印装质量问题，请联系发行部调换

版权所有 ◆ 侵权必究

目 录

第一章 职务科技成果混合所有制改革的溯源与争论

第一节 促进职务科技成果转化的早期探索……………… 1

第二节 职务科技成果混合所有制改革的兴起……………… 22

第三节 职务科技成果混合所有制改革引发的争论 ………… 35

第二章 职务科技成果混合所有制改革的法理探讨

第一节 职务科技成果权利归属的法哲学分析……………… 51

第二节 职务科技成果权利分配的法经济学分析…………… 68

第三节 职务科技成果混合所有制改革的知识产权法体系解释
…………………………………………………………… 81

1

第三章 我国职务科技成果混合所有制改革的实证分析

第一节 职务科技成果混合所有制改革典型试点分析 …… 99

第二节 职务科技成果混合所有制改革试点成效分析…… 110

第三节 职务科技成果混合所有制改革存在的主要问题…… 130

第四章 国外促进高校、科研院所国家财政资助科技成果转化的立法、经验与启示

第一节 促进高校、科研院所国家财政资助科技成果转化的美国模式…………………………………… 155

第二节 促进高校、科研院所国家财政资助科技成果转化的德国模式…………………………………… 165

第三节 促进高校、科研院所国家财政资助科技成果转化的日本模式…………………………………… 172

第四节 促进高校、科研院所国家财政资助科技成果转化的英国模式…………………………………… 179

第五节 促进高校、科研院所国家财政资助科技成果转化的法国模式…………………………………… 188

第六节 国外促进高校、科研院所国家财政资助科技成果转化实践对我国的启示………………………… 198

第五章 我国职务科技成果混合所有制改革的路径与制度完善

第一节 职务科技成果混合所有制改革的基本原则……………216

第二节 职务科技成果混合所有制合法化的总路径……………223

第三节 《专利法》的改革路径与完善建议……………………229

第四节 《促进科技成果转化法》的改革路径与完善建议……239

第五节 国有资产管理法的改革路径与完善建议………………244

第六节 促进职务科技成果转化的地方立法、配套政策与措施
……………………………………………………………249

参考资料……………………………………………………………271
后　记………………………………………………………………278

第一章　职务科技成果混合所有制改革的溯源与争论

第一节　促进职务科技成果转化的早期探索

一、改革开放以来职务科技成果权利归属与利益分享的制度变迁

（一）职务科技成果权利归属与利益分享的初始设计

科技成果指公民、法人或其他组织运用科学仪器和方法，通过科学研发和技术研究取得的成果，主要包括理论成果或作品、发明创造、集成电路布图设计、植物新品种以及商业秘密等应用成果。2015年修订的《中华人民共和国促进科技成果转化法》（简称"《促进科技成果转化法》"）第二条对科技成果进行了定义，认为科技成果是通过科学研究与技术开发产生的具有实用价值的成果；同时规定，职务科技成果指执行研究开发机构、高等院校和企业等单位的工作任务，或者主要是利用上述单位的物质技术条件所完成的科技成果。"创新成果的产权归属、处置和收益问题,既直接影响相关科研人员的创新动力,也是科技成果转化应用的前提基础"[1],而我国职务科技成果权利归属、处置与利益分享制度经历了不断变革的过程。

职务科技成果在《中华人民共和国专利法》(简称"《专利法》")中被称为"职务发明创造"(在本书中有时简称为"职务发明"),在本书中,这两个名词可以互换。民国时期,已有关于职务发明创造的规章制度,但其走向正轨则始于改革开放。"改革开放后,经济发展和对外交往都对发明创造的法律保护制度提出了要求"[2],1978年我国开始开展专利制度必要性的研究,1980年成立中国专利局,负责起草《专利法》。当时,由于"一大二公"的所有制和计划经济体制长期以来对人们观念的束缚,部分人担心专利权私有化会对经济发展产生不利影响,各方围绕专利制度在经济上的利与弊展开了论战。1980年10月、11月的专利问题座谈会和专利法研讨会的主流意见认为,专利制度是一种技术性法律制度,中国建立专利制度利大于弊。但在1981年3月《专利法(草案)》第十一稿送国务院征求意见时,却遭到较强烈的反对,《专利法》起草工作因此停滞。1982年国家再次启动《专利法》立法程序,1984年3月12日第六届全国人民代表大会常务委员会第四次会议通过了《专利法》,并于1984年3月20日公布,1985年4月1日起施行。[3]《专利法》立法过程中争论的经济上利与弊的问题,实质是保护作为私权的专利权是否会阻碍专利技术使用或者科技成果转化的问题。为此,1984年《专利法》第六条规定:

执行本单位的任务或者主要是利用本单位的物质条件所

---

[1] 解栋栋,曾翔.关于上海高校和科研院所职务科技成果产权管理体制改革[J].科学发展,2015(12):64.

[2] 刘春田.知识产权法[M].2版.北京:高等教育出版社,北京大学出版社,2004:144.

[3] 刘春田.知识产权法[M].2版.北京:高等教育出版社,北京大学出版社,2004:144.

完成的职务发明创造，申请专利的权利属于该单位；非职务发明创造，申请专利的权利属于发明人或者设计人。申请被批准后，全民所有制单位申请的，专利权归该单位持有；集体所有制单位或者个人申请的，专利权归该单位或者个人所有。

在中国境内的外资企业和中外合资经营企业的工作人员完成的职务发明创造，申请专利的权利属于该企业；非职务发明创造，申请专利的权利属于发明人或者设计人。申请被批准后，专利权归申请的企业或者个人所有。

专利权的所有人和持有人统称专利权人。

该条款及相关规章制度一起构成我国改革开放后早期的职务发明创造制度。首先，对于职务发明创造的内涵与构成要件，其明确职务发明创造是指执行本单位的任务或者主要是利用本单位的物质条件所完成的发明创造。

其次，对于职务发明创造的权利归属，其明确申请专利的权利属于单位；全民所有制单位申请的专利权由单位"持有"，与集体所有制单位、中国境内的外资企业和中外合资经营企业的工作人员完成的职务发明创造专利权归单位"所有"，以及非职务发明创造专利权属于个人"所有"相对应，由全民所有制单位申请获得的专利权归国家"所有"。

再次，对于职务发明创造的权利处置，《专利法》（1984）① 第十条明确规定"全民所有制单位转让专利申请权或者专利权的，必须经上级主管机关批准"，即全民所有制单位没有自主处置所持有专利权的权利。

又次，对于专利技术的实施权，即职务科技成果转化权，《专利

---

① 本书提及《专利法》等相关法律文件时，如涉及具体条款或在可能造成误解的情况下，会注明版本，否则不予注明。

3

法》(1984)第十四条规定:"国务院有关主管部门和省、自治区、直辖市人民政府根据国家计划,有权决定本系统内或者所管辖的全民所有制单位持有的重要发明创造专利允许指定的单位实施,由实施单位按照国家规定向持有专利权的单位支付使用费。"1984年国家科技委员会制定的《关于科学技术研究成果管理的规定（试行）》第七条也规定:"科技成果是国家的重要财富,全国各有关单位都可利用它所需要的科技成果,一切成果的完成单位都有向其他单位交流、推广（或转让）本单位科技成果的义务,绝不允许封锁和垄断。"因此,全民所有制单位有权自行实施专利,主管部门有权指定持有人以外的其他单位实施专利,持有人也有义务同意其他人使用其所持有的专利权。这些规定显然是为了消除《专利法》(1984)立法过程中人们所担心的专利权制度对经济发展的弊端而设。

最后,对于利益分享,其规定了对发明人或设计人（合称"发明人"[①]）的署名权和"两奖"权。《专利法》(1984)第十六条规定:"专利权的所有单位或者持有单位应当对职务发明创造的发明人或者设计人给予奖励；发明创造专利实施后,根据其推广应用的范围和取得的经济效益,对发明人或者设计人给予奖励。"其中提及的奖励,即职务发明创造奖励权和转化后的奖励权。《专利法》(1984)第十七条规定"发明人或者设计人有权在专利文件中写明自己是发明人或者设计人",即职务发明创造的发明人享有署名的权利,这是对其人身权利的保护。1985年制订的《中华人民共和国专利法实施细则》（简称"《专利法实施细则》"）进一步明确了对全民所有制单位职务发明创造的发明人的奖酬制度,规定"专利法第十六条所称的奖励,包括发给发明人或者设计人的奖金和报酬"（第七十条）。其中,发放奖金的条件和标准是:"专利权被授予后,专利权的持有单位应当对发明人或者设计人发给奖金。一项发明专利的奖金最低不少于200元；一

[①] 在本书中如无特别说明,非引用文本中的"发明人"一般指"职务发明人"。

项实用新型专利或者外观设计专利的奖金最低不少于50元。"（第七十一条）发放报酬的条件和标准是："专利权的持有单位在专利权有效期限内，实施发明创造专利后，每年应当从实施发明或者实用新型所得利润纳税后提取0.5%～2%，或者从实施外观设计所得利润纳税后提取0.05%～0.2%，作为报酬发给发明人或者设计人；或者参照上述比例，发给发明人或者设计人一次性报酬。"（第七十二条）"发明创造专利权的持有单位许可其他单位或者个人实施其专利的，应当从所取的使用费中纳税后提取5%～10%作为报酬发给发明人或者设计人。"（第七十三条）该文件还对报酬计算及财务会计处理规定："本细则规定的报酬，一律从制造专利产品、使用专利方法所获得的利润和收取的使用费中列支，不计入单位的奖金总额，不计征奖金税。但发明人或者设计人的个人所得，应当依法纳税。"（第七十四条）集体所有制单位和其他企业可以参照全民所有制单位对职务发明创造发明人或设计人的奖酬条件和标准执行（第七十五条）。

由此构成了有关职务发明创造权利归属、处置及利益分享的初始制度。1992年《专利法》进行了第一次修改，同时也第一次修改了《专利法实施细则》，但有关职务发明创造的权利归属、处置及利益分享的规定几乎没有变动。

（二）职务科技成果权利归属的重塑与利益分享的提高

随着改革开放的深入，我国确立了社会主义市场经济体制的发展方向，提出建立现代企业制度，1994年制定了《中华人民共和国公司法》，为市场化的主体建立和发展提供了法律依据。在此背景下，为激励科技成果转化，1996年制定了《中华人民共和国促进科技成果转化法》，规定在职务科技成果权利归属不变的情况下，鼓励企业、事业单位积极实施职务科技成果转化，并规定科技成果完成单位在转让科技成果时，应"对完成该项科技成果及其转化做出重要贡献的人员给予奖励"，该奖励不低于职务发明创造转让净收入的20%（第二十九条）；单位自行实施专利的，"连续3至5年从实施该科技成果新增留利中提取不低于5%的比例"；采用股份形成的企业，可以给予一定股份，持股人依据其所持股份或者出资比例分享收益（第三十条）。显然，"为了促进科技成果转化为现实生产力"（第一条），该法提高了发明人分享利益的比例，这与《专利法》"鼓励发明创造"的第一立法目的有差异。但《促进科技成果转化法》的立法理念也推动了《专利法》立法理念的变革，并促进了职务科技成果权利归属的重构与利益分享的提高。

2000年《专利法》进行了第二次修改，对职务发明创造制度完成了较大修正，其第六条规定：

> 执行本单位的任务或者主要是利用本单位的物质技术条件所完成的发明创造为职务发明创造。职务发明创造申请专利的权利属于该单位；申请被批准后，该单位为专利权人。
>
> 非职务发明创造，申请专利的权利属于发明人或者设计人；申请被批准后，该发明人或者设计人为专利权人。
>
> 利用本单位的物质技术条件所完成的发明创造，单位与发明人或者设计人订有合同，对申请专利的权利和专利权的归属作出约定的，从其约定。

基于上述修改及其他条款，我国职务发明创造制度进行了重构。首先，对于职务发明创造的内涵与构成要件，规定"执行本单位的任务或者主要是利用本单位的物质技术条件所完成的发明创造为职务发明创造"。这与最初的制度设计没有实质上的区别。

其次，对于职务发明创造的权利归属，明确"职务发明创造申请专利的权利属于该单位；申请被批准后，该单位为专利权人"。不再区分"全民所有制单位""集体所有制单位""个人""在中国境内的外资企业和中外合资经营企业"，而统称为"单位"。这意味着国有单位职务发明创造的权利归属由单位"持有"修改为单位"所有"，国有单位是完整的专利权人。2002年，国务院办公厅转发科技部、财政部《关于国家科研计划项目研究成果知识产权管理若干规定的通知》并要求认真贯彻执行，该文件第一条也明确"科研项目研究成果及其形成的知识产权，除涉及国家安全、国家利益和重大社会公共利益的以外，国家授予科研项目承担单位"。2007年修订的《中华人民共和国科学技术进步法》（简称《科学技术进步法》）第二十条规定："利用财政性资金设立的科学技术基金项目或者科学技术计划项目所形成的发明专利权、计算机软件著作权、集成电路布图设计专有权和植物新品种权，除涉及国家安全、国家利益和重大社会公共利益的外，授权项目承担者依法取得。"这更加印证了《专利法》（2000）规定的国有单位的职务发明创造所有权归属于单位。

再次，对于职务发明创造的权利处置，删除了《专利法》（1984）第十条规定的"全民所有制单位转让专利申请权或者专利权的，必须经上级主管机关批准"。这意味着国有单位对职务发明创造拥有一定的自主处置权。《关于国家科研计划项目研究成果知识产权管理的若干规定》也规定"项目承担单位可以依法自主决定实施、许可他人实施、转让、作价入股等，并取得相应的收益"，进一步明确了国有单位对职务发明创造具有一定的自主处置权。不过，国有单位的职务发明创造被认定为国有资产，受国有资产处置相关法律法规的制约，其处置程序应当遵守相关规定。因此，2010年修订《专利法实施细则》时在第七十六条规定"企业、事业单位给予发明人或者设计人的奖励、报酬，按照国家有关财务、会计制度的规定进行处理"。而2006年的《事业单位国有资产管理暂行办法》明确事业单位国有资产包括职务科技成果等无形资产，其第二十五条规定："事业单位处置国有资产，应当严格履行审批手续，未经批准不得自行处置。"第二十六条规定："单位价值或者批量价值在规定限额以上的资产的处置，经主管部门审核后报同级财政部门审批；规定限额以下的资产的处置报主管部门审批，主管部门将审批结果定期报同级财政部门备案。"这些对于国有资产处置的规定说明：国有单位对职务科技成果的处置需要遵守较为严格的审批或备案程序。

又次，对于专利技术的实施权，即职务科技成果转化权，《专利法》（2000）第十四条规定，"国有企业事业单位的发明专利，对国家利益或者公共利益具有重大意义的，国务院有关主管部门和省、自治区、直辖市人民政府报经国务院批准，可以决定在批准的范围内推广应用，允许指定的单位实施，由实施单位按照国家规定向专利权人支付使用费"，即主管部门只就公益发明有权利指定所有人以外的其他单位实施专利，大大缩减了主管部门对专利转化的控制权。

最后，对于利益分享，其对发明人署名权的规定没有变化，只是将"两奖权"修改为"奖酬权"。《专利法》（2000）第十六条规定："被授予专利权的单位应当对职务发明创造的发明人或者设计人给予奖励；发明创造专利实施后，根据其推广应用的范围和取得的经济效益，对发明人或者设计人给予合理的报酬。"但这只是表达话语的变化，而实质内容没有变化。2001年修订的《专利法实施细则》提高了奖酬标准：第七十四条规定发明专利的奖金不少于2000元，实用新型或外观设计专利的奖金不少于500元。第七十五条规定："实施发明创造专利后，每年应当从实施该项发明或者实用新型专利所得利润纳税后提取不低于2%或者从实施外观设计专利所得利润纳税后提取不低于0.2%，作为报酬支付给发明人或设计人。"第七十六条规定：许可实施时，"应当从许可实施该项专利收取的使用费纳税后提取不低于10%作为报酬支付给发明人或者设计人"。可见奖酬虽然有所提高，但仍不及《促进科技成果转化法》（1996）规定的比例。

（三）兼顾职务科技成果转化的立法目的与利益分享的进一步提高

2008年《专利法》第三次修订，对职务发明创造的构成要件、权利归属、权利处置、转化权、奖酬权等没有实质性改动，但对立法目的作了新的诠释。

《专利法》(1984、1992、2000)第一条将立法目的表述为"为了保护发明创造专利权,鼓励发明创造,有利于发明创造的推广应用,促进科学技术的发展①,适应社会主义现代化建设的需要",而 2008 年第三次修订《专利法》时将其修改为"为了保护专利权人的合法权益,鼓励发明创造,推动发明创造的应用,提高创新能力,促进科学技术进步和经济社会发展"。"有利于发明创造的推广应用"是通过保护发明创造专利权,鼓励发明创造,从而为推广应用提供条件;而"推动发明创造的应用"则是将推动专利权的运用与鼓励发明创造同列为保护发明创造专利权的目的。这标志着《专利法》(2008)的立法目的变为以激励发明创造为主,兼顾发明创造的转化。

在这一理念的影响下,有关部门对单位职务科技成果的处置权做了进一步安排。例如,《中央级事业单位国有资产处置管理新行办法》规定:中央级事业单位一次性处置单位价值或批量价值在 800 万元人民币以上(含 800 万元)国有资产的,应经主管部门审核后报财政部审批;中央级事业单位一次性处置单位价值或批量价值在规定限额以下的国有资产,由财政部授权主管部门进行审批。主管部门应当于批复之日起 15 个工作日内,将批复文件报财政部备案(第九条)。

同时,进一步提高了有关职务发明创造的奖酬。2010 年国务院修订《专利法实施细则》时,提高了"对职务发明创造的发明人或者设计人的奖励和报酬"。一是将奖励标准提高到不低于 3000 元(发明专利)、1000 元(实用新型或外观设计专利)。二是对报酬明确"约定优先原则",即职务专利权的奖励、报酬的方式和数额,单位与发明人可以自行约定,单位也可以在依法制定的规章制度中进行规定(第七十七条)。没有约定的,则适用相关法律的规定(第七十八条),但相关法律规定的奖酬标准没有变化。此外,2015 年修改的《促进

---

① 《专利法》(2000)有微小差异,表述为"促进科学技术的进步和创新"。

科技成果转化法》，规定对于利益分享，约定优先。没有约定的，依法定标准奖励和给予报酬——即转让、许可实施的，从净收入中提取不低于50%的比例；作价投资的，从股份或出资中提取不低于50%的比例；自行实施或合作实施的，应在转化成功投产后连续三至五年，每年从实施该项科技成果的营业利润中提取不低于5%的比例（第四十五条）。中华人民共和国教育部、科技部《关于加强高等学校科技成果转移转化工作的若干意见》对此予以肯定，并规定：高校依法对职务科技成果完成人[①]和为成果转化做出重要贡献的其他人员给予奖励时，"以技术转让或者许可方式转化职务科技成果的，应当从技术转让或者许可所取得的净收入中提取不低于50%的比例用于奖励；以科技成果作价投资实施转化的，应当从作价投资取得的股份或者出资比例中提取不低于50%的比例用于奖励；在研究开发和科技成果转化中做出主要贡献的人员，获得奖励的份额不低于总额的50%"。

二、激励发明人参与职务科技成果转化的实践探索

2004年，中华人民共和国境内职务发明创造专利申请量第一次超过了非职务发明创造专利申请量，占51.9%，2014年、2015年、2016年职务发明创造专利占我国发明创造专利授予总量的89.6%、90.9%、91.4%，2021年职务发明创造专利申请占全国发明创造专利申请总数的92%。[②] 但《促进科技成果转化法》（2015）中所称的"职务科技成果"转化率却非常低，有关部门表示，中华人民共和国境内的科技成果转化率远低于发达国家40%的水平，仅为10%，而

---

① 在本书中"职务科技成果完成人"与"成果完成人"一般可视为前文提及的"职务发明人"。

② 国家知识产权局. 2021年国家知识产权局年报［EB/OL］. （2022-06-01）［2022-09-10］. https://www.cnipa.gov.cn/col/col2925/index.html.

高校职务发明创造的转化率更低。有研究显示，2005—2009年，中华人民共和国境内107所"211大学"的专利许可转化率远低于1％。[1]《2020年中国专利调查报告》显示，2020年我国有效发明专利产业化率为34.7％，其中企业为44.9％，科研单位仅为11.3％，高校则仅为科研单位的1/3左右，为3.8％。如何才能提高职务科技成果转化率？各地均进行了有益的改革探索，形成了相应的模式。

（一）北京模式：职务科技成果处置权与收益分享方式改革的探索

早在1997年，北京市便出台了促进科技成果转化的系列法规与政策，如《关于鼓励民营科技企业发展的若干规定》《北京市对出资入股的高新技术成果进行认定的办法》《关于鼓励外商投资高新技术产业的若干规定》《关于鼓励跨国公司在京设立研究与开发中心的若干规定》及《北京市进一步促进高新技术产业发展的若干政策》等；先后推出10个专项计划，如"星火计划""工业技术振兴计划""火炬计划""重大科技成果推广计划"等。其中，"星火计划"累计实施项目2291项，新增产值145亿元，实现利税26亿元。[2]这些政策与措施注重为科技成果转化提供资金等支持，不涉及职务科技成果权利分配。

2010年，北京形成了科技成果转化的新模式，即"将市场配置资源的基础作用和政府的引导作用结合起来，以企业为主体、市场为导向、产业化为目标，在实践中不断探索促进科技成果转化、具有首都特色的'北京模式'"[3]，主要是提供资金、交易平台等，同时"建

---

[1] 康凯宁. 职务科技成果混合所有制探析[J]. 中国高校科技，2015（8）：71.
[2] 陆铭奇，孙晓峰. 推进北京市科技成果转化研究：北京科技成果转化的特点与问题[J]. 首都经济，2000（1）：18.
[3] 闫傲霜. 科技成果转化"北京模式"的探索、实践与特点[J]. 科技潮，2010（9）：10.

立成果转化的人才激励机制，使从事科技成果转化的科研人员得到较高的收益"，以激发研发和转化科技成果的内在动力和积极性。[①] 这仍然是基于《专利法》（2008）既有的收益权分享机制设计的。这些探索取得了一些成绩，但也存在不足，据统计，"2010年，北京高校和科研院所的科技投入占到全市的近三分之一，科研项目数量占到近全市十分之九，但专利申请数量却不到全市的一半。2013年，北京科研机构输出技术合同6754项，成交额79.1亿元，比上年增长10.9%，占全市技术合同成交额的2.8%；北京高校输出技术合同3175项，成交额19.5亿元，下降19.7%，占全市技术合同成交额的0.7%。科研投入和技术输出极不相称，高校和科研院所的技术转移能力和意识亟待提高"[②]。

因此，为促进高校、科研院所职务科技成果转化，2014年1月9日，北京出台《关于加快推进高等学校科技成果转化和科技协同创新若干意见（试行）》（"京校十条"），对高校科技成果处置权和收益分配方式进行了探索性的规定。比如开展高校科技成果处置权管理改革，赋予高校自主处置权。高校科技成果的知识产权由承担单位依法取得，高校可自主对科技成果的合作实施、转让、对外投资和实施许可等转化事项进行审批，并报主管部门和财政部门备案（第一条）。再比如，开展高校科技成果收益分配方式改革，进一步明确了科技成果转化收益奖励的对象和比例。高校科技成果转化所获收益可按不少于70%的比例，用于奖励科技成果完成人和为科技成果转化做出重要贡献的人员，支持高等学校科学研究、成果转化和教育教学工作。科技成果转化所获收益用于人员激励支出的部分，经批准可一次性计入当年高校工资总额，但不纳入工资总额基数（第二条）。同年的

---

① 闫傲霜.科技成果转化"北京模式"的探索、实践与特点[J].科技潮，2010（9）：17.

② 贺艳.促进科技成果转化的机制研究——以北京地区为例[J].中国高校科技，2016（8）：9-10.

《加快推进科研机构科技成果转化和产业化的若干意见（试行）》（"京科九条"）同样对此进行了规定：市属科研机构可以采用年薪工资、协议工资等方式聘任高层次人才，人员工资以及实施股权激励等费用可以从科技成果转化收益中开支，经批准可以一次性计入当年科研机构工资总额，但不纳入工资总额基数。建立科研人员成果转化收益分配机制，经职工代表大会同意，科研机构可提取70%及以上的转化所得收益，划归科技成果完成人以及对科技成果转化做出重要贡献的人员所有（第四条）。

从发明人与高校、科研院所的关系来说，在不变更职务科技成果权利归属的前提下，完善单位与发明人的收益权分享机制，并且简化审批程序，有利于提升转化效率。如北京印刷学院设置专职科研成果转化管理岗位，分别跟进4个产业化项目，4个产业化公司相继成立，项目总投资近2亿元，其中社会投资近1.3亿元，政府提供重大科技成果转化支持资金超过5000万元。[①]《北京农学院科技成果转让管理规定（暂行）》规定："第一，将职务科技成果转让、许可实施的，收入的80%作为成果完成人的奖金；是利用职务科技成果作价投资的，成果完成人可部分持有成果作价股份，根据成果产生的不同情况，从科技成果形成的股份或者出资比例中提取70%的股权作为奖励归成果完成人。第二，成果完成人自主投资经营的：成果产权一次性转让给成果完成人的，转让费20%归学校。成果产权作价入股创办企业的，成果完成人享有企业70%的股份，学校享有企业30%的股份"[②]，"通过加大对优势专业和方向的对外推介力度，有针对性地进行对外推广对接，增强对接的成功率，2017年，专利、品种、软件著作权、实施许可或转让、发表SCI（SSCI）研究论文数量均有

---

① 许文才. 落实"京校十条" 促科研成果转化：以北京印刷学院为例［J］. 北京教育（高教版），2014（9）：32.

② 张鸿雁，乔富强，王辉，等. 地方农林高校科技成果转化政策与实践——以北京农学院大学科技园为例［J］. 产业与科技论坛，2019（3）：238.

了显著提高"①。由此可见，北京市建立合理的成果转化利益分配机制有效地促进了职务科技成果转化效率的提升。

（二）上海模式：职务科技成果使用权、处置权和收益权改革的探索

"在科技成果转化这一问题上，发明人的积极性最应得到保护，发明人的热情最应得到激发。但现实情况是，发明人在职务科技成果的处置权和收益权这个问题上，与政府和单位相比，发言权最小，其主体地位和作用未能得到体现。"② 因此，为激励发明人转化科技成果，1999年上海制定了"高新技术成果转化的十八条优惠政策"，人事局据此制定了《鼓励专业技术人员和管理人员从事高新技术成果转化实施办法》，此办法主要针对从事高新技术成果转化的专业技术人员和管理人员，对其在上海落户、获得报酬、职称评定等方面给予优惠，这涉及专利收益权分享。2004年，上海修订《上海市促进高新技术成果转化的若干规定》，对高新技术成果转化的财税支持、融资支持、人才政策、要素分配等进行了详细规定。在"要素分配"中即明确职务成果完成人及对成果转化有贡献的员工可以分享成果转化的收益，如规定单位职务成果进行转化时，可根据不同的转化方式，约定成果完成人应当获得的股权、收益或奖励，具体形式如下：以股权投入方式进行转化的，成果完成人可享有不低于该项目成果所占股份20％的股权；以技术转让方式将成果提供给他人实施转化的，成果完成人可享有不低于转让所得的税后净收入20％的收益；自行实施转化或以合作方式实施转化的，在项目盈利后3~5年内，每年可从实施该项成果的税后净利润中提取不低于5％的比例，用于奖励成果完

---

① 张鸿雁，乔富强，王辉，等．地方农林高校科技成果转化政策与实践——以北京农学院大学科技园为例［J］．产业与科技论坛，2019（3）：238.
② 解栋栋，曾翔．关于上海高校和科研院所职务科技成果产权管理体制改革［J］．科学发展，2015（12）：66.

成人；企业自主开发的非本企业主导经营领域的成果，在项目盈利后3~5年内，每年可从实施该项成果的税后净利润中提取不低于10％的比例，用于奖励成果完成人（第四条）。同时还建立了咨询和申诉机制，规定高校、科研院所等国有企事业单位的科技人员在落实技术、管理等要素参与分配遇到障碍时，可以向高新技术成果转化服务中心咨询和申诉（第四条）。这些措施有效促进了上海高校的科技成果转化。据调查，上海高校当时的成果转化率在10％~30％，而有的高校如华东理工大学到2006年应用型科技成果转化率提升至52％。

2010年以来，上海科技创新投入不断增加，但高校和科研院所的科技成果转化率却没有随之提高。据上海知识产权局公布信息，2012年上海高校职务发明创造申请专利数为9678项，科研院所职务发明创造申请专利数为3668项。与此同时，据上海市技术市场办公布信息，2012年上海高校技术转让项目仅170项，金额为2.2亿元；中科院系统科研院所技术转让项目仅15项，金额为0.24亿元。上海技术交易所作为上海市较大的科技成果转化平台，每年涉及高校的专利挂牌数量为200多项，但每年成功转让的项目仅10项左右。[①] 上海在优化科技成果转化激励分配机制等方面也开展了一些有益的尝试。比如，自2011年开始，启动"张江国家自主创新示范区企业股权和分红激励试点"，对高校和科研院所采用科技成果入股奖励（评估作价金额的20％~50％）、科技成果收益分成（3~5年内，每年提取净收益的30％以内）等方式，对科研人员实施激励。其政策核心是赋予发明人更多的成果转化收益，但并不涉及处置权的调整。[②]

2014年7月8日，上海出台《关于改革和完善本市高等院校、科研院所职务科技成果管理制度的若干意见》，明确以下三点。一是，

---

① 解栋栋，曾翔. 关于上海高校和科研院所职务科技成果产权管理体制改革［J］. 科学发展，2015（12）：66.

② 解栋栋，曾翔. 关于上海高校和科研院所职务科技成果产权管理体制改革［J］. 科学发展，2015（12）：67.

"建立符合科技成果转化规律的科技成果使用、处置管理制度,进一步扩大单位自主权。本市高等院校、科研院所可自主决定采用科技成果转让、许可、作价入股等方式开展科技成果转移转化活动,涉及的科技成果使用和处置,行政主管部门和财政部门不再审批,也不再备案。涉及国家安全、国家利益和重大社会公共利益的科技成果,以及科技成果向境外实施转化,依照法律法规进行管理和实施"。二是,"完善科技成果转化'利益共享'分配机制,进一步提高单位和科研人员积极性。对本市高等院校、科研院所科技成果转化获得的收益,全部留归单位,纳入单位预算,实行统一管理,不再上缴国库。科技成果转化收益应当首先用于对科技成果完成人、为科技成果转化做出重要贡献的人员进行奖励,其余部分统筹用于科研、知识产权管理及相关技术转移工作"。三是,"实施科技成果转化'投资损失'免责政策……积极营造'诚实守信、鼓励创新、宽容失败'的宽松氛围,本市高等院校、科研院所采取对外投资方式转化科技成果,经审计确认发生投资亏损的、由其行政主管部门审定已经履行了勤勉尽责义务的,不纳入高等院校、科研院所对外投资保值增值考核范围"。2015年制定的《中共上海市委、上海市人民政府关于加快建设具有全球影响力的科技创新中心的意见》再次强调:为促进科技成果转化,下放高校和科研院所科技成果的使用权、处置权、收益权,对高校和科研院所由财政资金支持形成,不涉及国防、国家安全、国家利益、重大社会公共利益的科技成果,行政主管部门和财政部门不再审批或备案,由高校和科研院所自主实施转移转化,成果转移转化收益全部留归单位(第七条)。上述几条改革措施实质是通过简化程序,在单位与国家之间,强化单位对科技成果的使用权、处置权和收益权;而在单位与发明之间,则主要是强化、完善单位与发明人的收益权分享机制,提升发明人所获收益。

2017年,上海市相继发布了《关于进一步促进科技成果转移转化的实施意见》《上海市促进科技成果转化条例》《上海市促进科技成果转移转化行动方案（2017—2020）》，规定：允许科技成果转让、许可、作价出资的，提取不低于70％的转化收益作为奖励和报酬；自行实施或合作实施的，可以从开始盈利的年度起连续五年，每年从实施该项科技成果产生的营业利润中提取不低于5％的比例，用于奖励成果完成人。此外，明确了收益计算口径，职务科技成果转让、许可净收入是指转让、许可收入扣除相关税费、单位维护该科技成果的费用，以及交易过程中的评估、鉴定等直接费用后的余额［《上海市促进科技成果转化条例》（2017）第三十四条］，不扣除前期研发投入成本。"丰厚的回报自然能够燃起科研工作者的热情"，同济大学与上海某光学科技有限公司签署技术专利转移协议，将学校某教授团队研发的6项发明专利授权转让，合同金额3800万元。[1]

显然，上海在努力探索高校、科研院所职务科技成果的使用权、处置权和收益权改革，大大简化受国家财政资助的国有职务科技成果的转化程序；而在单位与发明人之间，则通过不断提高发明人获得报酬的比例，并建立相应的保障机制，实现发明人与单位收益权的分享，在一定程度上提升了上海市科技成果的转化效率。

（三）武汉模式：职务科技成果处置权、收益权改革的探索

截至2012年，武汉市内有78所大学，各类科研机构（含独立科研机构、高校科研机构、规模以上企业属科研机构）412个，拥有国家实验室、国家重点实验室20个、国家工程（技术）研究中心21个；各类专业人员近60万人，其中从事科技活动的人员6万多人、两院院士56人。[2] 武汉市为促进科技成果转化，进行了大胆的探索，先后制定公布了《武汉市促进科技成果转化条例》《武汉市科技创新

---

[1] 宋杰. 建信息共享平台、培养"金黄牛" 上海破解科技成果"转化难"[J]. 中国经济周刊，2017（28）：84.

[2] 祁为群，孟雄伟. 武汉科技成果转化现状、问题及对策研究[J]. 科技创新月刊，2012（7）：19.

17

促进条例》《科技成果转化奖励试点办法》《武汉市科技局关于推进东湖自主创新示范区高校科研院所科技成果转化的股权激励试点工作方案》《武汉市科技企业孵化器认定和管理办法》等一系列支持、鼓励科技成果转化的政策文件，形成了支撑科技成果转化的政策法规体系。①

2012年，武汉出台了《关于促进东湖国家自主创新示范区科技成果转化体制创新的若干意见》（被称为"武汉黄金十条"），强化知识产权处置权和收益权，其中规定：支持在汉高校、科研院所开展国有知识产权管理制度改革试点，知识产权一年内未实施转化的，在成果所有权不变更的前提下，成果完成人或团队可自主实施成果转化，转化收益中至少70%归成果完成人或团队所有。可以看出，其实质是在一定条件下，单位与发明人分享使用权、收益权。此举有效激发了相关发明人转化成果的积极性和主动性，得到了武汉高校、科研院所的积极响应。仅2013年第一季度，东湖开发区新增注册科技型企业就有800多家，同比增长40%以上；武汉市与高校合作建立的新型产业技术研究院建设加快推进，东湖高新区联合高校组建的产业技术研究院已达6个，有200多项科技成果入驻工业研究院转化。

2013年7月1日，武汉又出台《促进东湖国家自主创新示范区科技成果转化体制机制创新的若干意见实施导则》，在原"武汉黄金十条"政策框架下，补充完善了6条新的具体政策。截至2015年，东湖高新区90%以上的科技型企业都有武汉高校基因，85%以上的成果转化来自高校。② 因此，有学者提出在促进科技成果转化时，要"以创新科技成果的处置权与收益权的制度设计为关键"，认为"我国很多科研机构和高校的经费主要来源于预算投入、竞争性项目和社会

---

① 祁为群，孟雄伟. 武汉科技成果转化现状、问题及对策研究 [J]. 科技创新月刊，2012（7）：19.

② 解栋栋，曾翔. 关于上海高校和科研院所职务科技成果产权管理体制改革 [J]. 科学发展，2015（12）：66.

投入,在这种情况下,可以考虑适度放宽科研机构和高校的资产处置权、收益权,加大奖励和支持成果转化的力度"[①]。

三、早期探索的启示:在不变更权利归属的前提下平衡激励发明创造与激励转化

促进职务科技成果转化的早期探索是制度与实践同构的过程,实践推动制度变革,制度变革又为实践提供法治保障,并进一步推动实践的变革,制度不断重塑实践,实践也在形塑制度。因此,制度的变迁与实践的探索有同样的价值依归,其体现在以下几个方面。

首先,在不改变权利归属的前提下激励发明创造与激励职务科技成果转化的平衡。《专利法》及《专利法实施细则》建立的职务发明创造制度最初以"激励发明创造"为首要立法目的;而《促进科技成果转化法》则明确以"促进科技成果转化为现实生产力"为首要立法目的。二者看似"殊途",但随着社会经济发展、改革的深入,立法目的分离的两大法域开始相互影响,尤其是《专利法》有关职务发明创造的规定受《促进科技成果转化法》的影响,逐渐提高对发明人的奖励和报酬,增强对发明人转化职务科技成果的激励。2008年修订的《专利法》明确了激励发明与推动转化的目的,与《促进科技成果转化法》实现了"同归"。而无论是北京模式,还是上海模式、武汉模式,都以激励转化为价值依归,在不改变职务科技成果权利归属的前提下,通过各种改革,尤其是实施职务科技成果使用权、处置权、收益权改革,力图激励单位、发明人积极推动职务科技成果转化。因此,无论是实践探索还是制度变迁,都在致力于平衡激励发明创造与激励转化。

---

① 丁明磊,刘彦蕊. 南京和武汉探索促进科技成果转化的实践及政策启示[J]. 科学管理研究,2014(2):56—57.

其次，肯定发明人对于发明创造和职务科技成果转化具有重要价值。发明人在科技成果转化中，具有不可替代的作用。有学者从知识形态角度出发，认为职务科技成果由科技人员的隐性知识和以知识产权为表征的显性知识两部分组成，以单位为主导的传统转化方式割裂了二者的关系，[1]而发明人可以实现隐性知识和显性知识的有机结合，且"发明人不仅最了解哪些公司可能对这一项发明感兴趣，而且他们还在发明创造后的技术转化中发挥重要作用"，没有发明人的参与，转化难以达到理想效果。因此，"在科技成果转化这一问题上，发明人的积极性最应得到保护，发明人的热情最应得到激发"[2]。而以促进职务科技成果转化为价值理念的职务科技成果使用权、处置权、收益权改革，以及相关制度为职务科技成果处置权、收益权所做的优化安排，即内含了激励发明人参与转化的价值依归。

最后，在不变更职务科技成果权属的前提下有效激励发明人。因为发明人对职务科技成果转化具有不可替代的作用，所以需要有效地激励发明人参与转化。而实践探索和制度变迁选择在不变更职务科技成果权属的前提下，以不断提高发明人的奖励和报酬数额或比例（见表1-1-1），扩大发明人收益权的方式激励发明人。比如《专利法实施细则》中规定的奖酬比例，虽然比《促进科技成果转化法》规定的比例低，但也呈现不断提高的趋势；而《促进科技成果转化法》自始即明确了分享比例且比例较高，并由1996年的不低于20%不断修改提高到2015年的不低于50%。

---

[1] 张胜，郭英远，窦勤超. 科技人员主导的职务科技成果转化机制研究[J]. 科技进步与对策，2014（21）：110.

[2] 解栋栋，曾翔. 关于上海高校和科研院所职务科技成果产权管理体制改革[J]. 科学发展，2015（12）：66.

表 1-1-1　1985—2017 年发明人或设计人奖酬变化统计

法规	奖金 n/元 发明	奖金 n/元 实用新型、外观设计	报酬 m 单位自行实施 发明、实用新型	报酬 m 单位自行实施 外观设计	报酬 m 转让	报酬 m 许可	报酬 m 作价入股
1985 年《专利法实施细则》	$n \geqslant 200$	$n \geqslant 50$	$m=$ 税后利润的 0.5%～2%	$m=$ 税后利润的 0.05%～0.2%		$m=$ 使用费税后的 5%～10%	
1996 年《促进科技成果转化法》			连续 3～5 年，新增留利 $m \geqslant 5\%$		$m \geqslant$ 净收入的 20%		
2001 年《专利法实施细则》	$n \geqslant 2000$	$n \geqslant 500$	$m \geqslant$ 每年营业利润的 2%	$m \geqslant$ 每年营业利润的 0.2%		$m \geqslant$ 使用费的 10%	
2010 年《专利法实施细则》	$n \geqslant 3000$	$n \geqslant 1000$	$m \geqslant$ 每年营业利润的 2%	$m \geqslant$ 每年营业利润的 0.2%		$m \geqslant$ 使用费的 10%	
2014 年"京校十条""京科九条"			$m \geqslant$ 转化收益的 70%				
2015 年《促进科技成果转化法》			3～5 年，$m \geqslant$ 营业利润的 5%		$m \geqslant$ 净收入的 50%		$m \geqslant$ 股份的 50%
2016 年教育部、科技部《关于加强高等学校科技成果转移转化工作的若干意见》			$m \geqslant$ 净收入的 50%				$m \geqslant$ 股份的 50%
2017 年《上海市促进科技成果转化条例》			$m \geqslant$ 转化收益的 70%				

同时，为方便单位激励发明人，应赋予国有单位对职务科技成果更多的使用权、处置权。

"处置权是指对科技成果享有的转让、授权使用、对外投资等处置的权利"，科技成果确权是科技成果转化的前提，"只有合理配置产权，使最需要这些权利并且掌握这些权利后能使效益最大化的主体获得相应的权利，才能真正实现产权配置的功能"①，促进科技成果转化。因此，通过提高国有单位自主处置作为国有资产的职务科技成果的限额，将职务科技成果处置审批制变为备案制，将审批或备案权下放给高校、科研院所主管部门等措施或制度，为单位将职务科技成果转让、许可给发明人或其他第三人运用即实现转化提供了方便，也为单位通过约定等方式将职务科技成果转化收益分配给发明人提供了方便，从而确保发明人的收益权能够得到实现，激励发明人参与职务科技成果转化的积极性和主动性。

第二节 职务科技成果混合所有制改革的兴起

一、西南交通大学的职务科技成果混合所有制改革

有学者指出，长期以来，"我国高校和科研院所职务科技成果原始的所有权名义上虽属于单位，但因其国有资产的性质，实际的处置权和收益权属于国家"，"在职务科技成果处置权、收益权这个关键问题上，还没有完全理顺政府、单位和发明人三者的关系，不利于确立单位和发明人（尤其是发明人）的主体地位，调动其推动科技成果转化的积极性"。② 因此，为理顺国家、单位和发明人的关系，调动发明人的积极性，促进职务科技成果转化，西南交通大学自 2010 年开始进行职务科技成果混合所有制探索与试验。2016 年 1 月 19 日，在四川省的支持下，西南交通大学在总结过去六年"职务科技成果混合

---

① 解栋栋，曾翔. 关于上海高校和科研院所职务科技成果产权管理体制改革 [J]. 科学发展，2015（12）：64.
② 解栋栋，曾翔. 关于上海高校和科研院所职务科技成果产权管理体制改革 [J]. 科学发展，2015（12）：65.

所有制"小范围试验的基础上,印发了《西南交通大学专利管理规定》(简称"西南交大九条"),率先在国内高校中实施"职务科技成果混合所有制",使发明人首次拥有了职务科技成果的所有权。第一,"西南交大九条"确立了对发明人奖励的原则,将对发明人的奖励"前置简化为国有知识产权奖励"(第四条)。第二,针对既有职务科技成果,"西南交大九条"规定:对既有专利和专利申请,学校通过变更专利权人和专利申请人以及与发明人签订奖励协议的方式约定双方按3∶7的比例共享专利权(第四、第五、第六条)。第三,针对新职务科技成果专利申请,"西南交大九条"规定:对新的专利申请,学校与发明人就专利权的归属和申请专利的权利签订奖励协议,双方按3∶7的比例共享专利权(第七条)。

  这一探索被民间称为"职务科技成果混合所有制改革",其法律性质是推行职务科技成果专利按份共有制,被认为是化解了实践中职务科技成果面临的"有权利转化的没有能力和动力转化;有能力和动力转化的没有权利转化"的尴尬:拥有职务科技成果所有权的高校等事业单位没有转化的动力和能力;高校教师等职务科技成果发明人却无权处置其成果,其个人层次的科技成果转化,也因担心侵犯学校的知识产权(这几乎是必然的)而不敢做大。[①] 而职务科技成果专利所有制改革,使发明人成为科技成果转化的主体,促进了职务科技成果的转化,催生出许多成功案例。如,某教授团队研发的"新型心血管支架"系列职务发明专利原由西南交通大学持有,由20项发明专利组成,包含1项欧洲专利、1项美国专利。2013年,通过变更专利权人,该专利权为发明人团队组建的公司与西南交通大学国家大学科技园共同持有,由此解决了职务科技成果的股权分割问题。经西南交通大学国家大学科技园聘请的第三方评估,该系列专利作价1500万元,

---

[①] 田红,阮琦."职务科技成果混合所有制":科技成果转化的"西南交大试验"[N]. 科技日报,2016-5-11 (3).

复经各方商议，发明人团队组建的公司持有750万元股权，最终促进了该成果的转化。[①] 又如，西南交通大学某教授团队创立了全新理论体系"空铁列车－轨道梁桥耦合动力仿真、安全评估及设计优化技术"，包括理论模型、数据算法、仿真技术、安全评估、优化设计等各个方面。该体系在国内外首次建立了新能源空铁列车－轨道梁桥耦合动力学模型，解决了轮轨顺时脱离的轨道力学建模问题，提出了大型复杂工程动力学方程快速数值积分方法与新能源空铁列车－轨道梁桥动态作用安全评估方法，研制了具有自主知识产权的新能源空铁列车－轨道梁桥耦合动力学仿真系统，是打造新能源空铁系统动态性能评估及优化设计技术平台的核心理论，对确保新能源空铁轨道交通的经济性安全性舒适性具有重大作用。2016年5月，"空铁列车－轨道梁桥耦合动力仿真、安全评估及设计优化技术"评估作价2500万元，由西南交通大学和发明人团队按3∶7比例共同持有，以增资扩股方式入股注册资本金为2亿元的四川某空铁科技有限公司，获得11.11%的股权。据统计，西南交通大学自2016年1月19日印发"西南交大九条"至2020年底期间，有230项知识产权（198件专利＋30项软件著作权＋2项专有技术）分割确权，注册成立高科技创业公司24家，知识产权评估作价入股总值超过1.3亿元，带动社会投资近8亿元。而西南交通大学在2010－2015年的六年间，转让、许可职务科技成果仅14项，收入仅158万元，但申请费、维持费和专利奖金支出却高达900万元。

西南交通大学的"职务科技成果混合所有制改革"也取得良好的社会效益，引起了社会的广泛关注。2016年5月21日晚，中央电视台《新闻联播》用了近5分钟时长以头条形式做了专题报道"科技成果确权　自主创新提速"，介绍了西南交通大学在加速科技成果转化中的新尝试和新实践。2018年12月，西南交通大学"职务科技成果

---

① 康凯宁. 职务科技成果混合所有制探析［J］. 中国高校科技，2015（8）：69.

混合所有制改革"以特殊形式亮相在国家博物馆举办的"伟大的变革——庆祝改革开放40周年大型展览"。学者杨伟民2018年6月14日在第十届陆家嘴论坛上说:"我以为进行改革的西南交大是科技成果产权制度改革的'小岗村',当年土地承包制这一土地产权制度改革解决了农民产权激励问题,也就解决了中国吃饭的问题。今天唯有推动科研产权制度改革,才可以解决科研人员产权激励问题,从而解决创新驱动的动力源泉问题,解决我国核心技术受制于人的问题。"2023年3月28日,西南交通大学"职务科技成果混合所有制改革"相关实物被中国共产党历史展览馆永久收藏,其职务科技成果混合所有制改革也已经从"1.0版"更新完善到"3.0版"。

二、"交大模式"的推广

(一)"交大模式"在四川省的推广

西南交通大学在促进职务科技成果转化方面的探索与改革起到了立竿见影的作用,形成了"交大模式",激发了西南交通大学所在的成都市的兴趣。2016年成都市提出在全市范围内推广职务科技成果混合所有制改革,制定了《促进国内外高校院所科技成果在蓉转移转化的若干政策措施》("成都新十条"),进而构建"1+2+2"的整体部署。"1"是发布《关于支持在蓉高校院所开展职务科技成果混合所有制改革的实施意见》,从支持模式、确权流程、定价流程、收益分配、内部管理、部门职责等方面给出具体规定。第一个"2"是建立两个联盟:成都市与在蓉的6所部属高校签订协议,构建"1+6"框架,实质是推动部属高校加速改革;成都市成立科技成果"三权"[①]改革联盟,为在蓉所有高校提供推广改革的窗口。第二个"2"是建

[①] 所有权、处置权、收益权。

立两个平台"特区"：具有独立企业法人资格的新型产业技术研究院和环高校院所成果转化区。根据协议，相关高校必须在这两个平台"特区"内实行职务科技成果混合所有制改革，从而为"推不动改革"的高校提供试验区。①

作为 2015 年 9 月 7 日中共中央办公厅、国务院办公厅颁布的《部分区域系统推进全面创新改革试验的总体方案》确立的八个"试验区"之一，中共四川省委、四川省人民政府及相关部门对西南交通大学积极探索职务科技成果混合所有制改革也表示大力支持。2016年，四川省科技厅、知识产权局印发了《四川省职务科技成果权属混合所有制改革试点实施方案》，同步配套出台了《关于支持高校院所职务发明知识产权归属和利益分享制度改革试点的十五条措施》，其核心是将职务科技成果由"国家所有"变为"国家、职务发明人共同所有"，以产权来激励发明人进行科技成果转化。这些文件还明确了由四川大学、西南交通大学、省中医药科学院、省机械研究设计院等20 所在川高校、科研院所进行相应试点工作。2018 年，四川省科技厅、教育厅、财政厅、人社厅及发改委等 8 个省级部门联合出台了《关于扩大职务科技成果混合所有制改革试点的指导意见》，将职务科技成果混合所有制改革试点扩大到 45 个单位。2019 年，《四川省促进科技成果转化条例》正式实施，明确"实施国有单位的职务科技成果转化，可以按照混合所有制改革的原则依法确定职务科技成果权属。职务科技成果权属发生争议的，除法律法规有明确规定外，按照有利于科技成果完成人或者参加人的原则妥善解决"，从而在地方立法中确立了职务科技成果混合所有制的合法性。

四川省在职务科技成果混合所有制改革中积极探索。一方面，通过制定地方法规、地方政策，积极推广职务科技成果混合所有制改

---

① 张铭慎. 如何破除制约入股型科技成果转化的"国资诅咒"？——以成都职务科技成果混合所有制改革为例［J］. 经济体制改革，2017（6）：119.

革,并为职务科技成果混合所有制改革提供专项资金支持;另一方面,及时组织对职务科技成果混合所有制改革实效的调查分析,2019年7月中旬,四川省科技厅成立了职务科技成果混合所有制改革试点调研组,通过单位汇报、实地调研、问卷调查等方式,了解试点进展情况,提出进一步完善职务科技成果混合所有制改革的对策。此外,四川省还不断完善职务科技成果混合所有制改革模式,建立指导小组,规范职务科技成果混合所有制改革。"职务科技成果混合所有制改革在四川范围内已全面推进,成为四川'全创'试验区建设的亮点之一,为促进科技成果转化贡献巨大。"[①]

(二)"交大模式"在全国的早期推广

在西南交通大学的带动下,以四川省为首个试点的职务科技成果混合所有制已见成效,科技成果转化率大幅度提高,科技成果转化难的问题得到了缓解,且刺激了河北省、武汉市等省市进行职务科技成果混合所有制改革。[②] 2017年6月,武汉东湖高新区发布的《关于支持创新创业发展新经济的政策清单》,有的学者称其为"武汉创新十条",有的将其简称"武汉新黄金十条"[③],与2013年的"武汉黄金十条"对应。该文件明确提出"开展科技成果所有权混合所有制改革。支持在汉高校院所按职务科技成果发明人(含发明人团队)占成果所有权70%以上比例共同申请知识产权,或按照科技成果发明人占成果所有权70%以上比例分割现有职务科技成果所有权,职务科技成果发明人对持有的成果可自主实施转化",从而将原来的不变更权利归属前提下的使用权、处置权、收益权改革,发展到职务科技成

[①] 夏爽. 高校职务科技成果混合所有制的伦理思考[D]. 成都:西南交通大学,2018:21.

[②] 于华. 高校职务科技成果混合所有制探析[D]. 天津:天津商业大学,2019:4—5.

[③] 丁明磊. 地方探索职务科技成果权属混合所有制改革的思考与建议[J]. 科学管理研究,2018(1):18.

果所有权改革。

河北省于2019年3月推出5项支持创新相关改革举措的实施细则,在石保廊全面创新改革试验区推广"以事前产权激励为核心的职务科技成果权属改革",明确将事后科技成果转化收益奖励,前置为事前国有知识产权所有权奖励,通过职务发明创造由单位和发明人共同所有的方式,调动科研人员积极性。这些实施细则规定,单位与成果完成人(含完成团队)通过约定权属比例,在职务科技成果转化前,对科技成果进行分割确权,分割确权比例由单位决定,原则上成果完成人所占权属比例不低于70%。①

(三)"交大模式"在全国的全面推广

促进职务科技成果转化的"交大模式"引起了中央的关注,国务院相关部委多次到西南交通大学调研,西南交通大学也多次向中央相关部门汇报"交大模式"及其成效。一些部委认可"交大模式",并开始在一些政策或法律法规中支持交大模式的探索。2016年中共中央办公厅、国务院办公厅印发的《关于实行以增加知识价值为导向分配政策的若干意见》明确提出"探索赋予科研人员科技成果所有权或长期使用权,对于接受企业、其他社会组织委托的横向委托项目,允许项目承担单位和科研人员通过合同约定知识产权使用权和转化收益"。国务院于2016年2月26日印发了《实施〈中华人民共和国促进科技成果转化法〉若干规定》,国务院办公厅于2016年4月21日印发了《促进科技成果转移转化行动方案》,赋予了高校、科研院所等单位在科技成果转化工作上更多的自主权利。2017年9月15日,国务院印发的《国家技术转移体系建设方案》第十四条规定,探索赋予科研人员横向委托项目科技成果所有权或长期使用权,在法律授权

---

① 张怀琛,孙禄军. 我省试点职务科技成果"先确权、后转化"[N]. 河北日报,2019-03-03(6).

前提下开展高校、科研院所等单位与成果完成人共同拥有职务科技成果产权的改革试点。2018年7月18日颁布的《国务院关于优化科研管理提升科研绩效若干措施的通知》确定开展赋予科研人员职务科技成果所有权或长期使用权试点：对于社会资金形成的职务科技成果，可由合同约定权属或由项目承担单位自主处置；对于财政性资金形成的职务科技成果，允许单位探索赋予科研人员所有权或长期使用权。2018年1月9日，科技部等九部门推出的《关于印发振兴东北科技成果转移转化专项行动实施方案的通知》提出：要推进职务科技成果权属混合所有制改革，鼓励中央所属高校、科研院所与发明人，通过约定股份比例等方式，在法律授权前提下开展职务科技成果权属混合所有制改革。2018年9月18日颁布的《国务院关于推动创新创业高质量发展打造"双创"升级版的意见》第十八条也提出试点开展赋予科研人员职务科技成果所有权或长期使用权。2018年12月23日颁布的《国务院办公厅关于推广第二批支持创新相关改革举措的通知》提出，"赋予科研人员一定比例的职务科技成果所有权，将事后科技成果转化收益奖励，前置为事前国有知识产权所有权奖励，以产权形式激发发明人从事科技成果转化的重要动力"；要在更大范围内复制推广职务科技成果混合所有制改革，推广的改革举措涉及知识产权保护、科技成果转化激励、科技金融创新、管理体制创新等方面。

随着这一系列政策文件的出台，职务科技成果赋权改革试点范围进一步扩大，并且不再局限于横向科研项目，而职务科技成果混合所有制改革的政策依据也更加明确。2019年7月30日，科技部、教育部、国家发展改革委等印发《关于扩大高校和科研院所科研相关自主权的若干意见》，决定开展赋予科研人员职务科技成果所有权或长期使用权试点，为进一步完善职务科技成果权属制度开辟路径。2019年12月31日颁布的《国务院办公厅关于支持国家级新区深化改革创新加快推动高质量发展的指导意见》规定，完善创新激励和成果保护机制，健全科技成果转化激励机制和运行机制，支持新区科研机构开展赋予科研人员职务科技成果所有权或长期使用权试点，落实以增加知识价值为导向的分配政策，自主开展人才引进和职称评审。2020年，职务科技成果混合所有制改革合法化进程往前迈进一大步，2020年2月3日颁布的《教育部、国家知识产权局、科技部关于提升高等学校专利质量促进转化运用的若干意见》规定，允许高校开展职务发明创造所有权改革探索，并按照权利与义务对等的原则，充分发挥产权奖励、费用分担等方式的作用，促进专利质量提升。2020年3月30日颁布的《中共中央、国务院关于构建更加完善的要素市场化配置体制机制的意见》第十五条规定，要健全职务科技成果产权制度，深化科技成果使用权、处置权和收益权改革，开展赋予科研人员职务科技成果所有权或长期使用权试点。2020年5月13日，科技部、教育部印发《关于进一步推进高等学校专业化技术转移机构建设发展的实施意见》，通过建立技术转移机构、明确成果转化职能、建立专业人员队伍、完善机构运行机制、提升专业服务能力和加强管理监督等六个方面重点落实科技成果转化各项政策措施，完善高校成果转移转化体系。2020年6月4日颁布的《科技部办公厅关于加快推动国家科技成果转移转化示范区建设发展的通知》规定：要以创新促进科技成果转化机制模式为重点，进一步加大先行先试力度；鼓励有条件的示范区开展赋予科研人员职务科技成果所有权或长期使用权试点；健全以转化应用为导向的科技成果评价机制；规范简化科技成果转化审批程序，完善科技成果转化容错纠错机制，实行审慎包容监管。接着科技部在2020年10月12日就印发了《赋予科研人员职务科技成果所有权或长期使用权试点单位名单》，要求部分省份和部门开展职务科技成果混合所有制改革，着力推进以需求为导向的市场化科技成果转化机制先行先试。

  科技部、教育部、财政部等九个部门于2020年5月9日颁布的《赋予科研人员职务科技成果所有权或长期使用权试点实施方案》是当前规定科研人员职务科技成果所有权和长期使用权制度的专门性文件，推动职务科技成果转化的产权激励改革从地方层面的探索阶段上升到国家层面的试点阶段，对职务科技成果混合所有制的探索和完善提供了鲜明的操作指引和强有力的政策支撑。① 该方案明确了赋予科研人员职务科技成果所有权或长期使用权，落实以增加知识价值为导向的分配政策，优化科技成果转化国有资产管理方式，强化科技成果转化全过程管理和服务等八项主要试点任务，对深化职务科技成果使用权、处置权和收益权改革，鼓励科研人员更为积极地参与并促成职务科技成果转化，提高职务科技成果转化效率具有重要指导意义。由此，赋予科研人员职务科技成果所有权或长期使用权从最初仅作为解决科研人员收入的一项对策上升为我国科研管理体制改革的一项探索性政策，从国家战略的一项重要内容细化为具体可操作的规定。②

2020年《专利法》的第四次修改为职务科技成果混合所有制的实施和发展提供了新的契机，在专利制度发展背景下，高校、科研院所等单位实行职务科技成果混合所有制的法律依据得到进一步明确，其适用范围得到了拓展，当事人的权利行使方式也更为灵活。2021年1月31日，中共中央办公厅、国务院办公厅印发《建设高标准市场体系行动方案》，提出要健全职务科技成果产权制度，深入开展赋予科研人员职务科技成果所有权或长期使用权试点，探索职务科技成果产权激励新模式。2021年3月11日第十三届全国人民代表大会第四次会议批准的《中华人民共和国国民经济和社会发展第十四个五年规划和2035年远景目标纲要》提出："实行以增加知识价值为导向的分配政策，完善科研人员职务发明成果权益分享机制，探索赋予科研人员职务科技成果所有权或长期使用权，提高科研人员收益分享比例。"2022年1月1日施行的《科学技术进步法》第三十三条规定："国家实行以增加知

---

① 葛章志. 赋权改革背景下职务科技成果共同所有权的行使逻辑［J］. 科技进步与对策，2023（1）：114.

② 楚道文，丛培虎，余晓龙. 职务科技成果共有权的政策要义及制度路径［J］. 中国科技论坛，2021（3）：36.

识价值为导向的分配政策，按照国家有关规定推进知识产权归属和权益分配机制改革，探索赋予科学技术人员职务科技成果所有权或者长期使用权制度。"其在法律层面明确了探索赋予科技人员职务科技成果所有权或者长期使用权的合法性，减少了职务科技成果混合所有制改革与法律法规的既存冲突，有助于推行以增加知识价值为导向的分配政策，为已经开展的职务科技成果混合所有制改革提供了更明确的法律依据。[1]

三、职务科技成果混合所有制改革的法律本质：变更职务科技成果的权利归属

职务科技成果混合所有制改革的法律实质是将原来属于单位的职务科技成果所有权以按份共有的形式分配给单位与发明人，其与促进职务科技成果转化的早期实践探索相比较，呈现出较大差异（见表1-2-1）。

表1-2-1 交大模式与促进职务科技成果转化的早期实践探索的比较

项目	交大模式	促进职务科技成果转化的早期实践探索		
		北京模式	上海模式	武汉模式
职务科技成果权利归属	单位与发明人按份共有（发明人可占70%以上）	单位（100%）		
奖酬模式	先确权，再转化（先奖励，后转化）；确定的现实权利	先转化，后奖励；期待权		
转化方式	出资入股、自行实施、许可、转让等	出资入股、自行实施、许可、转让等		

---

[1] 王萍.科学技术进步法修订：为科技自立自强提供法治保障[J].中国人大，2022（1）：38.

续表

项目	交大模式	促进职务科技成果转化的早期实践探索		
		北京模式	上海模式	武汉模式
特征与激励作用	改变职务科技成果所有权	不变更职务科技成果所有权（属单位），扩大单位使用权、处置权和收益权，提高发明人奖酬数额或收益占比		

从表1-2-1可以看出，职务科技成果混合所有制改革直接触及了在此之前一直没有涉及的"所有权"，是将原来完全属于单位的职务科技成果所有权分割70%以上给发明人，由此构造了职务科技成果所有权的按份共有结构。而促进职务科技成果转化的早期实践探索，如"北京模式""上海模式""武汉模式"等，以及不断变迁的制度，都是在不变更职务科技成果所有权100%属于单位的前提下，提高对发明人的奖励报酬。

从发明人获得奖酬的程序来看，促进职务科技成果转化的早期实践探索及相关制度，总体上是要求先转化，转化后才能获得报酬。在此种情形下，单位享有完整的专利权，单位是否行使权利、如何行使权利、何时行使权利，以及单位如何处分权利、何时处分权利等因素都直接影响到发明人奖酬权的实现及其实现程度，而这些因素全由单位单方面决定，发明人对此完全没有控制力和决策力，从而使发明人专利收益权分享预期具有不确定性。这种不确定性是指发明人因为职务科技成果转化而应获得的奖酬并不能得到确定的保障，能否获得奖酬、获得多少奖酬、何时获得奖酬等都不确定。[①] 那么，对于发明人而言，这种奖酬权仅是一种期待权。而"交大模式"采取"先确权，再转化"的形式，即先奖励，后转化。从法理上来说，当发明人享有部分职务科技成果所有权，那么其理当享有部分职务科技成果的使

---

① 饶世权. 激励发明人参与职务发明创造转化的专利权分享：比较与适用[J]. 电子知识产权，2023（1）：84.

用、收益和处分权能，此时发明人的奖酬权具有确定性。因此，赋予发明人职务科技成果所有权实质是确定了其奖酬权，这一模式下的奖酬权是一种确定的现实权利。

从特征与激励发明人的作用来看，"交大模式"要求变更权利归属，并提高发明人享有职务科技成果所有权的比例。"北京模式"等早期实践探索是在不变更职务科技成果权利归属于单位的前提下，扩大单位使用权、处置权和收益权，提高发明人奖酬数额或收益占比。两种方式都以激励发明人积极参与职务科技成果转化为目的，但其激励作用和激励的确定性呈现出差异。饶世权曾就不同的专利分享制度对发明人的激励进行研究，结果表明：发明人与单位分享专利收益权时，发明人的权利最不完全，收益权预期也最为不确定，属于事后激励，对发明人的激励作用较小；发明人与单位分享专利处分权或专利使用权时，其权利较为完整，预期也较确定，属于事中激励，对发明人的激励较大；发明人与单位分享专利所有权时，其权利最完全，预期也最确定，属于事前激励，对发明人的激励效果最好（见表1-2-2）[1]。

表1-2-2　不同专利权分享制度对发明人的激励[2]

职务发明的权利分享类型	权利的完全性 发明人	权利的完全性 单位	预期确定性 发明人	预期确定性 单位	对发明人的激励
专利所有权分享	最强	较强	最强	较强	事前激励
专利使用权分享	较强	较强	较强	较强	事中激励
专利处分权分享	较强	较强	较强	较强	事中激励
专利收益权分享	最弱	最强	最弱	最强	事后激励

---

[1] 饶世权. 激励发明人参与职务发明创造转化的专利权分享：比较与适用［J］. 电子知识产权，2023（1）：88.

[2] 饶世权. 激励发明人参与职务发明创造转化的专利权分享：比较与适用［J］. 电子知识产权，2023（1）：89.

第三节 职务科技成果混合所有制改革引发的争论

一、职务科技成果混合所有制改革是否违反《专利法》

（一）质疑者认为职务科技成果混合所有制改革违反《专利法》的精神

职务科技成果混合所有制改革伊始，就有人对其合法性提出质疑。

2016年12月，在北京召开的有关科技成果转化研讨会上，有专家质疑甚至不赞成职务科技成果混合所有制改革的做法，"在一些微信群中，对此的争论也很激烈"[1]。

一种观点认为，职务科技成果混合所有制改革"可能使职务科技成果转移转化变得复杂，反而不利于职务科技成果的转移转化"且"存在法律风险"等[2]，主要体现在以下三方面。

一是，实施职务科技成果混合所有制违反法理逻辑，可能导致法律关系混乱。理由是单位和发明人是劳动法律关系，发明人付出劳动获得劳动报酬——工资，单位获得劳动成果——职务科技成果。"单位将科技成果等劳动成果转化为收入，进而支付给科技人员劳动报

---

[1] 吴寿仁. 科技成果转化若干热点问题解析（十四）：科研人员科技成果所有权探析[J]. 科技中国，2018（7）：33.

[2] 吴寿仁. 科技成果转化若干热点问题解析（十四）：科研人员科技成果所有权探析[J]. 科技中国，2018（7）：33.

酬，这样才能完成从劳动到劳动报酬的转化"[①]，"如果科技成果归科技人员所有，就意味着劳动成果归劳动者个人所有，这就不能将劳动力转化为劳动报酬"[②]。如果双方在劳动合同中约定职务科技成果部分或全部归属于发明人，虽然体现了意思自治，但单位与发明人不再构成劳动法律关系，而是构成一般的合作关系，应受《合同法》调整，"这在一定程度上会造成法律关系的混乱"[③]。二是，将原本完全归单位所有的职务科技成果变更为由单位和发明人按份共有，可能导致发明人不当得利。其认为变更职务科技成果所有权仅有转让、赠与和纠正错误才是合法的，分割单位持有的科技成果所有权于法无据，于理不合，且"存在法律风险，可能导致科技人员不当得利"[④]。三是，单位将职务科技成果部分或全部的权属转移给发明人超出了单位享有的职务科技成果处置权的范畴。其认为处置职务科技成果必须符合法律规定，而单位将职务科技成果全部或部分所有权分割给发明人，属于未被授权的行为，单位相关负责人存在渎职风险。[⑤]

前述观点主要从法理上推论职务科技成果混合所有制改革有悖法理及存在的法律风险，并没有得到太多人的认可。而另一种观点更具代表性，其认为职务科技成果混合所有制改革实质是变职务发明创造专利权国家所有为国家与发明人共有，违反了《专利法》(2008)。此种观点得到了质疑职务科技成果混合所有制改革者的普遍认可。质疑者从以下三方面提出反对意见。

[①] 吴寿仁. 科技成果转化热点问题解析（三）：再谈科技成果混合所有制[J]. 科技中国，2017（8）：31.

[②] 吴寿仁. 科技成果转化热点问题解析（三）：再谈科技成果混合所有制[J]. 科技中国，2017（8）：31.

[③] 吴寿仁. 科技成果转化热点问题解析（三）：再谈科技成果混合所有制[J]. 科技中国，2017（8）：31.

[④] 吴寿仁. 科技成果转化热点问题解析（三）：再谈科技成果混合所有制[J]. 科技中国，2017（8）：31-32.

[⑤] 吴寿仁. 科技成果转化热点问题解析（三）：再谈科技成果混合所有制[J]. 科技中国，2017（8）：32.

首先，质疑者提出职务科技成果混合所有制改革违反《专利法》（2008）第六条第一款，该条款已明确规定"职务发明创造申请专利的权利属于该单位；申请被批准后，该单位为专利权人"，因此单位与发明人按份共有职务科技成果明显违反法律的明确规定和法律精神。① 其次，质疑者驳斥了支持者认为职务科技成果混合所有制改革符合《专利法》（2008）第六条第三款精神的观点。《专利法》（2008）第六条第三款规定："利用本单位的物质技术条件所完成的发明创造，单位与发明人或者设计人订有合同，对申请专利的权利和专利权的归属作出约定的，从其约定。"支持者据此提出："如果学校和科研人员事先约定过了共享知识产权，那么对于该科技发明申请专利的权利和专利权的归属应该从其约定，由个人和单位共享，因此实施混合所有制符合该条款的精神。"② 质疑者认为这是支持者对该条款的误读，"即使实施职务科技成果混合所有制的高校，事先与其科研人员签订划分科技成果所有权的相关协议，再在专利申请等环节对职务科技发明进行所有权划分，也是违反《专利法》等法律法规精神的，是非法的"③。双方曾就此展开论战，最终赞成职务科技成果混合所有制改革者后来也承认职务科技成果混合所有制改革与《专利法》（2008）第六条确实是冲突的，并不能得到《专利法》（2008）第六条第三款的支持④。最后，质疑者还抨击了支持者认为职务科技成果混合所有制改革具有合理性的观点。倡导推行职务科技成果混合所有制的人员曾宣称改革虽然不合法，但具有合理性，"合理不合法，犯法不犯

---

① 陈柏强，刘增猛，詹依宁. 关于职务科技成果混合所有制的思考［J］. 中国高校科技，2017（A2）：130.

② 陈柏强，刘增猛，詹依宁. 关于职务科技成果混合所有制的思考［J］. 中国高校科技，2017（A2）：130-132.

③ 陈柏强，刘增猛，詹依宁. 关于职务科技成果混合所有制的思考［J］. 中国高校科技，2017（A2）：131.

④ 康凯宁，刘安玲，严冰. 职务科技成果混合所有制的基本逻辑——与陈柏强等三位同志商榷［J］. 中国高校科技，2018（11）：48.

罪"。质疑者就此提出异议，理由有二。一是，国家已就当前科技成果转化率低进行弥补，进一步下放实施科技成果转化的主动权并加强激励机制。2015年修改的《促进科技成果转化法》，将科技成果使用权、处置权和收益权完全下放给单位，并规定将科技成果转化净收入的50％以上奖励给完成人团队，有的地方政府和高校已经普遍将给科技成果完成人的奖励提高到转化净收入的70％以上。奖励力度"已经远远超过美国等发达国家的奖励力度，已经充分调动了团队开展科技成果的积极性。从这个角度来说，并不存在实施混合所有制的客观必要性"[①]。二是，发明人作为单位的成员，履行单位工作职责，执行单位任务或主要利用本单位物质技术条件所完成的成果，是职务行为的结果，而单位已经给发明人支付了工资薪金，为职务科技成果的取得提供了物质、技术条件等，因此，所取得的科技成果归单位所有完全是顺理成章的事情，"对于国家设立的高校院所，所取得的职务科技成果属于全民所有的国有无形资产，而非个人所有的私有财产"。在单位将职务科技成果转化所得的50％以上的净收入奖给发明人的让利政策下，其没有理由要求取得科技成果的所有权。有人提出疑问："如果说国家财政供奉的科研人员利用国家经费、设备取得的发明创造，可以享有50％以上甚至70％的所有权的话，那么对于我国国有体制内的其他领域是不是也有充分理由进行相应的改革？"总而言之，质疑者认为，"推行混合所有制的理由是站不住脚的"[②]。

随着试点的深入，反对职务科技成果混合所有制的呼声越来越大。2018年4月，在武汉举办的高校科技成果转化研修班上，研修人员对职务科技成果混合所有制进行了热烈的讨论，不少专家不赞成

[①] 陈柏强，刘增猛，詹依宁. 关于职务科技成果混合所有制的思考［J］. 中国高校科技，2017（A2）：131.

[②] 陈柏强，刘增猛，詹依宁. 关于职务科技成果混合所有制的思考［J］. 中国高校科技，2017（A2）：132.

施行职务科技成果混合所有制。[1]

(二) 支持者认为职务科技成果混合所有制改革具有法理正当性

面对对职务科技成果混合所有制改革的质疑,支持者从三个方面进行了回应。第一,有支持者提出虽然"职务科技成果混合所有制试验目前尚没有明确的法律依据,但有一些法律条款作为'借口'"。[2] 这个"借口"就是《专利法》(2008) 第六条第三款,以及 2012 年 11 月国家知识产权局、教育部、科技部、工信部、财政部等 13 部委签发的《关于进一步加强职务发明人合法权益保护,促进知识产权运用实施的若干意见》第四节第四条:"鼓励单位与发明人约定发明人创造的知识产权归属。对于利用本单位物质技术条件完成的发明创造,除法律、行政法规另有规定的以外,单位可以与发明人约定由双方共同申请和享有专利权或者相关知识产权,或者由发明人申请并享有专利权或者相关知识产权,单位享有免费实施权。发明创造获得知识产权后,单位和发明人按照约定行使权力、履行义务。"[3] 此规定实质上与《专利法》(2008) 第六条第三款一致。有的学者还认为:"立法规定职务发明归单位,属于明确原始所有权;单位与科技人员共享,属于单位对自己权利的处置,似无不妥,也不与法律冲突。"[4] 换言之,单位对职务科技成果的处置权可以作为职务科技成果混合所有制改革的法律依据。

第二,支持者指出职务科技成果混合所有制改革具有合理性、正当性。虽然质疑者指出支持者误读了《专利法》(2008) 第六条第三

---

[1] 吴寿仁. 科技成果转化若干热点问题解析(十四):科研人员科技成果所有权探析 [J]. 科技中国, 2018 (7): 34.

[2] 康凯宁. 职务科技成果混合所有制探析 [J]. 中国高校科技, 2015 (8): 69.

[3] 康凯宁. 职务科技成果混合所有制探析 [J]. 中国高校科技, 2015 (8): 70.

[4] 吴寿仁. 科技成果转化热点问题解析(三):再谈科技成果混合所有制 [J]. 科技中国, 2017 (8): 30.

款,支持者也承认职务科技成果混合所有制改革确实不符合《专利法》(2008)第六条的精神,但支持者并不认为这项改革因此就不能进行,并列举了三大理由。

一是,引用时任第十二届全国人大法律委员会主任委员乔晓阳关于改革与立法关系的观点,主张为改革创造法律条件。乔晓阳认为,"改革的过程,实际上就是'变法'的过程","对于实践证明比较成熟的改革经验和行之有效的改革措施,应当尽快将其上升为法律,为改革提供支持和保障;对于改革决策与现行法律规定不一致的情况,应当抓紧修改法律使其适应改革需要;对于实践条件还不成熟,需要先行先试的改革决策,应当按照法定程序作出授权,既不允许随意突破法律底线,也不允许简单以现行法律没有依据为由阻碍改革"①。支持者据此提出,四川省作为全面创新改革试验区之一,对于"先行先试"的职务科技成果混合所有制改革试验,可以争取全国人大常委会的授权,针对省内高校、科研院所停用《专利法》(2008)第六条、《促进科技成果转化法》(2015)第十九条等法条。② 2017年3月,四川省的全国人大代表在第十二届全国人民代表大会期间发起动议,希望《专利法》(2008)第六条在四川等全面创新改革试验区暂停适用。

二是,指出职务科技成果混合所有制改革可以有效激励职务科技成果转化,具有合理性、正当性。支持者认为造成职务科技成果转化率低的一个重要原因就是激励不到位。虽然许多高校已将奖酬比例提高到70%,但推动科技成果转化效果不明显。这是因为在不变更职务科技成果所有权的前提下获得奖酬的权利属于被奖励权,"被奖励权是一种被动权利;被奖励权是不稳定的;被奖励权不包括交易权、定价权等产权权利。相对被奖励权而言,唯有所有权是主动的、稳定

---

① 乔晓阳.发挥立法对改革的引领和推动作用[N].人民日报,2016-07-19(7).
② 康凯宁,刘安玲,严冰.职务科技成果混合所有制的基本逻辑——与陈柏强等三位同志商榷[J].中国高校科技,2018(11):48.

的，且包括交易权、定价权、收益权在内"[1]，且"科技人员与职务科技成果具有亲子关系，在产权上不应分割"，[2] 因此，"只有通过所有权才能赋予科技人员在科技成果转化中的主体地位，科技成果转化才能得以进行"，职务科技成果混合所有制改革解决了职务科技成果市场化定价问题，解决了评估作价入股时的股权奖励问题，可以说职务科技成果混合所有制"一制解千愁"。[3] 此外，支持者还从不同角度论证职务科技成果混合所有制改革的合理性、正当性。从产业理论视角而言，只要存在交易费用，清晰明确的产权制度就是必需的。而职务科技成果混合所有制改革秉承这一理论逻辑进行探索，给予高校和发明人之间分割所有权的自由，通过合法的约定，赋予发明人在合法的范围内能够接受的合理权属比例，可以提高其进行科技成果转化的积极性。[4] 从产权分配模型而言，在没有相互监督的情况下，职务科技成果混合所有制对科技成果转化有积极作用。[5] 就职务科技成果权属制度变迁历史而言，职务科技成果混合所有制的实施，可产生降低交易成本等预期效益。[6] 从职务科技成果转化效率来说，职务科技成果混合所有制改革以产权分割为核心，以事前激励为导向，"在一定程度上解决了创新能力不强、转化动力不足、市场定价失真等制约转化效率的问题"，激发了成果完成人的转化意愿。[7]

三是，通过法理或法律解释，为职务科技成果混合所有制改革的合法性提供基础。有的支持者认为专利法是私法，尊重意思自治，因

---

[1] 康凯宁. 职务科技成果混合所有制探析 [J]. 中国高校科技，2015 (8)：72.
[2] 康凯宁. 职务科技成果混合所有制探析 [J]. 中国高校科技，2015 (8)：70.
[3] 康凯宁. 职务科技成果混合所有制探析 [J]. 中国高校科技，2015 (8)：72.
[4] 刘凤，张明瑶，康凯宁，等. 高校职务科技成果混合所有制分析——基于产权理论视角 [J]. 中国高校科技，2017 (9)：16.
[5] 李强，暴丽艳，郝丽. 基于最优委托权安排模型的职务科技成果混合所有制研究 [J]. 科技管理研究，2019 (5)：191.
[6] 张文斐. 职务科技成果混合所有制的经济分析 [J]. 软科学，2019 (5)：51.
[7] 石琦，钟冲，刘安玲. 高校科技成果转化障碍的破解路径——基于"职务科技成果混合所有制"的思考与探索 [J]. 中国高校科技，2021 (5)：85.

此《专利法》(2008)第六条第一款对职务发明创造所有权的规定不是强制性条款,而是任意性条款,单位与发明人可以根据自己的意思自治安排职务科技成果的权利归属,而职务科技成果混合所有制正是单位与发明人意思自治的结果,并不违反《专利法》(2008)第六条的精神。有的学者主张避开职务科技成果混合所有制的合法性困境,将职务科技成果混合所有制改革的重点放在新的共有知识产权申请确权,以及高校、科研院所一定期限内未实施转化且无正当理由的科技成果上来,以期在不修订现有法律法规的前提下,减少实施改革面临的合法性质疑等阻力[①]。还有学者提出"我国应当在扩大解释高校职务科技成果处置权的基础上,赋予当事人权属自治的自由"[②],从而解决职务科技成果混合所有制的合法性问题。需要注意的是,这与前文中直接将处置权当作职务科技成果混合所有制改革的合法性依据不同——该观点并不认为单位原有的处置权能够为职务科技成果混合所有制改革提供合法性依据——而是通过扩大解释处置权来解决职务科技成果混合所有制改革面临的合法性困境。

二、职务科技成果混合所有制改革是否违反国有资产管理法

(一)从是否违反《专利法》到是否违反国有资产管理法

职务科技成果混合所有制改革引发的争论最初主要集中于其是否违反《专利法》(2008)第六条之规定,是否应当修改《专利法》(2008)以确认职务科技成果混合所有制改革的合法性?2020年第四次的修订《专利法》第六条第一款结尾处新增赋予单位处置权的规

[①] 丁明磊. 地方探索职务科技成果权属混合所有制改革的思考与建议[J]. 科学管理研究, 2018(1):20.

[②] 王影航. 高校职务科技成果混合所有制的困境与出路[J]. 法学评论, 2020(2):68.

定："执行本单位的任务或者主要是利用本单位的物质技术条件所完成的发明创造为职务发明创造。职务发明创造申请专利的权利属于该单位，申请被批准后，该单位为专利权人。该单位可以依法处置其职务发明创造申请专利的权利和专利权，促进相关发明创造的实施和运用。"有学者认为，这一新增内容可为职务科技成果混合所有制改革提供合法性依据。同时，《专利法》（2020）第十五条也增加了新内容："国家鼓励被授予专利权的单位实行产权激励，采取股权、期权、分红等方式，使发明人或者设计人合理分享创新收益。"这一规定实质上也为职务科技成果混合所有制改革提供了法理合法性。有学者评价说，《专利法》第四次修改进一步明确了高校、科研院所实施职务科技成果混合所有制改革的法律依据，"对解决职务技术成果混合所有制法律依据不足的问题具有重要作用，并且能够与2015年修改的《促进科技成果转化法》和2021年修改的《科学技术进步法》中的有关条款共同构成职务科技成果混合所有制的法律规范来源"。[①] 因此，按照《专利法》（2020）第六条第一款的规定，职务发明创造申请专利的原始权利归属于单位，但单位可以通过行使处置权将职务发明创造申请专利的权利和专利权全部或部分分配给发明人。

有关职务科技成果混合所有制改革是否符合专利法的争论沉寂下来，但学界又产生了新的合法性质疑。一是，认为职务科技成果混合所有制改革违反《促进科技成果转化法》(2015)。《促进科技成果转化法》(2015)第十九条规定："国家设立的研究开发机构、高等院校所取得的职务科技成果，完成人和参加人在不变更职务科技成果权属的前提下，可以根据与本单位的协议进行该项科技成果的转化，并享有协议规定的权益。该单位对上述科技成果转化活动应当予以支持。科技成果完成人或者课题负责人，不得阻碍职务科技成果的转化，不

---

① 刘强.《专利法》第四次修改背景下职务科技成果混合所有制研究[J]. 知识产权，2022（10）：83.

得将职务科技成果及其技术资料和数据占为己有,侵犯单位的合法权益。"这与《专利法》(2020)第六条并不冲突。因为《专利法》(2020)作为私法,规定了申请专利的权利和专利权获取的普适性规则,而《促进科技成果转化法》(2015)第十九条规定了国有单位或通过国有资金所获取的发明创造申请专利的权利与专利权获取的特殊规则,两者是一般法与特别法的关系。因此,民营单位根据《专利法》(2020)第六条的规定可自由处置职务发明创造申请专利的权利和专利权;而职务科技成果混合所有制改革涉及的主体主要是国有高校、科研院所或是使用国有资金的其他单位,其处置国有职务科技成果需要遵守国有资产管理法,而《促进科技成果转化法》(2015)第十九条明确规定国有单位处置职务科技成果时"不变更职务科技成果权属"。二是,职务科技成果混合所有制改革存在违反《科学技术进步法》(2021)的嫌疑。2021年修订的《科学技术进步法》第三十二条第一款规定:"利用财政性资金设立的科学技术计划项目所形成的科技成果,在不损害国家安全、国家利益和重大社会公共利益的前提下,授权项目承担者依法取得相关知识产权,项目承担者可以依法自行投资实施转化、向他人转让、联合他人共同实施转化、许可他人使用或者作价投资等。"(同时,第三十三条规定:"国家实行以增加知识价值为导向的分配政策,按照国家有关规定推进知识产权归属和权益分配机制改革,探索赋予科学技术人员职务科技成果所有权或者长期使用权制度。")有学者认为其中"规定的'项目承担者'能否解读为单位与科研人员还有待进一步明确,否则,仅就其为项目承担者设定的转化义务就将阻碍职务科技成果共有权的有效行使"[1];而且其中提及的"国家利益"是否将国有单位利用财政投资研究所取得的职务科技成果排除在外尚有待商榷,如果"国家利益"包括了国有单位

---

[1] 程行坤. 职务科技成果共有权行使的价值、困境与完善路径[J]. 中国高校科技, 2023(3): 88.

的职务科技成果，那么将国有单位的职务科技成果所有权分割部分给发明人就是损害国家利益，就是违反《科学技术进步法》（2021）第三十二条的规定。

其实，职务科技成果混合所有制改革伊始就有人认为，职务科技成果混合所有制改革与其说是违反了《专利法》，不如说是违反了国有资产管理法。有的学者还明确指出"对于国家设立的高校院所，所取得的职务科技成果属于全民所有的国有无形资产"，"所有的改革激励政策必须把握好一道底线，那就是科技成果所有权的本质属性即国有资产的属性不能触碰"；推行混合所有制，更改了所有权的本质属性，"将动摇国有体制的根基，可能造成思想认识上的混乱"。[①] 但因为当时对职务科技成果混合所有制改革合法性的质疑集中于其是否违反《专利法》（2008）第六条上，所以忽视了对职务科技成果混合所有制改革违反国有资产管理法的观点。而在 2020 年修订《专利法》后，原来被忽视或掩盖的职务科技成果混合所有制改革违反国有资产管理法的观点受到广泛关注。

如果从国有资产管理法来说，国有单位行使《专利法》（2020）第六条增加的"职务科技成果单位处置权"并不具有当然的合法性。首先，国有单位职务科技成果处置权并非发明人的权利。根据法教义学，职务科技成果的处置权属于单位，也就是说从法律条文的逻辑来说，职务科技成果初始的申请专利的权利和专利权归属于单位，因此单位才可将此权利处置给发明人等主体，而且单位是处置权的唯一主体，这意味着单位可以单方面做出是否处置、如何处置申请专利的权利和专利权的决定。而就国有单位或利用国有资金获得的职务科技成果而言，其申请专利的权利和专利权均属国有资产，相关单位处置国有资产应当遵守国有资产管理法。其次，单位处置权的行使目的应当

[①] 陈柏强，刘增猛，詹依宁. 关于职务科技成果混合所有制的思考［J］. 中国高校科技，2017（A2）：131-132.

是"促进相关发明创造的实施和运用",因此,如果不是以"促进相关发明创造的实施和运用"为目的(如何证明亦有待商榷),或者"发明创造的实施和运用"没有实现,那么相关单位的职务科技成果混合所有制改革就不具有合法性。

而支持职务科技成果混合所有制改革的人从三个方面回应了质疑。第一,从职务科技成果混合所有制改革对国有资产保值、增值的意义论证其合理性、正当性。其认为传统的职务科技成果实施转化时作价入股依法需要第三方评估作价,但国有股权代表既担心评估低了造成国有资产流失,又担心评估高了无法使成果得到转化。而"职务科技成果混合所有制以后,科技人员站在自己的立场上与投资人议价,达成的价格便是市场公允价格,职务科技成果中的国有部分也自然得到了公允的市场价格",不仅降低了交易成本,而且使科技人员与相关单位同时获益。因此,"混合所有制解决了职务科技成果中国有部分的保值、增值问题"。[①] 概言之,在职务科技成果所有权全部归属单位的制度下,其转化率非常低,创造的价值极少,国家投入得不到应有的回报,更谈不上实现国有资产保值增值;而职务科技成果混合所有制改革"大大促进了职务科技成果向资产的转化,这对国家科研投入是一种积极有效的保值、增值方式,并非个别人士认为的国有资产流失"[②]。此外,职务科技成果实现转化,可以增加国家税收,增加就业岗位,推动社会经济高质量发展等,这是国有资产的另一类保值、增值。

第二,一些支持者从防止国有资产流失的角度论证职务科技成果混合所有制改革的合理性、正当性。有的支持者认为职务科技成果混合所有制的适用,可避免"公地悲剧"、防止国有资产预期效益的流

[①] 康凯宁. 职务科技成果混合所有制探析 [J]. 中国高校科技,2015 (8):72.

[②] 王康,徐子航. 西南交大九条:科技成果转化的"小岗村试验" [N]. 中国知识产权报,2017-02-22 (4).

失[1]。有的支持者认为，基于"国资严格管理、高校隶属国有"这一基本逻辑，高校、科研院所普遍面临"国资诅咒"，即其拥有的技术成果等国有无形资产存在"越严格保护越实质流失"的悖论，而职务科技成果混合所有制改革有助于破除"国资诅咒"[2]。

第三，一些支持者主张修改国有资产管理法，以消除职务科技成果混合所有制改革可能违反国家资产管理法的嫌疑。如有学者主张修改《促进科技成果转化法》（2015）第十九条和《科学技术进步法》（2021）第三十二条等法律法规[3]；有的提出扩大解释《赋予科研人员职务科技成果所有权或长期使用权试点实施方案》[4]。

（二）受财政资金资助形成的职务科技成果是国有资产还是国有资源？

国家资产管理法一般将国有单位经财政资金资助产生的职务科技成果界定为国有知识产权，属于国有资产。如解栋栋、曾翔在2015年的文章中指出："目前，依照我国法律法规和政策规定，高校和科研院所职务发明确权的基本原则是：高校和科研院所的职务科技成果，单位拥有名义上的处置权和收益权，但因其性质上属于国有资产，需按国资接受监管，处置时须报批，其收益须上缴国库。"[5] 为有效促进职务科技成果转化，国家出台了一系列政策，将国有单位职务科技成果处置权下放给国有单位，简化了审批程序，但这并没有改变国有单位职务科技成果的国有资产属性，尤其是在国有资产会计与

---

[1] 张文斐. 职务科技成果混合所有制的经济分析 [J]. 软科学，2019（5）：51.
[2] 张铭慎. 如何破除制约入股型科技成果转化的"国资诅咒"？——以成都职务科技成果混合所有制改革为例 [J]. 经济体制改革，2017（6）：116.
[3] 程行坤. 职务科技成果共有权行使的价值、困境与完善路径 [J]. 中国高校科技，2023（3）：90.
[4] 马波. 论职务科技成果混合所有制的规范表达与完善措施 [J]. 科技进步与对策，2022（3）：129.
[5] 解栋栋，曾翔. 关于上海高校和科研院所职务科技成果产权管理体制改革 [J]. 科学发展，2015（12）：65.

审计规则中，职务科技成果仍然属于国有资产。如，2019年修订的《事业单位国有资产管理暂行办法》第三条规定："本办法所称的事业单位国有资产，是指事业单位占有、使用的，依法确认为国家所有，能以货币计量的各种经济资源的总称，即事业单位的国有（公共）财产"，"其表现形式为流动资产、固定资产、无形资产和对外投资等"。其中的"无形资产"包括了职务科技成果专利权等知识产权。根据《企业会计准则第6号——无形资产》第七条、第八条、第九条的规定，国有企业使用自己的国有资金进行项目研究开发，在"研究阶段的支出，应当于发生时计入当期损益"，这意味着国有资产的减少。因此，如果不能在今后获取相应收益，填补前期国有资产的减少，那么就会造成国有资产的绝对减少。而开发阶段的支出在会计领域被计为无形资产，实质上是用于对应开发阶段国有资产的减少。因此，依照现在的会计准则，利用国有无形资产产生的无形成果——科技成果理当计为国有单位的无形资产。当然，研究开发失败或者形成的无形资产价值低于前期支出，虽然国有资产投入受到了损失，但这被认为是科学技术发展风险，不被认为是法律意义的国有资产流失；如果将研究开发成功的无形资产人为地处置给他人或者处置为国有单位与他人共有，就意味着研究开发阶段的国有资产投入没有转换为等价的无形资产，构成法律意义上的国有资产流失，因而违反了国有资产管理法。由国有企业推及国有高校、科研院所等国有单位，均是如此。因此，职务科技成果混合所有制改革是将本属于国有单位国有资产的知识产权所有权部分或全部地分割给发明人，而且发明人占有的知识产权比重高于单位，显然造成了国有资产流失。

为防止国有资产流失，对国有资产的处置一直有严格的审批程序，虽然近年来国家不断下放审批权限，但并没有完全取消审批制度。如2021年财政部颁发的《中央行政事业单位国有资产处置管理办法》规定："各部门及中央管理企业所属行政事业单位处置单位价值或者批量价值（账面原值，下同）1500万元以上（含1500万元）

的国有资产,应当经各部门审核同意后报财政部当地监管局审核,审核通过后由各部门报财政部审批;处置单位价值或者批量价值1500万元以下的国有资产,由各部门自行审批"(第九条),而"各部门所属高等院校国有资产处置,由各部门审批"(第十条)。其第十一条还特别对职务科技成果的处置程序与权限分配做出规定:"国家设立的中央级研究开发机构、高等院校对持有的科技成果,可以自主决定转让,除涉及国家秘密、国家安全及关键核心技术外,不需报各部门和财政部审批或者备案。涉及国家秘密、国家安全及关键核心技术的科技成果转让,由各部门按照国家有关保密制度的规定审批。国家设立的中央级研究开发机构、高等院校以科技成果作价投资形成的国有股权无偿划转、转让、损失核销等处置事项,由各部门审批。"概而言之,国家将职务科技成果的部分处置权下放给国有单位,但因此如果造成国有资产流失,那么国有单位将承担法律责任。

而支持职务科技成果混合所有制改革的人认为,职务科技成果不是资产,而应当是资源。这种观点认为,资产有交换价值,而资源有使用价值,但无交换价值。按照马克思的观点,自然资源本身并不含人类的抽象劳动,所有没有交换价值。资源的定价模式不是由人类的抽象劳动量来决定的,而是由资源的使用价值和供需关系来决定的。因此,"职务科技成果是资源不是资产,成果转化了才是资产,成果不转化只是资源"[①],资源没有交换价值,也就没有所谓的价格属性,自然就不存在国有资产流失的风险。四川省科技厅2022年12月13日发布了《关于全面推广职务科技成果转化前非资产化管理改革的指导意见(征求意见稿)》,明确全省高等院校、科研院所、医疗卫生机构、科技型企业(统称"科研单位")全面推行职务科技成果转化前非资产化管理改革。该文件明确规定:"科研单位职务科技成果不再

---

① 王康,徐子航. 西南交大九条:科技成果转化的"小岗村实验"[N]. 中国知识产权报,2017-2-22(4).

纳入国有资产管理体系，全部退出或部分退出国有资产管理清单，不纳入国有资产管理，由单位科研管理部门进行单列管理。允许单列管理的职务科技成果不纳入省行政事业性国有资产管理信息系统管理。单列管理的职务科技成果在转化前不再纳入国有资产审计、国有资产清产核资范围。"这是地方政府通过出台特许政策为促进职务科技成果转化的积极尝试，同时这也表明当时在法律法规层面上，职务科技成果仍被视为国有资产而非国有资源。

第二章 职务科技成果混合所有制改革的法理探讨

第一节 职务科技成果权利归属的法哲学分析

科技创新是社会发展的原动力，是经济发展的第一动力，积极推动科技成果转移转化能够促进科技创新，提高国家核心竞争力。激励和提高科研主体进行科学研究的积极性是科研创新、促进科技成果转化的重要内容。其中，产权问题是关键所在。

为了促进社会经济发展，提高社会组织分工效率和科技创新效率，要形成公正合理的科研成果权属分配制度。这不仅要求我们遵守科技创新的管理规律，也要借鉴市场经济改革中的成功经验，要在分析基本国情的基础上，结合实际情况开展科研成果权属改革，建立积极有效的科技成果转移转化机制。

一、职务科技成果权利归属应反映人民的意志和根本利益

（一）职务科技成果混合所有制改革符合人民的意愿

以人民为中心是中国特色社会主义法治的根本立场。全面依法治国最广泛、最深厚的基础是人民，推进全面依法治国的根本目的是依法保障人民权益。坚持以人民为中心，深刻回答了推进全面依法治国，建设社会主义法治国家为了谁、依靠谁的问题。始终代表最广大人民根本利益，保证人民当家作主，体现人民共同意志，维护人民合法权益，是我国国家制度和国家治理体系的本质属性，也是国家制度和国家治理体系有效运行、充满活力的根本所在。依法保障人民权益，必须坚持法治为了人民、依靠人民、造福人民、保护人民，系统研究解决法治领域人民群众热切关注的突出问题，不断增强人民群众的获得感、幸福感、安全感，用法治保障人民安居乐业。

职务科技成果，简单来说，是单位科研人员在单位的组织领导下进行科研创造产生的成果。这其中存在两个权利主体，即公有主体（国家、高校）和私有主体（发明人）。讨论职务科技成果的权利归属时，需要均衡考虑双方的参与和付出，如果只将权利赋予一方而排斥忽视另一方的权利，既不符合市场经济发展的需要也不符合新时代中国特色社会主义核心价值观。作为科技成果研发和转化的主要智力贡献者，科研人员的转化热情对提高科技成果转化率尤为重要。鉴于此，诚如前文所述，我国不断完善相关法律法规和政策措施，将职务科技成果所有权下放给高校、科研院所，进而赋予科研人员职务科技成果所有权等实质性权利，使科研人员与单位成为权利共有人，强化科研人员的利益，增强科研人员转化热情。

职务科技成果混合所有制改革正是在此背景下产生的，职务科技成果所有制在法律上可视为职务科技成果专利共有制，其实质是专利

权的共有，核心是分割确权。在赋予科研人员职务科技成果所有权的过程中，赋予者是单位，被赋予者是科研人员，通过赋权实现单位和发明人对职务科技成果的共有。它有利于化解实践中职务科技成果转化面临的困境，即"有权利转化的没有能力和动力转化；有能力和动力转化的没有权利转化"的尴尬。

总而言之，赋权过程是一个可以强化发明人在科技成果转化过程中的话语权和增加发明人收益的过程[①]，可以有效激发科研人员的创新积极性，提高其参与转化的主动性，并能促进科技成果转化效率的提升。这种赋权模式和传统的收益权分享机制相比较而言，更具确定性，发明人在权利享有方面更具完全性，可以将发明人的利益确定化、完整化，点燃发明人的转化热情，使科研人员更加积极地参与转化工作。以西南交通大学的数据为例，从2010年到2012年的3年时间，西南交通大学仅有7项专利通过转让、许可的方式投入市场，收入67万元。但出台"西南交大九条"后，该校在半年时间内就有超过120项职务科技成果分割确权，推动7家高科技创业公司成立。由此可见，职务科技成果混合所有制改革对职务科技成果转化具有充分的促进作用。可以说，赋权不仅可以使发明人获得更多的收益，还可以激发当事人更主动地维护自身的合法权益。西南交通大学自2016年在国内高校中率先实施职务科技成果混合所有制改革，使发明人成为职务科技成果转化的主体，促进了职务科技成果的转化。截至2018年12月，该校已有205项职务科技成果分割确权，完成专利转让39项，专利许可18项。

（二）职务科技成果混合所有制改革符合人民的根本利益

2021年12月24日再度修改的《科学技术进步法》指出，要加

---

① 翟晓舟. 职务科技成果转化收益配置中的权责规范化研究［J］. 科技进步与对策，2019（20）：128—133.

强统筹科技创新与制度创新，运用法治力量不断提高科技创新质量和效率。不断提高职务科技成果转化效率符合人民的根本利益和国家社会整体发展目标要求。

高校属于非营利法人，它的基本功能和价值目标是教书育人和科学研究。对高校而言，科技成果转化不是第一要务。高校的非营利机构性质也决定了其在进行科学研究时可以忽视科技成果的市场价值和转化利用，在这种情况下，将职务科技成果所有权100%赋予高校毫无疑问会造成资源浪费。理论上，实施收益权分享机制，将职务科技成果专利权的所有权、使用权、处置权集中于单位，由单位统一行使，不仅便于转化交易的进行，还能在许可、转让中有效地节约交易成本，可以实现效益的最大化。但实践表明，专利收益权分享机制具有"预期的不确定性"和"权利的不完全性"，即发明人能否获得报酬、获得多少报酬、何时获得报酬等都具有不确定性，发明人对这些完全没有控制力和决策力。也就是说，发明人享有收益权受制于单位，且其拥有的权利不包括交易权、定价权等产权权利，是一种被动的、不稳定的权利，这难以激励发明人转化科技成果。加之我国高校、科研院所绝大部分完全归国家所有，其进行科技成果转化受到国有资产管理法的严格限制，评估作价、技术交易等方面程序烦琐，高校和科研机构难以获得科技成果转化收益，从而导致这些单位对科技成果转化的积极性不高。有学者认为科技成果转化的主体只可能是科技人员，推动实施职务科技成果权属改革是促进职务科技成果转化最可靠的手段。[①] 因为在职务科技成果转化过程中，发明人的作用至关重要，判断科技成果是否是有效的创新成果、能否最终形成产品，以及产品能否被市场接受、产品和技术是否有持续改进升级的空间等都离不开最初的发明人。赋予科研人员职务科技成果所有权不仅保障了发明人在职务科技成果转化中的话语权和收益权，有利于实现国有资

---

① 康凯宁. 职务科技成果混合所有制探析 [J]. 中国高校科技，2015 (8)：69-70.

产保值增值，而且还能有效降低在后续转化过程中因为对科技成果不了解而导致的科技成果转化失败和国有资产流失。①

总之，以高校和科研院所作为职务科技成果转化的主体易导致以下问题：(1) 单位拥有科技成果所有权和转化权，却没有动力进行转化；(2) 科研人员有能力转化科技成果，却因为没有科技成果的所有权，没有动力进行科技成果的转化。

与传统的专利收益权分享相比较，职务科技成果混合所有制赋予发明人的权利更具有确定性与权利的完整性，更能激发发明人的转化热情。② 有学者认为该制度可以通过事前确权规避事后国有股权处置难的问题。

从表2-1-1可以看出，专利权共有无论对发明人、单位还是转化人，其赋予的权利的完整性及其收益的确定性都是最强的；而收益权分享机制赋予发明人、单位和转化人权利的完整性及其收益的确定性则呈现出差异性。

表2-1-1　不同专利权分享机制的比较

分享机制	不同主体权利的完整性			不同主体收益的确定性		
	发明人	单位	转化人	发明人	单位	转化人
专利权共有	强	强	强	强	强	强
收益权分享	最弱	强	强	最弱	强	较弱

我国所有权由占有权、使用权、收益权、处分权组成，享有所有权意味着享有占有、使用、收益和处分等全部位阶的权能。分享所有权，意味着享有相应的占有、使用、收益和处分等全部位阶的权能，因此，所有权分享是完整的权利分享，而收益权分享仅仅限于收益

---

① 邓恒，王含. 专利制度在高校科技成果转化中的运行机理及改革路径[J]. 科技进步与对策，2020 (17)：101-108.

② 楚道文，丛培虎，余晓龙. 职务科技成果共有权的政策要义及制度路径[J]. 中国科技论坛，2021 (3)：36-42.

权,是有限的权利分享。而发明人对职务科技成果转化的作用是不可替代的,发明人的态度是影响科技成果转化的重要因素,没有发明人的参与,我国职务科技成果转化率难以实现真正提高。专利权共有对发明人、单位和转化人而言都是最好的选择。西南交通大学推行职务科技成果混合所有制一年多后,实现168项科技成果产权分割确权,成立9家高科技公司;四川大学实施职务科技成果所有制半年内有30项科技成果申请确权,作价入股企业20多家,投资金额约10亿元。分割确权促进职务科技成果转化数量增多,据不完全统计,截至2020年1月,西南交通大学已经完成分割确权的职务科技成果共计413项,试点后5年转化率及转化量远远高于试点前5年。显而易见,该项改革产生了较大的经济、社会效益。可见通过改革,以法律手段保障科研人员的话语权和收益权,科研人员在学术利益、经济利益的驱动下,会积极研发科技成果,不断提高科技成果的质量,从而促进科技成果的转化。

因此,通过职务科技成果专利共有制改革,使发明人成为科技成果转化的主体,是促进职务科技成果转化最有效的手段,能真正维护人民的根本利益。

二、职务科技成果混合所有制改革的正当性分析

对政策的正当性分析应当从经验和理性两个角度进行。从经验的角度出发,正当性指政策能够得到社会的普遍认同和尊重,能够反映人民的根本意志,使政策拥有较好的群众基础,这在前文中已得到论证;从理性的角度出发,正当性指政策能通过哲学道德方面的论证,符合社会主流规范或某种客观标准。从目前实践来看,推进职务科技成果转化的改革者已经意识到需要妥善解决职务科技成果作为国有资产的管理处置问题,但人们往往人为地将国家权利和发明人的权利对立起来,将单位对科研成果的管理权和发明人对科研成果享有的权利

对立起来，思想上认为"非公即私"，这种观念割裂了单位和发明人的关系，使职务科技成果市场转化陷入困境。现行职务科技成果混合所有制改革试点，可以消弭我国有关职务科技成果法律法规造成的管理制度与市场规律之间的隔阂，促进职务科技成果的转让与转化。劳动创造价值理论是确定科技成果所有权归属的基础理论，该理论为职务科技成果发明人对其劳动成果享有一定所有权提供了合理性依据。大多数科技成果的价值并不是其原材料价值的简单相加，而是劳动者运用其智力和知识，通过创造性劳动形成的。比例性和公平性的价值归属原则也能说明职务科技成果发明人对其劳动成果享有一定的所有权具有正当性。

（一）职务科技成果混合所有制改革的理论支持

现实中人们取得财产所有权的主要方式是劳动，劳动是财产私有制存在的正当性依据。

英国哲学家洛克曾提出：每个人都拥有生存权，都可以对自己的劳动和自然资源相结合产生的成果享有所有权。因为人类通过劳动创造的资源是其生存的必要保障。

荷兰法学家格劳秀斯认为自然人的存在源于人类的理性，自然人赋予了人们某些权利和义务，如财产权。他说："自然法指示我们：违反任何一个人的意志而拿走他的东西就是非法的。"

欧洲启蒙时期思想家们提出的关于劳动成果所有权的学说被统称为"自然权利说"。该学说肯定专利权属于创造者，认为当决定专利权是归属于劳动者还是整个社会时，通过个人劳动形成的财产权应当胜于其他参与要素形成的权利。因为"劳动是劳动者无可争议的所有物"，发明人为发明创造付出的劳动和实践应当得到等值的回报。相关学者认为专利法就是为鼓励发明人而设的[①]，其以"创造性劳动"

---

① 李琛. 知识产权法基本功能之重解［J］. 知识产权，2014（7）：3-9.

"创造性贡献"为专利权来源①，通过赋予创造性劳动者以发明人的身份，给予发明人特定时限的垄断权，以维护其财产及人身权益，从而达到提高社会创新能力，促进人类科技进步的目的。马克思的劳动价值论认为，商品在生产过程中需要资本、物质技术条件和劳动等多种要素的投入，其中资本、物质技术条件通过改变形态将其价值转移到商品中，而商品的增值是劳动的产物，而创造性劳动更是商品价值的重要组成部分，创造性劳动创造的巨大价值远远超过了物质技术条件。德国哲学家黑格尔进一步提出，劳动创造的新价值主要源于发明人的意志和智慧，而在职务科技成果创造中，发明人的劳动是创造性劳动，是商品增值的重要因素，发明人理应享有成果全部或部分的所有权。

随着时间的推移，在有关科技成果利益分配制度的设计中，"自然权利说"的影响逐渐式微，并兴起了新的指导理论，其中以"财产分配说"与"利益平衡说"影响较大。19 世纪中期之后，随着现代科技的发展，技术创新日益复杂化、系统化，发明创造的物质成本大大增加，仅仅凭发明人个人的财力、能力已无力承担日益增高的风险和成本②，以创造者为中心形成的制度面临挑战，原本的产权分配制度缺陷凸显，于是产生了"财产分配说"。与原本重在保护发明人权益的制度相比较，鉴于物质资源的稀缺性，"财产分配说"为刺激投资而将雇主置于法律的优先地位。"财产分配说"适应了利益主体多元化的现实，劳动者的利益和资本等非创造性投入产生的权益也得到一定的确认与保护。

在当下，由于智力资源已成为人类社会最重要、最稀缺的资源，

---

① 《专利法实施细则》第十三条规定："专利法所称发明人或者设计人，是指对发明创造的实质性特点作出创造性贡献的人。在完成发明创造过程中，只负责组织工作的人、为物质技术条件的利用提供方便的人或者从事其他辅助工作的人，不是发明人或者设计人。"

② 崔国斌. 专利法：原理与案例 [M]. 北京：北京大学出版社，2012：488-489.

立法者仅仅考虑刺激投资的时代业已过去。[①] 为了适应当下知识经济时代多元主体的利益需求，有关科技成果制度设计的理论基础应以"财产分配说"为导向，兼顾"鼓励创造说"的合理价值，构建"利益平衡说"。[②] "利益平衡说"强调平衡各方权益，通过公正地分配创造性劳动、资本等形成的市场权益，以促进科技成果的创造与转化。在科技高度发展的当代社会，科技成果日益高、精、尖，单位的物质投入和自然人的创造性劳动都是科技成果诞生必不可少的条件。因此，单位和发明人在某种程度上都是职务科技成果的权利人，创造性劳动与物质技术投入都应当得到重视，设计制度时应平衡各方利益以鼓励科技成果的创造与转化。

（二）职务科技成果混合所有制改革符合法的效率价值

法的效率价值，即法所具有或应当具有的促进社会财富增长和活动便利并满足人们对物质的需求和便利条件的价值。职务科技成果混合所有制确立的权属关系本质上是一种复杂的公、私共有关系，需要协调相关主体的利益分配，合理安排不同主体的权利义务。就最有利于价值实现和提高资源利用效率的角度来说，发明人和单位共享职务科技成果所有权最符合效益主义理论。

第一，法律不保护躺在权利上睡觉的人，发明人往往对自己研发的成果充满感情，珍视自己的发明成果，能够准确地认识自己的发明成果的市场价值，有较高的转化积极性。根据效益主义理论，权利的配置应该能够使资源得到充分利用，创造更多的社会价值。发明人享受职务科技成果部分所有权，可以有效提高职务科技成果转化率，增进社会福祉。据研究，我国高校专利许可转化率远低于1%，而现有

[①] 何敏. 新"人本理念"与职务发明专利制度的完善 [J]. 法学，2012（9）：65-74.

[②] "鼓励创造说"以发明人为中心，强调对发明人利益的确认与保护，以激励发明人进行创造发明。

的促进我国高校、科研院所职务科技成果转化的奖酬机制（专利收益权的分享）存在不确定性，易引发纷争，严重地制约了我国高校、科研院所职务科技成果的转化，阻碍了大众创业、万众创新。因此，为提升整个社会科技成果的转化率，应当在一定程度上赋予发明人职务科技成果所有权。《四川省职务科技成果混合所有制改革的实效研究——基于试点单位的调查分析》一文显示，为支持四川省全面创新改革试验区建设，促进科技成果快速转移转化，保障国有资产固定收益，对于市场急需且符合国家战略性新兴产业发展方向的科技成果，四川大学允许成果完成人买断学校的权属部分，以便于转化。学校支持成果完成人按照公开公正公平的原则购买科技成果学校权属部分，以作价投资的方式在蓉在川创办科技型企业，进一步降低教师创新创业门槛，加快成果转化。相关政策的实施，规范了四川大学的科技成果转移转化制度建设，大大激发了四川大学科研人员开展科技成果转移转化的积极性，技术转让、许可数量和作价投资入股金额大幅度增长。

第二，赋予发明人部分职务科技成果所有权是降低交易成本的最好办法，可以消除单位的信息劣势和忧虑，促进单位对科技成果信息的理解与掌握。单位单独享有职务科技成果所有权时，由于单位自身业务和能力的限制，其对职务科技成果的信息理解和价值评估会存在偏差，从而可能导致科技成果转化不成功。因此，为了提升整个社会职务科技成果的转化率，应当在一定程度上赋予发明人职务科技成果所有权。

第三，科技成果与普通商品存在差异，科技成果的转化不仅看重现存成果本身的转让交易，还注重后续的技术研发与升级。只有使科研人员获得部分或全部职务科技成果所有权，才能降低后续科技成果转化的不确定性，有效降低后续科技成果利用和转化过程中因缺乏隐性知识支撑带来的风险成本。以产权激励科研人员积极进行科技成果转化，可以使科研人员自觉以市场为导向，积极推动开展具有转化价值的科研活动，使科技成果符合市场要求，提高社会资源的利用效率。

总而言之，实施职务科技成果混合所有制可以有效强化科研转化意识，减少专利泡沫，更好地满足社会需求，提高社会整体的科技成果转化效率。

（三）职务科技成果混合所有制改革符合法的正义价值

所谓正义，又可称为公平、公正，强调社会关系的均衡合理，即人与人之间、个人与社会之间的关系均衡合理。

首先，追求正义，一方面要保证社会关系中各方在权利义务、物质成果的分配上要平等均衡。另一方面要考虑在某些关系中各方社会地位和经济水平是不平等的，如果要达到公正就需要对获利较少的一方进行利益补偿，消除因为收入和地位差距带来的不利影响。

职务科技成果的产生是多种因素参与的结果，需要高校、科研院所投入资源，国家提供科研经费，科研人员付出劳动。在以前的职务科技成果利益分配制度中，高校、科研院所只是根据科研人员的研究贡献在年末发放奖金，并没有给予科研人员相应的劳动报酬，相应的奖金数额也无法匹配科研人员的创造性劳动。因此，职务科技成果只归属由高校、科研院所代表的国家一方是不公平的。从正义伦理角度而言，职务科技成果混合所有制充分认可了发明人在专利创造中的知识投入与辛苦付出，具有公平性。

其次，目前社会上普遍认为，职务科技成果是科研人员履行工作职责的产物，国家已经发给科研人员工资和奖金，科研人员没有理由再去要求取得科技成果的知识产权，这种说法看似很有道理，其实不然。虽然科研人员完成科技成果客观上使用了单位的资金、设备，但完成的关键仍在于科研人员的主观创造性劳动。

发明人的创造性贡献或创造性劳动与物质技术条件在发明创造中的重要性，在不同时期有所变化。早期科技创新对物质技术条件要求不高，那时发明人的创造性劳动具有决定性作用，因此，将专利权赋予发明人是正当合理的。但随着科技创新难度的增加，个人已难以承担发明创造过程中的物质技术投入，发明人的创造性劳动和物质技术条件同等重要，由此取得的科研成果是单位的意志和个人意志的结合，所以有一段时期为了吸引物质技术的投入，采取了"厚雇主"的策略，将专利权单一归属于单位。但单位大多只提出较抽象的科研题目和科研方向，具体的发明创造活动都是由发明人独立自主进行的，一般只体现发明人自己的个人意志，因此有人提出应当赋予发明人职务科技成果一定的产权。而且，在单位提供的物质技术条件的情况下，可以将单位给发明人提供生存和发明创造的物质技术条件看作一种让与或交易，即单位以提供发明人生存和发明创造的物质技术条件为对价，换取发明创造的全部或部分权利。而这种交易如果由发明人与单位协商，交易成本太高，因此应由法律设定统一的交易模式，即直接规定发明创造的权利归属于某一方或者由双方共有，也可以规定由发明人与单位协商约定权利归属。毋庸置疑，当法律将专利权单一归属于单位或发明人时，都可能受到质疑，但相对而言，单一归属于单位，引发质疑可能更多一些。所以，人们日益认识到，不能仅将专利权单一归属于单位，应当对发明人的创造性劳动予以同样的重视。

最后，事实上，高校、科研院所的工作人员的本职工作并不是进行科技成果转化，而是课堂教学和科学研究，国家发给他们的工资和奖金无法与其进行科技成果转化的相关劳动形成对价。为此，国家出台了一系列政策鼓励发明人进行科技成果转化，包括提高奖励比例、奖金不占工资总额、税收优惠等。但以上措施都难以激发发明人的转化积极性，因为科技成果转化的事后奖励具有被动性、延迟性和不确定性。但职务科技成果混合所有制改革以知识产权为激励，具有主动性、及时性、确定性，加强了发明人和科技成果转化的联系，激励效果显著。

职务科技成果具有共同所有属性，专利权共有分享具有正当性。

当下职务科技成果混合所有制改革已在我国部分地区积极开展，反响良好，符合广大科研人员的利益诉求，符合法的价值追求。我们要发挥立法对改革的引领和推动作用，确保重大改革于法有据，对实践证明已经比较成熟的改革经验和行之有效的改革举措尽快予以法律保护，通过立法扫清改革障碍。在全面深化改革，建设社会主义现代化国家的背景下，我们不应简单地批判、质疑职务科技成果混合所有制改革的必要性，而是需要立足实践进行有效思考。

（四）职务科技成果混合所有制改革具有共有制的制度基础

共有制度是约定财产所有权由两个或两个以上的主体共同所有的一种民事法律制度。所有权共有是依据法律的规定或约定，对某项财产共同以按份或连带的方式享有所有权。共有并非是一种独立的所有权，不论是同种类抑或不同种类的所有权之间，只要有人或物的联合，都会产生共有关系。我国民法中规定了两种共有形式，即"按份共有"和"共同共有"。共有财产关系的产生，或是基于法律的直接规定，如《民法典》规定夫妻关系存续期间所得的财产是夫妻共有的财产；或是依合同的约定产生，如几人合伙出资购买一件商品，通过合同约定各自的权利和义务。其广泛适用于经济生活领域，是民法的重要内容之一。共有不一定仅存在于所有权中，在实际生活中还存在着大量对所有权以外的财产权的共有，如两个以上的人共同拥有他物权、知识产权或者债权等。专利法律制度属于民法制度，民法上的共有制度理应适用于专利法律制度中。而职务科技成果混合所有制，从法律上讲本质是职务科技成果专利权按份共有，即对学校独自拥有的职务科技成果专利权进行分割确权，由学校和发明人共同拥有专利权。因此，依据民法上财产所有权共有产生于法律直接规定或合同约定，在专利法律制度上应当建立职务科技成果专利权共有制度。

著作权法中对职务作品的权利归属可以为是否赋予发明人一定科技成果所有权提供借鉴。作者指创作作品的自然人，根据《中华人民共和国著作权法》（简称《著作权法》），著作权原则上归作者所有。[①]对于职务作品，《著作权法》第十八条规定："自然人为完成法人或者非法人组织工作任务所创作的作品是职务作品，除本条第二款的规定以外，著作权由作者享有，但法人或者非法人组织有权在其业务范围内优先使用。作品完成两年内，未经单位同意，作者不得许可第三人以与单位使用的相同方式使用该作品。有下列情形之一的职务作品，作者享有署名权，著作权的其他权利由法人或者非法人组织享有，法人或者非法人组织可以给予作者奖励：（一）主要是利用法人或者非法人组织的物质技术条件创作，并由法人或者非法人组织承担责任的工程设计图、产品设计图、地图、计算机软件等职务作品；（二）报社、期刊社、通讯社、广播电台、电视台的工作人员创作的职务作品；（三）法律、行政法规规定或者合同约定著作权由法人或者非法人组织享有的职务作品。"

这种权利构架充分考虑了创作人的意志与创造性劳动，比如例外的工程设计图、产品设计图、地图、计算机软件等作品表达的单位意志较强，其中创作人的意志相对较弱，甚至可以说创作人的意志必须符合单位意志。因此，其权利构架上，创作人享有署名权，单位享有其他权利。而对较大程度上体现创作人意志和创造性劳动的作品，即使是自然人为完成法人或者其他组织工作任务而产生的作品，其著作权仍然归作者，单位仅享有优先使用权。而发明创造更多地体现了发明人的意志和创造性劳动，基于同为知识产权的公平、正义，应当赋予发明人相应的所有权。

[①] 《著作权法》第十一条规定："著作权属于作者，本法另有规定的除外。创作作品的自然人是作者。由法人或者非法人组织主持，代表法人或者非法人组织意志创作，并由法人或者非法人组织承担责任的作品，法人或者非法人组织视为作者。"

三、职务科技成果混合所有制改革具有实施的必要性

从我国每年因未交年费而失效的发明专利数量及相关专利实施转让、许可、作价入股的数量来看，我国科技成果转化的总体水平与欧美等发达国家相比偏低。究其原因，正是实施科技成果转化的主动性缺失和激励机制低效，目前亟须寻求更为合理的权利分配模式。

虽然2015年修订的《促进科技成果转化法》和之后出台的一系列配套政策确实推动了职务科技成果转化，但高校、科研院所的科技成果转化并没有出现预期的"井喷"现象，可见这些举措对职务科技成果转化的激励仍不到位。实践中，只有赋予发明人所有权才能保证其在科技成果转化中的主体地位，使其更积极主动地进行科技成果转化。现行科技成果转化制度中的核心难题就是职务科技成果的国有资产化问题。只有解决了这个问题，才能真正提高我国的科技成果转化率。

第一，职务科技成果混合所有制作为激励机制更为有效，"先确权，后转化"比"先转化，后确权"好。我国现行高校、科研院所科技成果转化制度是"先转化，后确权"，即高校、科研院所科技成果完成转化取得收益后再给予发明人收益奖励或者奖励发明人公司股权，其制度成本高，落地周期长，不利于发挥发明人的积极性。

由于没有发明人产权保证制度，并且大部分高校和科研院所的考核评优标准并不考虑科技成果的转化情况，因此高校和科研院所的大多数科技成果主要是发明人为了项目结题、申报奖项和职称晋升而申请的，并没有多少转化价值。职务科技成果混合所有制改革能够给予发明人明确的产权预期，可以鼓励发明人在科研全过程中培育科技成果的可转化性，坚持创造可转化的科技成果，改善高校和科研院所科技成果供给侧结构，增加可转化科技成果供给，提升科技成果质量。很多市场投资主体也很看重发明人的能力及其在后续科技成果转化过

程中的参与，希望发明人能够在转化过程中对科技成果不断完善。实施职务科技成果混合所有制，可以增强投资主体的投资信心，促进科技成果投资领域繁荣发展。

第二，发明人的有效参与能降低交易费用，提高科技成果成功转化的概率。按照现行规定，职务科技成果的专利申请权和专利权属于发明人所在的单位。这种权属分配模式主要基于两方面的考虑。一方面在当前专业分工细化和科技创新的形势下，发明创造通常需要各领域专业人才合作才能完成，且科技创新一般都建立在之前的工作成果基础上，如果将专利权赋予发明者个人，势必会增加团队内部合作成本，阻碍科技创新。另一方面，单位获得专利权后可以自行进行转化，以单位内部较低的交易成本替代市场中技术转让带来的信息成本、谈判成本和中介成本，降低科技成果转化的成本。然而，对于高校的职务科技成果而言，这种权属分配模式缺少正当性。首先，高校的主要任务是教学和科学研究，理论上并不重视科技成果的后续利用与转化，因此并不会组织人力、物力、财力支持科技成果的后续推广应用。[①] 其次，和企业不同，高校缺少资金、设备、专业技术人员等，本身缺乏转化科技成果的动力和能力，无法单独进行科技成果的市场应用化与产业化[②]，也就不存在利用较低的内部转化成本替代较高的外部交易成本的说法。最后，作为事业单位的高校持有的专利等知识产权属于国有资产，而国家作为一个抽象主体并没有直接行权的能力，一般是由特定的国家机构通过设置国有资产管理相关法律法规行使相关权能，这就导致高校科技成果转化受到很强的行政约束，转化效率较低。同时，国家进行科技成果转化，主要考虑的是社会整体的发展和公共利益的提升，并不以科技成果在后续市场流通与转化中

---

① 朱一飞. 高校科技成果转化法律制度的检视与重构 [J]. 法学，2016 (4)：63-65.

② 陶娜，郭英远，张胜. 基于利益相关者理论的高校科技成果转化机制研究 [J]. 科技管理研究，2018 (21)：131-137.

利润最大化为目的。单位科研人员的加入可以弥补高校和科研院所转化科技成果时由其立场所带来的固有缺陷，综合提高科技成果转化的经济效益和社会效益。

而实施职务科技成果混合所有制有以下好处。

第一，科技成果合理定价，实现国有资产保值增值。实施职务科技成果混合所有制以后，发明人主动参与议价定价，有助于达成更加符合市场规律的价格。这种定价方式高效、公平，不可能出现发明人获益而高校、科研院所受损的情况，避免了现实中为了不承担国有资产流失风险而宁愿不转化的情况。

第二，简化交易程序，降低交易成本。实行职务科技成果混合所有制将不再存在股权奖励等问题，自然也不再需要与股权奖励、资金奖励相关的审批手续，降低了交易成本。

第三，明确决策主体，提高转化效率。职务科技成果归国家所有时，高校、科研院所代表国家持有职务科技成果的所有权，其转化科研成果的积极性不高，导致职务科技成果转化率低。在实行职务科技成果混合所有制的情况下，发明人享有一定份额的知识产权，作为职务科技成果所有人之一，其一般可以享有科技成果转化的决策权，主导科技成果转化的全过程，依法使用、处置享有的职务科技成果。高校和科研院所的行政部门只需要辅导协助，这进一步减少了审批检查等诸多法律限制，提高了科技成果转化的决策效率，减少了交易障碍。而且随着科技成果技术含量的提高，越是前沿复杂的科技成果越难以脱离发明人的参与进行转化，实施混合所有制，发明人可以更加充分地利用其专业优势，灵活地处置、使用和转化科技成果。[①]

综上，职务科技成果混合所有制较之于《促进科技成果转化法》（2015）规定的以收益权和股权奖励权为核心的转化模式是更有效力、

---

① 康凯宁. 职务科技成果混合所有制探析［J］. 中国高校科技，2015（8）：69-72.

产权更清晰、交易成本更低的。专利制度的优化方向应当是单位和发明人对职务科技成果共同所有的权利模式。

总而言之,发明人介入转化程序是促进职务科技成果转化的重要因素,发明人作为职务科技成果转化过程中的重要主体,取得职务科技成果所有权是有必要的。但这并不是要将原本单位独占所有权替换成发明人独占所有权。因为二者在单独享有所有权时都暴露出一定弊端和限制。实践中,要从权利配置的多角度考虑,综合运用发明人的专业知识和单位的人力、科技、信息资源,发挥发明人在科技成果的研发、改进、产出等环节的优势,与单位能有效应对转化过程中程序繁、成本高、风险大的优势形成互补,积极推动职务科技成果的后续研发与改进,实现收益最大化。

第二节 职务科技成果权利分配的法经济学分析

法经济学是一门从法律和经济学互动视角研究法律现象及其规律的交叉学科,以法学理论和法治实践中的问题为出发点,运用现代经济学包括传统微观经济学、新制度经济学、福利经济学、公共选择理论等和其他社会科学的基本原理方法分析、检验法律制度与社会规范的结构、内容、绩效、形成、运作及未来发展。[①]

职务科技成果混合所有制改革使发明人首次拥有了职务科技成果的所有权,使职务科技成果由曾经的"国家所有"变为"国家、职务发明人共同所有",此改革中包含了法经济学视角下的利益分配和激励问题。

---

① 冯玉军. 新编法经济学:原理·图解·案例[M]. 北京:法律出版社,2018:10.

一、职务科技成果混合所有制改革将发明人的利益确定化与权利完整化

在职务科技成果相关立法中，传统职务科技成果的专利所有权归属单位，发明人部分享有专利收益权；单位与发明人共同分享专利收益权。诚如前文所述及，传统的专利收益权分享机制具有预期的不确定性和权利的不完全性。权利的不完全性是指发明人的专利收益权受制于其他权能，表现为收益权受制于单位的专利所有权、行使权、处分权。笔者团队对四川省63家资产百亿以上企业的知识产权状况进行调查，结果显示至少有41.3%的企业没有专利转化或打算进行专利转化；有占比居第二位的34.9%的企业将专利权作为防御手段；还有22.2%的企业申请专利是为了获取国家政策支持，居第三位。笔者团队对四川省新能源产业的部分企业的调查显示，企业对研发的科技成果通常采取的行动是：及早商品化而投入市场的企业占41.7%，及时申请专利的企业占91.7%，找专家鉴定的企业占58.3%，发表论文的企业占25%，申请评奖的企业占66.7%。有关促进企业申请专利最关键的两项因素的调查显示：保护市场的占58.3%，完善内部激励奖励机制的占41.7%，争取国家政策优惠的占33.3%，追求专利收益的占25.0%。上述调查显示，企业并没有将专利收益作为最为重要的目标，从实践的客观方面来说，被调查的新能源样本企业的平均专利转化率为47.9%，而且仅为自行实施。而高校、科研院所的情况更加不理想，因为它们的基本功能和价值目标是教书育人和科学研究，而非科技成果产业化。而发明人对此完全没有控制力和决策力，从而不可能主动去实施转化。发明人的被奖励权是一种被动权利，不包括交易权、定价权等产权权利，因此不能激励发明人的主动性、积极性。①

---

① 康凯宁. 职务科技成果混合所有制探析［J］. 中国高校科技，2015（8）：69—72.

预期的不确定性是指发明人因科技成果转化而获得的奖酬并不能得到保障,即发明人能否获得报酬、获得多少报酬、何时获得报酬等都不确定。笔者团队参照以下模型来分析发明人的奖酬（Y）：$Y = K + m \cdot n$（$0 \leq n \leq 1$）。[①]

首先，m 具有不确定性。根据现有法律法规、政策之规定,科技成果转化收益包括转让、许可净收入,在理论上比较明确,但实践中并非如此,甚至出现了许多非市场化的情况,因为实践中许多专利许可、转让是在关联主体间进行的,据笔者团队对中国高铁工程相关企业的调查,其专利许可转让绝大多数是在母子公司、子子公司之间进行的,许可、转让条件并不能反映专利实际价值。此外,在自行实施中,按照《促进科技成果转化法》（2015）规定,如果有约定的,从其约定;如果没有约定,则"实施转化成功投产后连续三至五年,每年从实施该项科技成果的营业利润中提取不低于百分之五的比例"。《专利法实施细则》（2010）则是规定从"营业利润"中提取2%。然而,实践中单一的科技成果的转化往往难以创造利润,常常是诸多科技成果共同转化才能形成集合效益,因此,某一科技成果创造了多少价值,难以评价。

其次，n 具有不确定性。相关法规、政策虽然规定了发明人应当占有的比例的下限,但这是法定的兜底条款,有约定的应以约定为准,这为单位凭借自己的优势降低比例提供了合法依据。

最后,获取时间具有不确定性。由于单位具有完全的专利权,权利行使、权利处分、权益分配等几乎完全掌握于单位,何时、何地、以何种方式获得收益,发明人都只能听凭单位决定。即使单位没有及时分配收益而使发明人的合法权益受到侵害,发明人因仍然在单位工作而顾虑重重,一般不会提起诉讼。而且,根据《民法典》,该情形

[①] "K"代表发明人因职务科技成果获取的一次性奖励,"m"代表职务科技成果转化收益,"n"代表发明人对科技成果转化收益的占有比例。

的诉讼时效仅有 3 年。这意味着发明人要么在 3 年诉讼时效期满前辞职，然后提起诉讼；要么为了继续在单位工作而放弃诉讼。

二、职务科技成果混合所有制改革实现了资源的有效配置

正如著名经济学家科斯所说："权利应该让与那些能够最具生产性地使用权利并有激励他们这样使用的动力的人，而且要发现和维持这种权利分配，就应该通过法律的清楚规定、通过使权利让渡的法律要求不太繁重，而使权利让渡的成本比较低。"从效率方面来说，发明人享有职务科技成果专利权是符合效益主义理论的。

效率是经济活动的基本价值追求，而旧的制度经济学将法律制度理解为影响经济活动，尤其是影响经济效率的外部因素，但新的制度经济学将法律制度看作影响经济效率的内部因素，舒尔茨明确表示："我将一种制度定义为一种行为规则，这些规则涉及社会、政治及经济行为"。[1] 新制度经济学认为，"现实的世界并非是拥有完备信息的世界，当事人为完成一笔交易必然不断地出入市场，了解产品的质量和相对价值，需要就交易的细节进行谈判、协商、检验、签约，甚至要承担违约损失等，市场的交易是要付出代价的，这种使用市场价格机制的成本或代价即交易成本。信息充分与否是衡量交易成本大小的一个重要尺度，信息越充分，交易成本越低；反之，信息越不充分，交易成本越高"。[2] 基于交易成本理论，科斯在《社会成本问题》这篇文章中讨论了关于交易成本和产权配置之间的关系，形成了科斯定理，黄少安将之归纳为三条定律。第一定律：如果市场交易成本为零，不管权利的初始安排如何，当事人之间的谈判都会导致那些使财富最大化的安排。第二定律：在交易成本大于零的世界中，不同的权

---

[1] 史晋川. 法经济学 [M]. 北京：北京大学出版社，2007：50.
[2] 史晋川. 法经济学 [M]. 北京：北京大学出版社，2007：50.

利界定会带来不同效率的资源配置。第三定律：产权制度的供给是人们进行交易、优化资源配置的前提，不同的产权制度将产生不同的经济效率。① 因此，如何进行产权安排显得尤为重要。波斯纳认为：如果市场交易成本过高而抑制了交易，那么，权利应赋予那些最珍视它们的人，"经济效率的一个基本规则是，应将权利分配给最有可能做出最佳市场判断的一方"。② 波斯纳定理的假设条件是：（1）行为人的行为是他们在特定法律条件下进行成本－收益分析的结果，当事人对一定权利的不同估价是其交易得以进行的原动力；（2）法律制度在运行中会给当事人带来收益和成本，故可用最大化、均衡和效率来评价法律行为；（3）财产权利界定清晰可以降低交易费用。③

而在职务科技成果转化中，单位尤其是高校缺乏转化的动力，转化效率低。实质上，发明人对发明创造的转化具有充分的信息优势，表现在以下几个方面：一是，发明人更了解该项发明创造，掌握更多公开的或未公开的技术信息。二是，一项专利技术要实现转化，还需要经过诸多环节，包括后续的试验、开发、应用、推广，而在这个过程中，"职务科技成果由科技人员的隐性知识和以知识产权为表征的显性知识两部分组成"，而"科技人员作为职务科技成果的创造者，拥有转化职务科技成果的知识优势"④，具有不可替代的作用。换言之，发明人掌握着实现转化的关键信息，即使是单位也有所不如。因此，在实现转化的过程中，需要发明人参与。单位自行实施转化时，可以通过劳动合同要求发明人发挥其信息优势。而在许可、转让、作价出资时，交易的另一方并没有这样的信息优势。信息的不对称性必将导致交易成本的大增，甚至影响到交易的进行。马丁·肯尼

---

① 史晋川. 法经济学 [M]. 北京：北京大学出版社，2007：50.
② 曲振涛，杨恺钧. 法经济学教程 [M]. 北京：高等教育出版社，2006：118.
③ 曲振涛，杨恺钧. 法经济学教程 [M]. 北京：高等教育出版社，2006：118.
④ 张胜，郭英远，窦勤超. 科技人员主导的职务科技成果转化机制研究 [J]. 科技进步与对策，2014（21）：110-113.

(Martin Kenney)和唐纳德·巴顿（Donald Patton）认为，"如果直接把所有权给发明人，让发明人自己决定商业化路径就可以完全杜绝这种复杂的情况"。因此，降低交易成本的最好办法是赋予发明人部分专利所有权，这样可以消除转化方的信息劣势和忧虑。

此外，由于单位掌握信息不全，加之自身业务、发展水平所限，单位对某些专利的价值评估可能存在偏差，或不能自行实施，从而可能将专利权闲置，成为权利休眠者。从效率的角度来说，应当将权利赋予最珍惜它的人，法律也不保护躺在权利上睡觉的人。而发明人常常对自己的发明创造价值评估较为准确，更珍惜自己的劳动成果。因此，为提升整个社会科技成果的转化率，应当一定程度上赋予发明人职务科技成果所有权。

三、职务科技成果混合所有制改革便于通过产权激励促进科技成果转化

在社会需要推动科技成果转化的背景下，产权激励或许是最有效的理论推动力。根据法经济学的理论分析，赋予职务科技成果商品属性，使其在市场中流通交易，将促进生产效率提高，并能通过降低成本而实现利益最大化。施密德认为一切财产应属于个人，不赞同公有制的实行；科斯认为要实现资源的有效配置只能适用私有制。笔者对于两位学者的观点不尽赞同，但认为在符合公共价值取向的前提下，实行一定的私有制能推动技术的发展。

产权激励是市场主体活力的基础，它通过产权合同的形式将企业所有权转让给员工，从而实现长期激励。在经济学理论上，其理论依据是将外部人力资源转化为企业资本。在产权激励下，权利的定义变得更清晰，人力资源所有者的权利的大小决定了人力资本的效用，而其动力机制则依赖于人力资源的内部需求与资源的交换。其核心是所有者为自己带来利益的同时，也为社会带来了利益的递增，这种外部

作用对社会的发展和对所有者的利益产生了内在的自洽，从而促使了企业的积极外部因素的产生。一般认为，创造完成职务科技成果的人对社会的科技和经济发展有积极的外部作用。根据《促进科技成果转化法》（2015）的规定，发明人因研发职务科技成果获取的收益属于事后奖酬收益，不属于产权激励。在笔者看来，产权制度和创新激励的利益平衡目标是通过立法来对权利进行重新分配和价值选择。在市场经济条件下，产权制度是国家调节市场的重要手段。产权制度可以保护创新，但也有可能损害竞争与创新。为了实现经济社会的可持续发展，要实现国家、企业、个人等各种利益主体的合理平衡，就必须通过立法对产权制度进行新的调整与价值选择，而立法的重点是对企业以及个人创新的激励问题。

在产权激励制度能够解决外部性问题并契合公共利益价值取向的前提下，从经济上对科研人员实行产权激励，对其进行法律上的重新划分与确认，是我国科学技术体制改革的一个必然选择。现在实施的职务科技成果混合所有制改革与产权激励制度的相关理论，对于科技成果转化的实践是具有重大指导意义的。职务科技成果混合所有制的实施是为了改变科技成果转化不理想的局面，在西南交通大学的首次试点中，其获得了不错的成效。但是改革并未能适用于所有的职务科技成果，若一些产品在研发之初就对其进行权利分割或许不仅不能促进其转化，反而还会使交易成本增加，因此对职务科技成果的管理应用产权激励需要更加周密的规划。上海某高校在某个项目中实行的事中产权激励或许能为我们提供有效的指导，其在职务科技成果转化过程之中，将职务科技成果所有权按照一定比例分配给科研人员。这种做法激励了科研人员的内在积极性，将其私人利益和公共利益统一了起来。其既避免了事前激励导致的投入成本加大，也消除了现行的事后奖励存在的弊端。所以在当今中国的实际情况下，在职务科技成果管理中实施事中产权激励，或许是一种更加现实的选择。

四、职务科技成果混合所有制改革符合国家财产权的公共价值取向

在现代法治社会中,"公共利益"和"私人财产权"是一对关于利益区分的基本关系。法律中的公共利益常常表现为限定公民的权利范围,并有所制约。私人财产权是一种基本的民事权利,它与社会公众的利益需求既有融合,又有矛盾。在二者的矛盾中寻找一个适当的平衡点,使二者之间产生一种良性的互动,从而达到共同利益和个体利益的和谐发展,是公法的一项重大任务。利益均衡与法律的价值关系密切,从一般意义上说,利益是人类需求的满足,需求是其产生的基本先决条件。在人类社会中,利益是最普遍、最敏感,也是最容易被人注意到的一个问题。正如《史记》所云:"天下熙熙,皆为利来;天下攘攘,皆为利往。"

马克思认为人们奋斗所争取的一切,都是同他们的利益有关的。恩格斯指出:"每一个社会的经济关系首先是作为利益表现出来。"18世纪法国启蒙思想家霍尔巴赫明确提出:"利益就是人的行动的唯一动力。"在当代利益主体多元化、利益关系错综复杂的今天,各种利益主体间的矛盾与冲突是不可避免的,各种利益之间的矛盾是十分普遍的。从根本上说,利益是存在于特定的社会物质生产关系中的一种,它决定了人类的利益需要在有限的资源条件下才能得以实现。

在经济意义上,人类本身是一种自私自利的动物。个体利益不可避免地会跟别人的利益、跟公众的利益产生冲突,而这种冲突的根本原因就是社会的资源是有限的,它很难满足各种不同的社会利益主体无穷无尽的需要。利益平衡指的是根据一定的标准和方法,对各种存在差异与冲突的利益展开协调,从而使之达到相对均衡的状态,这是社会融合与和谐的关键。

对职务科技成果所有权的划分和认定,不管从哪个角度来看,都

与国家财产权制度有关。国家财产权理论是以所有权为基础的，它既存在着经济关系，又存在着法律关系。从法律角度来看，我国职务科技成果所有权的划分与认定问题，需要从法律层面上追溯至以产权为基础的物权说。在财产权与物权说的关系上，"经济学上的产权是对客观根本性财产经济关系的反映，法学学术上的产权只是具体形态"。德姆塞茨在科斯提出"财产权是一种权利"的基础上认为产权是一种权利束，即产权是由许多权利构成的，它是在市场交易之后形成的一种交换关系。法律学说上的权利理论是一国经济体制的体现，通常将其划分为国有和私有两大类。产权是社会主义市场经济体系的基础，虽然交易成本与资源分配理论以私有产权为基础，但合理的产权安排是提高生产力、优化资源的前提，因而，在社会主义市场经济中，国有产权与私有产权之间没有必然的冲突。在以产权为经济概念、以法定所有权为具体内容的前提下，对于国有财产，国家分配所有权时应遵循以公共利益为导向和实现最大限度地保值增值这两大基本原则。

首先，公共利益具有社会性、整体性，这就要求国家财产具有一定的社会公益价值特征。诺斯指出，由于国家是全体民众的代表，它对所有人的生产要素进行控制，并以分配关系来反映社会公共利益，因此，关于制度的创新必须遵守效率优先的原则。虽然在概念上，公共利益具有不确定性，但是它具有社会性、整体性和资源稀缺性。国家财产权的行使是一种价值取向，它需要在各个主体之间实现利益的协调，在一定程度上推动经济的发展并有利于整个社会的发展。以专利成果为例，现有的法律体系的主要目标是使专利成果生产既能实现公共利益上的科技进步，又能推进专利成果市场化，从而激发专利权持有人的积极性。因此，我国应在平衡成本与利益的前提下，将社会福利的增加作为整体目标，通过对产权法律体系的修正，对其进行再分配，以实现对职务科技成果交易的外部性。其次，实现职务科技成果转化促进科技进步的目的，与国家财产权利的公共价值取向相一致。从法经济学的角度来看，在职务科技成果归国家所有的背景下，职务科技成果的所有权如何分配并不明晰，而且在实践中，其也并没有被认为是国有资产授权管理实体上的无形财产，仅仅局限于形式层面而已。国有高校以及一些科研单位在国有产权制度中所形成的职务科技成果，虽然大部分都离不开政府的资助，但是政府却是以"委托代理"的形式推动了科技的发展，推动了整个企业的科技进步和经济发展，这些都是对社会公众利益的合理追求。目前我国国家财产权的相关制度不能很好地去解决职务科技成果内部性的公共问题，相反，由于其"外部性"的原因，会使得交易费用增加。从实际性角度看，假设科研工作者在特定的生产和管理活动中能使用其科技成果，其对社会的贡献将会具有更大的价值，那么，将职务科技成果所有权的全部或部分分配给做出成果的劳动者将可能产生财产利益上的增加。

五、职务科技成果混合所有制改革有利于国有资产保值增值

国有资产的保值增值对社会稳定和经济发展具有促进作用，表现在以下三方面。第一，国有资产的收益是国家财政收入的重要方面，而财政收入和财政支出是财政不可分割的两个方面。政府可以通过财政支出实现稳定社会，控制和引导经济发展方向。第二，可加强国有资产的控制力。用较少的国有资产控制和运作巨大的社会资产，很好地体现了国家所有制与其他所有制的结合，扩大了国有资产在社会资产中的主导地位和控制地位。第三，我国宪法明确规定国有资产所有权属于全国人民，保障国有资产的保值增值就是保障全国人民资产的保值增值，这对于促进社会安定团结具有重要意义。

许多人可能会担心实行职务科技成果混合所有制会导致国有资产流失，但实际上其实行极大地提高了科技成果的转化率，减少了国有资产的流失。根据统计，2012—2015年我国高校科技经费投入1200亿元左右，高校提供的技术开发、技术转让、技术咨询和技术服务收入共400亿元左右，而以专利形态出现的科技成果转让和许可收入仅

为 5 亿元左右，专利形态的科技成果转化率不到 1%。以西南交通大学为例，2010—2012 年，职务科技成果转让和许可收入为 67 万元，而学校支出的申请费、维持费和专利奖金等达 600 万元。上述数据表明，在旧有的职务科技成果所有权制度下，职务科技成果转化率非常低，创造的价值极少，国家投入没有得到应有的回报，更别奢谈实现国有资产保值增值。

"职务科技成果是资源不是资产，成果转化了才是资产，成果不转化只是资源。正是基于这个认识，西南交大才敢于进行职务科技成果所有权改革。实践证明，所有权改革大大促进了职务科技成果向资产的转化，这对国家科研投入是一种积极有效的保值、增值方式，并非个别人士认为的国有资产流失。"[1] 以西南交通大学为例，该校某教授团队主持的"隧道及地下工程喷膜防水材料"项目，从 2004 年起形成、申请了 6 项发明专利，成都某新型防水材料公司非常希望西南交通大学将该科技成果评估作价入股其公司，但由于审批手续复杂，到 2010 年还未实现入股合作。2010 年，西南交通大学国家大学科技园将该项目作为职务科技成果混合所有制试验的第一个案例，成功地将该专利由西南交通大学所有变更为由该教授团队与西南交通大学国家大学科技园共同所有，其中教授团队占 70% 的份额，科技园占 30% 的份额。其后经第三方评估作价 500 万元入股成都某新型防水材料公司，该教授团队持有该公司 350 万元股份，科技园持有该公司 150 万元的股份。经过多年的产品化研发，这家公司终于生产出了适合市场销售的产品。2017 年产品销售额接近 3000 万元，实现 100 多万元盈利。该公司在前七年的专利技术转化和产品研发中，产生的工资六七百万元，缴税一两百万元，实现了为社会创造福利的目的，是国有资产的间接保值增值；而且随着公司盈利能力的提升，科技园

---

[1] 王康，徐子航. 西南交大九条：科技成果转化的"小岗村试验"[N]. 中国知识产权报，2017-02-22 (4).

可以直接分得的股利将大大提高，这是国有资产的直接保值增值。如果没有职务科技成果混合所有制改革促进成果转化，那么，该项成果评估价格500万元只是理论上的价值，而非实践的市场交换价格，所谓的国有资产的价值也只是理论价值，并且随着相关技术的不断发展，其理论价值还会不断下降。因此，职务科技成果混合所有制改革，虽然"在形式上分割了部分国有知识产权，但随之而来的是税收及就业机会、国有股权及其分红、产业结构向高端的调整，从而实现了国有知识产权的保值增值"①。国有资产保值增值意义重大，它是保证国有资产不流失、社会稳定和经济发展的重要手段，是实现资源的可持续利用与社会的可持续发展的必要措施。

六、职务科技成果混合所有制改革体现专利权分配的公平

在职务科技成果的创造过程中，发明人的创造性劳动与单位的物质技术条件都发挥着一定的作用。早在1996年，许义文教授就认为发明创造者在发明创造过程中付出艰苦劳动，作出较大贡献，应当实行"职务发明共有制"，即由发明创造者及其单位共同拥有职务发明创造专利申请权及申请获准后的专利权②，这是以创造性劳动为标准进行判断的。叶建平认为本职工作中完成的"职务发明创造是受雇人在履行其职务时产生的体现单位意志的智力活动成果，包含劳动关系和职务发明创造关系两个法律关系，职务发明创造关系的产生以劳动关系为基础，以履行职务义务为条件，符合单位的发明创造活动的意志"。而对于主要是利用本单位的物质技术条件进行的发明创造，"受雇人利用本单位的物质技术条件，但不受劳动关系的约束，独立于职务义务之

---

① 康凯宁，刘安玲，严冰. 职务科技成果混合所有制的基本逻辑 [J]. 中国高校科技，2018 (11)：47—50.

② 许义文. 职务发明共有制：对我国职务发明专利权归属的思考要 [J]. 研究与发展管理，1996 (1)：40—43.

外所完成的发明创造成果,受雇人从事的发明创造活动是在履行其职务义务之外按照自己的自由意志进行的,就不受劳动法律关系的约束,也不体现单位的意志",因此,其"申请专利的权利和专利权属于发明人或设计人本人"。[①] 显然,这是从体现谁的意志来进行判断的。

高华认为,职务科技成果体现了单位与发明人双方的意志,而且职工直接完成了职务科技成果,职务科技成果的人身性很强,单位的物质条件并不是职工完成该项职务科技成果的充分必要条件,单位有这样的物质条件也并不一定会有该项职务科技成果。因此,其主张职务科技成果所有权仅赋予单位是不公平的。[②] 李红卫也认为职务科技成果体现了单位和发明人的双重意志。[③]

张秀玲认为"一项职务发明创造的完成,是发明人与其单位共同努力的结果。其中,发明人是职务发明创造得以产生的关键。因此,在立法中忽视发明人的利益,过于偏袒发明人所在单位的利益,将职务发明创造统归单位所有是不恰当的"[④],共同努力包括共同劳动和意志。

概括而言,上述学者都主张改变现有职务科技成果所有权单一归单位所有的现实,但理由不一。或认为发明人的创造性劳动比单位的物质技术条件更重要;或认为职务科技成果体现了发明人和单位双方的意志;或认为职务科技成果是共同劳动和意志的结果,主张创造性劳动与物质技术投入都应当得到保护。显然,上述学者都力图用意志、劳动来解释专利权利归属。意志乃是主观的意愿,劳动乃是客观的行动。一般来说,劳动乃是主观意志支配下的行为,是为实现某种意志而采取的行动。因此,将意志与劳动统一作为判断权利归属的依

---

① 叶建平,刘宇. 职务发明创造的专利权利之研究:对专利法第六条的质疑 [J]. 北京科技大学学报(社会科学版),2003 (2):27-31.

② 高华. 职务发明创造及专利权归属探析 [J]. 科研管理,1999 (5):46-50.

③ 李红卫. 职务发明创造的专利权归属问题新探 [J]. 法制与社会,2008 (15):71-81.

④ 张秀玲. 试论职务发明创造的权利归属 [J]. 甘肃省经济管理干部学院学报,2000 (1):37-40.

据，应当是正当的。

在创造性劳动与物质技术条件的重要性方面，马克思的劳动价值论认为商品在生产过程中，有资本、物质技术条件和劳动等多种要素的投入，而资本、物质技术条件只是改变形态，将其价值转移到商品中，而商品的增值是劳动的产物，尤其创造性劳动更是商品价值的重要组成部分。劳动创造了价值，在发明创造中，创造性劳动创造了巨大的价值，其价值量远远超过了物质技术条件，而劳动创造的新价值一般主要源于发明人的意志和智慧，所以发明人理应享有发明创造的部分所有权。同时，发明人在执行本单位任务所形成的发明创造必然存在单位的意志，因此单位也应部分享有权利。那么，单位提供的物质技术条件就不能得到回报吗？其实，可以将单位提供给发明人生存和发明创造的物质技术条件看作一种让与、交易，即单位以提供发明人生存和发明创造的物质技术条件为对价，换取发明创造的全部或部分权利。

第三节　职务科技成果混合所有制改革的知识产权法体系解释

一、知识产权法视角下职务科技成果混合所有制的本质及其法律依据

（一）职务科技成果混合所有制"专利权共有制"的本质及其理论假说

在知识产权法视角下，职务科技成果的"权属混合所有制"即

"专利权共有制"。① 与传统的专利收益权分享相比较，职务科技成果混合所有制不仅具有确定性，其相应的权利也更具有完整性，从而通过将发明人的利益确定化与权利完整化的方式来激发发明人的转化热情。

一般认为，专利制度萌芽于13世纪英国皇家以特许令方式奖励技术上的创新，其方式是"通过颁布诏书对新近发明或者引进的技术授予在一定期限内的垄断权。这种诏书在当时被叫作'公开证书'（letters patent），其上有蜡印并附丝带，但并不封口，无需启封即可阅读证书内容。其目的就是为了让人们都知道证书的内容"②。letters patent 便是英文专利"patent"的来源。但这一特许制度在16—17世纪时，成为王室增加收入的工具。当时掌握先进工业技术的资产阶级为了反抗封建王权必须找到将技术权利掌握在自己手中的理论依据，"于是资产阶级启蒙思想家们提出了专利权的自然权利说。启蒙时期的思想家基于人受制于上帝、人与人之间的不平等的事实，而疾呼作为生物的人的那份尊严和价值，从抽象的人到具体的人都应分享某种不可剥夺的作为人的权利，将个人提升到权利主体地位"③。格劳秀斯认为自然人的存在源于人类的理性，自然人赋予了人们某些权利和义务，如财产权。他说："自然法指示我们违反任何一个人的意志而拿走他的东西就是非法的。"英国学者霍布斯也从世俗的角度设想了人类最初的自然状态，在自然状态中人人对外部有同等权利并形成同样的关系，他认为一项自然权利"就是每一个按照自己所愿意的方式运用自己的力量保全自己的天性——也就是保全自己的生命——的自由。因此，这种自由就是用他自己的判断和理性认为最适合的手段去

---

① 为方便叙述，本文根据语境分别使用专利权共有制、权属混合所有制，但其意思一致。
② 刘春田. 知识产权法 [M]. 2版. 北京：高等教育出版社，北京大学出版社，2004：149.
③ 朱兴文. 权利冲突论 [M]. 北京：中国法制出版社，2004：39.

第二章　职务科技成果混合所有制改革的法理探讨

做任何事情的自由"①。因此,权利是天赋的。洛克认为人们"可以用自己认为合适的办法决定自己的行动,处理他们的人身及财产,而无须得到别人的许可或听命于别人的意志。其次,这也是一种平等的状态"②。他进一步论证人们的权利来源,认为任何有价值的东西的创造者都有权享有其劳动的成果,致力于创造性活动的人应当得到与其所提供的服务相等的回报。他还在《政府论》中提出:自然理性告诉我们,人类享有生存权,而唯一可行的,能使他们生存的方式就是各自占有必要的物资来为自己提供食宿。每个人都拥有对他的人身的所有权,包括他身体所从事的劳动和他双手所进行的工作。自然而然地,无论他将其劳动和任何什么东西结合在一起,这些东西也是属于他的。上帝把世界给予勤劳和有理性的人们,不是给予好事、吵闹和纷争的人们来从事巧取豪夺的。因而前者通过劳动取得他所劳作的东西是妥当的。因此,当决定所有权是归属于劳动者还是整个社会时,个人劳动的财产权应当胜于土地的公有状态就不足为奇了。自然权利说肯定了专利权属于创造者。

然而,随着时间的推移,人们逐渐发现自然权利说难以自恰,比如"既然专利权是一种天赋人权……为什么在有不同的发明人分别完成相同的发明创造时,只有一人可能成为专利权人"③。因此,在20世纪后,自然权利说逐渐被其他学说取代,报酬说、契约说和发展经济说诞生了。报酬说认为,"发明人为了完成发明创造耗费了大量人力和财力,法律授予其专利权是作为对其预先支付的人力和财力的一

---

① 霍布斯. 利维坦 [M]. 黎思复,黎廷弼,译. 北京:北京大学出版社,1986:95.
② 张宏生,谷春德. 西方法律思想史 [M]. 北京:北京大学出版社,1990:121-122.
③ 刘春田. 知识产权法 [M]. 2版. 北京:高等教育出版社,北京大学出版社,2004:149.

种回报"①。按照这种学说，发明人为完成发明创造投入了大量创造性劳动，而为此投入物质条件的人，也应当得到回报。契约说则认为专利权实质是发明人与社会订立的契约，发明人以公开最新发明创造为对价，换取社会对其专利权的承认。而发展经济说认为专利权制度是通过授予专利权，鼓励人们从事发明创造，形成高新技术，最终促进国家经济发展。这一学说得到今天许多国家的认可。

但无论是哪种学说，其实都在回答专利权人应当是谁？自然权利说认为专利权应当属于作为发明人的自然人；而报酬说则认为专利权可以属于作为发明人的自然人和提供物质技术条件的人，包括单位。契约说从权利人与社会之间的关系出发，而发展经济说则从专利权的社会经济意义角度明确了鼓励发明创造具有推动经济发展的意义，虽然其没有明确专利权人应当是谁，但间接回答了专利权人应当根据自然权利说或报酬说来确定。

契约说、发展经济说的出现体现了早期公众关注点由个人权利向社会公共利益的移转，但不能因为这一移转，就否定报酬说具有的合理性。实质上，鼓励发明创造，就应同时激励发明人与提供物质技术条件的人，而不能顾此失彼。当然，当发明人与提供物质技术条件的人是同一人时，专利权单一归属于发明人。

（二）职务科技成果混合所有制相关的知识产权法律明确化

目前，我国涉及职务科技成果混合所有制相关内容的知识产权法律法规主要有《专利法》《科学技术进步法》和《促进科技成果转化法》。

我国《专利法》于1984年3月12日第六届全国人民代表大会常务委员会第四次会议正式通过，后根据1992年9月4日第七届全国

---

① 刘春田. 知识产权法［M］. 2版. 北京：高等教育出版社，北京大学出版社，2004：150.

第二章　职务科技成果混合所有制改革的法理探讨

人民代表大会常务委员会第二十七次会议《关于修改〈中华人民共和国专利法〉的决定》、2000年8月25日第九届全国人民代表大会常务委员会第十七次会议《关于修改〈中华人民共和国专利法〉的决定》、2008年12月27日第十一届全国人民代表大会常务委员会第六次会议《关于修改〈中华人民共和国专利法〉的决定》、2020年10月17日第十三届全国人民代表大会常务委员会第二十二次会议《关于修改〈中华人民共和国专利法〉的决定》先后完成四次修订。第四次修订后的《专利法》于2021年6月1日起正式施行，《专利法》第四次修订使职务科技成果混合所有制衍生出新的发展契机，同时，职务科技成果赋权改革也进一步促进了职务科技成果混合所有制的实施及相关法律法规和政策措施的完善。在专利制度发展背景下，高校、科研院所实施职务科技成果混合所有制改革的法律依据得到进一步明确，其适用范围得到了拓展，当事人权利行使方式更为灵活。《专利法》第四次修订的重要特点是加强对专利实施的立法，价值目标在于促进专利权得到更充分的实际应用并转化为现实生产力。[1] 其中，职务科技成果的权利归属和收益分配等规则的修改完善成为关注的重点对象，新增单位职务科技成果处置权规则，使实施职务科技成果混合所有制改革的法律依据更加明确，也被认为是解决我国高校、科研院所职务科技成果转化问题的重要路径之一。[2]《专利法》（2020）第六条第一款规定："该单位可以依法处置其职务发明创造申请专利的权利和专利权，促进相关发明创造的实施和运用。"其在制度发展路径和具体规则构建方面对解决实施职务科技成果混合所有制改革法律依据不足的问题（特别是权利构成和配置机制方面）具有重要作用。一方面，《专利法》（2020）坚持职务科技成果制度发展路径与职务科技

---

[1] 肖尤丹，徐慧. 职务发明国家所有权制度研究［J］. 知识产权，2018（8）：62-72.

[2] 陈扬跃，马正平. 专利法第四次修改的主要内容与价值取向［J］. 知识产权，2020（12）：6-19.

成果混合所有制改革方向相契合以及对职务科技成果处置权的确认与职务科技成果混合所有制权益归属机制相契合的价值取向，通过调整职务科技成果制度发展路径，新增单位职务科技成果处置权。由此可以看出，单位作为权利主体享有处置权，能够相对独立地对职务科技成果专利权进行处置，避免由于行政审批对职务科技成果权利流转造成限制。① 这样使得职务科技成果专利权能够更为有效地进行交易。此外，在单位对职务科技成果进行处置后，发明人可以成为权利受让人，并有权对职务科技成果专利权共有份额比例进行约定。由此可见，单位职务科技成果处置权缓解了《专利法》第四次修订前对职务科技成果权利归属限制过于严格的问题，拓展了职务科技成果转化法定义务的履行方式，有助于推动职务科技成果多元权益结构和多层次交易机制的形成。另一方面，《专利法》（2020）拓展了"科技成果所有权"内涵范围，并通过认可当事人对法律规则的解释与对具体规则的灵活运用为其在实现"雇员优先"方面提供更为广泛的意思自治空间，使得对职务科技成果权利归属的认定更为灵活，优化了促进权益流转机制的路径，推动了权利流转多层次化的实现。在有关规范性条款中，专利权共有人自行约定职务科技成果专利权共有类型按份共有或者共同共有是被允许的，这两种共有模式可以对不同类型的专利权分别发挥其权益调整作用。②

2021年，《科学技术进步法》新增的第三十三条规定，"国家实行以增加知识价值为导向的分配政策，按照国家有关规定推进知识产权归属和权益分配机制改革，探索赋予科学技术人员职务科技成果所有权或者长期使用权制度"，在法律层面明确了探索赋予发明人职务科技成果所有权或者长期使用权制度的导向，为已经开展的职务科技

---

① 李昕，卞欣悦. 我国公立大学职务科技成果权属分置制度的困境与完善 [J]. 湖南师范大学教育科学学报，2020（2）：11-19.

② 胡晓桥，李炎，许东升，等. 高校科技成果所有权权属改革的问题与对策 [J]. 北京经济管理职业学院学报，2021（3）：15-20.

成果赋权改革和混合所有制运用提供更明确的法律依据。①

由此可看出，《专利法》和《科学技术进步法》的修改趋势与职务科技成果混合所有制改革方向相契合，它们与 2015 年修改的《促进科技成果转化法》共同构成职务科技成果混合所有制的知识产权法律规范来源。随着这三部法律的不断完善，职务科技成果混合所有制相关的知识产权法律逐渐明确化。

二、职务科技成果混合所有制改革契合知识产权的私权属性

知识产权是个人智慧性劳动的产物，是有关私人利益的各种权利，也是平等民事权利主体之间所构成的权利，同时，知识产权也是被私法所确认的权利。WIPO（World Intellectual Property Organization）②和 TRIPS 协议（Agreement on Trade-Related Aspects of Intellectual Property Rights）③一致认同知识产权为"私权"。"知识产权具有明显的私权属性，属于民事权利"，这是知识产权法基本的理论观点。虽然我国《民法典》并没有像对待物权、债权等民事权利一样设立知识产权编，但是在分则中可以看到有关知识产权的相关制度和内容，其对"知识产权具有明显的私权属性，属于民事权利"的观点给予了明确肯定。可见，知识产权的产生、行使与保护都在民法调整的框架之内，一旦脱离了民事权利体系，知识产权就失去了依托的根基与归属。因此，从法律角度来看，知识产权具有私权认定的基本要件与特征，应

---

① 王萍. 科学技术进步法修订：为科技自立自强提供法治保障［J］. 中国人大, 2022（1）：38—39.

② WIPO，即世界知识产权组织，是联合国的一个自筹资金机构，旨在领导发展兼顾各方利益的国际知识产权制度，使创新和创造惠及所有人。

③ TRIPS 协议，即《与贸易有关的知识产权协定》。该文件签订于 1994 年 1 月 1 日，是有关知识产权保护的国际标准。其内容涉及知识产权的八个方面：著作权及其相关权利、商标、地理标记、工业品外观设计、专利、集成电路布图设计、对未公开信息的保护和对许可合同中限制竞争行为的控制。同时，该协议对上述知识产权的可获得性、范围及行使标准、施行、获得与维持程序、纠纷的预防及解决等，均做了详细规定。

该属于民事权利的基本范畴。①

与传统的财产权相比,知识产权作为一种私权具有几个突出的特点。其一,知识产权实质上是智力资本。其二,知识产权具有法律规定性。知识产权是随个人精神创造而获得的一种"自然权利"。此外,从国家治理的视角看,"知识产权制度是一个社会政策的工具"。知识产品具有"无体物"的非物质特性,而"产权是产权所有者拥有的、在一定条件下其他经济行为主体允许他以产权确定的方式行事的一组权利,知识产权也是一组权利集合"②。知识产权制度的实施效益就需要政府作为政策主体通过相关的制度安排来对知识的创造、归属、利用与管理等实施指导或者必要的约束,如通过制定法律法规对知识财产进行产权确认,并通过构建相应的司法裁判、行政管理与社会服务机制对知识产权提供保护。当然,知识产权制度的实施效益需要其他公共政策的支持与配合,如文化教育政策、产业经济政策与科技政策,当公共政策之间发生利益冲突的时候,政府作为所有政策的决策主体负有健全与协调政策的职责。知识产权制度作为一种现实的社会经济制度,既要承担实现经济社会的公平正义,还要促进智力资源的合理有效配置与社会非物质财富的增加。可见,从利益调整的角度来看,知识产权制度要维护的两个核心价值就是"私权优先"与"利益平衡",也是制度对正义与效益的价值追求。

专利权作为知识产权的一个主要部分,其"私权"属性得到确定。当然,专利权不能完全被界定为一种"私权",而是介于"私权"与"公权"之间的一种特殊的权利。专利权基本上可视为国家根据一定政策目的创设的法定权利,主要用于保证专利权人在一定期间内享有对其发明的独占权,而这些权利的内容主要表现为专利权人出售该

---

① 黄超,韩赤风. 我国大学教师科研成果的知识产权属性与法律保护研究 [J]. 江苏高教,2018 (12):54—58.

② 景莉. 智力资本的产权归属及特征 [J]. 经济研究参考,2006 (71):30—31.

项专利或依此专利生产产品等商业利益,即"财产权"。① 由于知识产权制度既是知识财产私有的法律形态,也是知识利益分享的法律工具,其核心价值取向是维护"私权优先"并达到"利益平衡",使知识产权分配既符合民法原则又符合社会公德。因此,赋予职务科技成果发明人相应权利,能够保障其"私权",平衡利益,以真正实现知识产权制度的价值。

三、职务科技成果混合所有制体现知识产权法的理念追求

(一) 职务科技成果混合所有制体现知识产权法的公平理念

1. 职务科技成果混合所有制调整发明人与单位主体地位不平等形势

公有主体(单位)和私有主体(发明人)是职务科技成果管理中两个不同的权利主体。依据《专利法》及《专利法实施细则》的规定,职务科技成果的归属实行单位优先原则,单位与发明人共同分享专利收益权。《专利法》(2020) 第六条规定:"执行本单位的任务或者主要是利用本单位的物质技术条件所完成的发明创造为职务发明创造。职务发明创造申请专利的权利属于该单位,申请被批准后,该单位为专利权人。该单位可以依法处置其职务发明创造申请专利的权利和专利权,促进相关发明创造的实施和运用。非职务发明创造,申请专利的权利属于发明人或者设计人;申请被批准后,该发明人或者设计人为专利权人。利用本单位的物质技术条件所完成的发明创造,单位与发明人或者设计人订有合同,对申请专利的权利和专利权的归属作出约定的,从其约定。"

---

① 邹琳. 论专利权的权利属性 [J]. 湘潭大学学报 (哲学社会科学版),2011,35 (5):67—70.

《专利法》(2008)第十六条曾对实质属于专利收益权的奖酬权进行了规定,"被授予专利权的单位应当对职务发明创造的发明人或者设计人给予奖励;发明创造专利实施后,根据其推广应用的范围和取得的经济效益,对发明人或者设计人给予合理的报酬",即职务发明的专利权归属单位,而发明人仅享有部分奖酬权。由此可见,长期以来单位享有完整的专利权,单位是否行使权利、如何行使权、何时行使权利,以及单位如何处分权利、何时处分权利,这些因素都直接影响到发明人奖酬权能否得到实现及得到多大程度实现,这也是奖酬权不稳定的主要原因。由此观之,单位与发明人之间,单位处于强势地位,双方主体资格实际上并不完全平等,发明人因借助单位物质条件而无法真正掌握职务发明创造的相应权利,单位甚至能够利用自己的优势来削减发明人的收益权,发明人缺乏与单位进行讨价还价的能力,始终处于被动地位。双方不平等的地位不能激励发明人的主动性、积极性,阻碍着科技成果有效转化。

《专利法》(2020)对此进行了调整,其第十五条条规定:"被授予专利权的单位应当对职务发明创造的发明人或者设计人给予奖励;发明创造专利实施后,根据其推广应用的范围和取得的经济效益,对发明人或者设计人给予合理的报酬。国家鼓励被授予专利权的单位实行产权激励,采取股权、期权、分红等方式,使发明人或者设计人合理分享创新收益。"该项规定利用产权激励方式,使得发明人享有更多创新收益,让其和单位的地位更加平等。职务科技成果混合所有制改变了权利内部比例结构,虽然从权利外观看单位依然为所有权主体之一,但是此时的权利归属由过去单位独有变成了单位与发明人共有,使发明人和单位享有平等的主体资格。

2. 职务科技成果混合所有制优化职务科技成果权属结构配置

在职务发明创造权利归属方面,传统上采用较为严格的"雇主优先"模式,不论是狭义的职务发明创造还是广义的职务发明创造均被规定属于单位所有。[①] 总的来说，上位法对职务发明创造的定义存在歧义，导致职务发明创造权属结构配置存在争议，有碍于知识产权法公平价值的充分实现。

《专利法》（2008）第六条第一款将上述两种形式的发明创造（狭义职务发明创造和广义职务发明创造）统一定义为职务发明创造，同时规定了两种职务发明的专利申请权和专利权原则上归属于发明人所在单位；《专利法》（2008）第六条第三款涉及的客体使用了与广义职务发明基本相同的概念，但在措辞方面去掉了"主要"二字，并规定对此类发明创造遵循约定优先原则。部分学者认为，《专利法》（2008）第六条第三款中所说的发明创造应该是第一款中第二种情形的特例，即广义职务发明创造的一种特殊情况。这就表示，对于执行本单位任务完成的发明创造，发明人完全没有取得专利权的可能性，根据《专利法》（2008）第六条第一款，其权利直接归属于发明人所在单位。而完成任务以外的高校科技成果也基本与高校科研项目相联系，通常可划归为《专利法》（2008）第六条第一款的第二种情形，从而导致高校发明人几乎没有意思自治的余地，而是直接按照《专利法》（2008）规定进行强制划分。这两条条款之前的关系究竟是平等关系还是从属关系，不同的法学研究者和律师、法官等实践层面的人的理解是不同的，甚至是完全相反的。部分学者认为，二者是平等关系，即《专利法》（2008）第六条第三款所称的发明创造应该包括《专利法》（2008）第六条第一款所描述的两种职务发明创造，在任何情况下都应当遵循约定优先原则；另有学者认为，二者是从属关系，即对职务发明创造专利申请权和专利权归属进行约定的可能性，只会在特定情况下出现。《专利法实施细则》（2010）第十二条对狭义职务发明创造所涉及的情况进行了具体规定，而未对广义职务发明创造进行细化，只是对物质技术

[①] 伯雨鸿. 我国《专利法》第四次修正之评析［J］. 电子知识产权，2021（3）：39—48.

条件进行了解释。按照《专利法》(2008) 第六条第三款,利用本单位的物质技术条件所完成的发明创造可以有多种所有形式,而按照《专利法》(2008) 第六条第一款,其所有权由单位所有。①

然而,对于高校而言,"高校主导职务科技成果处置权和收益权"的这种权属分配缺少正当性。首先,高校主要负责科技成果研发,理论上并不以科技成果的后续利用与转化为目的,因此并不会组织人力、物力、财力支持科技成果的后续推广应用。其次,与企业不同,高校本身缺乏转化科技成果的能力和生产经营的必要条件,即缺少产业化资金与设备、专业技术人员等,无法单独进行科技成果的实际应用与产业化,也就不存在利用较低的内部转化成本替代外部高额的交易成本的说法。最后,高校作为事业单位,其持有的专利等知识产权属于国有无形资产,高校职务发明创造专利权的最终归属人是国家,而国家是一个抽象主体概念,并没有直接行权能力,一般是通过设置国有资产管理相关法律法规实现所有权权能,这就导致高校科技成果转化受到很强的行政约束。同时,国家进行科技成果转化,主要考虑的是社会整体的发展和公共利益的提升,并不以科技成果市场流通及利润最大化为目的。由此可见,赋权于高校不仅不能降低科技成果转化中的交易成本,还会对高校发明人进一步利用和改进科技成果形成障碍。就高校的性质与特点来看,其本就不具有较高的科技成果转化积极性,再加上国有资产管理法这把"达摩克利斯之剑",使得下放至高校的转化主动权白白浪费。②

职务科技成果混合所有制改革的实质是重新配置权利,改变高校对科技成果处置权和收益权的主导地位,向科技成果的发明人进行倾

---

① 刘凤,张明瑶,康凯宁,等. 高校职务科技成果混合所有制分析:基于产权理论视角 [J]. 中国高校科技,2017 (9):16-20.

② 邓恒,王含. 专利制度在高校科技成果转化中的运行机理及改革路径 [J]. 科技进步与对策,2020 (17):101-108.

斜性的权利配置①，通过优化权属结构，使其比例更加合理公平。实质上，职务科技成果的权属结构是一种公私二元结构，只强调一方而排斥另一方不符合社会主义市场经济的精神，更不符合知识产权法追求公平的价值目标，而职务科技成果混合所有制恰好能解决这一难题：承认二元结构现实，比例结构双方协商，真正实现公平。

3. 职务科技成果混合所有制改变发明人与单位利益失衡格局

利益平衡理论是知识产权法的理论基础，和谐是其基本内涵。利益平衡是指当事人之间、权利主体与义务主体之间、个人与社会之间的利益应当符合公平的价值理念。利益平衡是民法精神和社会公德的要求，也是"人权思想和公共利益原则的反映"。知识产权法本身是作为平衡知识产权人的垄断利益与社会公共利益而做出的制度设计，旨在激励知识创造和实现理想的平衡。以著作权法中的平衡精神为例："平衡精神所追求的，实质上是各种冲突因素处于相互协调之中的和谐状态，它包括著作权人权利义务的平衡，创作者、传播者、使用者三者之间关系的平衡，公共利益与个人利益的平衡。"② 这一结论适用于整个知识产权制度。但是随着科技发展与社会进步，职务发明创造权利配置的片面性弊端日益突出，将专利权完全归属于单位抑或完全归属于发明人，势必在二者之间产生职务发明创造权利分配不公的争议，进而使其脱离利益平衡轨道，从而抑制双方积极性。

我国部分学者认为专利制度包括职务发明制度的变迁有其深刻的理论缘由，其经历了从鼓励创造说、财产分配说到利益平衡说的过程。"鼓励创造说"是专利法的通说理论，认为专利法旨在鼓励发明人进行创造，确定以"创造性劳动""创造性贡献"为专利权来源，通过赋予创造性劳动者以发明人的身份，给予创造者特定时限的垄断

---

① 邓志红. 高校职务科技成果的权利配置规则研究 [J]. 科学学研究，2020（2）：259−265.

② 吴汉东. 著作权合理使用制度研究 [M]. 北京：中国政法大学出版社，1996：13.

权，维护其财产以及人身权益，从而达到提高社会创新能力，促进人类科技进步的目的。这样的制度仅仅适用于调整简单知识产品经济时代的发明创造。

  在19世纪中期之后，随着现代科技的发展，技术创新过程日益复杂化、系统化，其物质成本大大增加，仅仅凭发明人个人的财力、能力已无力承担日益增高的风险和成本，以创造者为中心展开的制度设计面临挑战，"鼓励创造说"缺陷凸显，于是产生了"财产分配说"。

  "财产分配说"认为专利是财产，专利权是财产权，"是与物权属于同一逻辑层次、处于同一位阶的民事财产权"，甚至认为包括专利权在内的知识产权应当"位列财产权利之首"。因此，需进行财产的分配。这种理论虽然强调财产的来源，但其侧重点集中于对财产的市场利益进行分配。据此设计的专利法被认为是重要的财产法，它重在调整专利权的实施、许可与转让，即"财货移转法，以保护财货之移转秩序为目的"。"财产分配说"适应了利益主体的多元化，创造性劳动者的利益和资本等非创造性投入方的权益都可以得到一定的确认与保护。但与"鼓励创造说"重在保护发明人不同，其鉴于物质资源的稀缺性，为刺激投资而将雇主置于法律的优先地位。

  但是，在当下，由于智力资源已成为人类社会最重要、最稀缺的资源，立法者仅仅考虑刺激物质投资者投资热情的时代业已过去。为了适应今天复杂知识经济时代多元主体的利益需求，学者以"财产分配说"为导向，兼顾"鼓励创造说"的合理价值，构建了"利益平衡说"。"利益平衡既是一项立法原则，也是一项司法原则，在知识产权法中也同样适用"，但学者们讨论专利法中的利益平衡原则时，多认为"是在专利权人的垄断利益与社会公共利益之间进行利益衡量、选择和整合以实现一种动态平衡"，"这种平衡机制的关键是专利权人的利益和社会公众利益以及在此基础上的更广泛的公共利益之间的平衡"。如此强调权利人与社会公共利益平衡的利益平衡说有其合理性，但也存在局限，如权利人内部的利益平衡并未受到重视。因此，在传统的利益平衡说基础上，"新利益平衡说"诞生了。"新利益平衡说"注重公正地分配创造性劳动、资本等形成的市场权益，通过平衡各方权益以实现职务发明创造的形成与转化。"新利益平衡说"以权利人内部之间的利益平衡为"源"，以激励创新，促进发明创造。总的来说，"鼓励创造说"以发明人为中心，即"以雇员为中心"，强调对发明人利益的确认与保护，以激励发明人进行发明创造；而"财产分配说"则走向"以雇主为中心"，强调对财产及其市场利益进行分配，重在激励投资者增加投入。在科技高度发展的当代社会，发明创造日益高、精、尖，单位的物质投入和自然人的创造性劳动都是发明创造必不可少的条件。因此，单位和发明人某种程度上都是职务发明创造的权利人，同时平衡他们之间的利益才能鼓励职务发明创造。

（二）职务科技成果混合所有制改革凸显知识产权法的正义要求

1. 职务科技成果混合所有制赋予创造者对职务科技成果的法定权利

正义是所有法律所追求的终极价值，也是知识产权法所追求的重要的价值目标。无视正义，精神生产领域将陷于无序状态。正义其实包含了公平和平等的观念，但其具有更加深刻的内涵。就知识产权法而言，实现正义是知识产权制度的灵魂[1]，知识产权法规定创造者对自己的智力创造成果享有法定的权利，是正义价值目标的要求和体现。

随着社会进步和科技发展，高校职务科技成果越来越多[2]，但

---

[1] 向波. 知识产权法律制度之正义考量[J]. 知识产权，2014（10）：30-36.
[2] 陈桂兵. 高校职务科技成果混合所有制正当性分析[J]. 中国多媒体与网络教学学报（上旬刊），2019（11）：83-86.

《专利法》(2008)规定职务科技成果的专利申请权和专利权直接归属于发明人所在单位，使得我国高校职务科技成果的产权长期以来统归国家（后改为所在高校）所有，而实践表明，这种界定忽略了科技成果创造者个体的权利，不利于高校职务科技成果明晰产权归属。[①]

从知识产权法律基本原则角度看，职务科技成果制度应当充分体现发明人的意思自治，且在实践中，高校对发明人的任务安排通常相对抽象，发明人开展研发活动相对独立；因此以有约定从其约定的确权方式进行高校职务科技成果确权是较为合理的。

2. 职务作品权利划分基本原理对职务科技成果混合所有制改革提供借鉴

通过对比同为知识产权法域的著作权法和专利法，明显发现，职务作品与职务发明创造在法律规定上存在若干相同或相似之处，比如：作者或发明人与单位都存在劳动法律关系；都存在完成单位交付的工作任务或主要利用单位的物质技术条件的情形；都不限定完成任务的时间和地点等。但是在权利归属上，二者有明显不同，这可以为是否赋予发明人一定所有权提供借鉴作用。

《专利法》(2008)规定发明创造有："发明（对产品、方法或者其改进所提出的新的技术方案）、实用新型（对产品的形状、构造或者其结合所提出的适于实用的新的技术方案）和外观设计（对产品的整体或者局部的形状、图案或者其结合以及色彩与形状、图案的结合所作出的富有美感并适于工业应用的新设计。"

职务发明创造是智力贡献与物质投入协同开发的产物，其物质投资和智力贡献分别来自于单位和发明人，但是现行职务发明创造权属配置制度在设计时侧重于对物质投资的保护，对智力贡献价值的评价偏低。如《专利法》(2008)第六条规定，对于执行单位的任务或者

---

① 陈桂兵. 高校职务科技成果混合所有制正当性分析 [J]. 中国多媒体与网络教学学报（上旬刊），2019 (11)：83-86.

利用单位的物质技术条件完成的发明创造而言，权利属于单位，而发明人有获得奖励和合理报酬的权利。其中职务发明创造被归纳为两种类型：执行本单位的任务所完成的发明创造和主要是利用本单位的物质技术条件所完成的发明创造。《专利法实施细则》(2010)第十二条以例举的方式定义了"执行本单位的任务所完成的职务发明创造"，包括：在本职工作中完成的发明创造，履行本单位交付的本职工作之外的任务所完成的发明创造，以及与原单位不再存在劳动法律关系后1年内的相关发明创造。最后一种情形一定程度上体现了离职之后的竞业限制；而前两种情形，无论是履行本职工作，还是履行本职工作之外的任务，都属于完成单位的安排，发明人通常也会主要利用本单位的物质技术条件来完成，但不以此为判断标准。职务发明的构成形势复杂。在特定情形下，高校为发明人提供具有创新性技术体征的具体技术方案，此时高校具有物质投资和智力贡献的双重身份。由此可见，单一权属制难以彰显各方投资价值和适应复杂形势，致使制度脱节面临僵化危机。

而我国著作权的权利架构却不同于职务发明创造。我国《著作权法》规定作品有："文学、艺术和科学领域内具有独创性并能以一定形式表现的智力成果，包括文字作品，口述作品，音乐、戏剧、曲艺、舞蹈、杂技艺术作品，美术、建筑作品，摄影作品，视听作品，工程设计图、产品设计图、地图、示意图等图形作品和模型作品，计算机软件，符合作品特征的其他智力成果。"原则上著作权归属于作者，而作者是指创作作品的自然人。《著作权法》第十八条规定，职务作品是指为完成法人或者非法人组织工作任务所创作的职务作品，除法律另有规定以外，著作权由作者享有，但法人或者其他组织有优先使用权和排他权，即有权在其业务范围内优先使用；作品完成两年内，未经单位同意，作者不得许可第三人以与单位使用的相同方式使用该作品。其中"另有规定"的作品是指主要代表法人或非法人组织的意志并由其承担责任的特殊作品，如工程设计图、产品设计图、地图、计算机软件等。这种权利构架充分考虑了创作人的意志与创造性劳动，比如例外的工程设计图、产品设计图、地图、计算机软件等作品表达的单位意志较强，创作人的意志相对较弱，甚至可以说创作人的意志必须符合单位意志。因此，在其权利构架中，创作人享有署名权，单位享有其他权利。而对较大程度体现创作人意志和创造性劳动的作品，即使是自然人为完成法人或者其他组织工作任务而产生的作品，其著作权仍然归作者，单位享有优先使用权。而职务科技成果更多凝结了发明人的意志和创造性劳动（特别是脑力劳动），理应赋予其相应的所有权，以鼓励、保护创新成果，促进创新成果运用。在当今这一信息资源更为稀缺的时代，探寻如何摆脱唯物质论的传统观念，充分激发智力贡献方创造热情的路径才是"应有的立法取向"，引入混合所有制无疑是恰如其分的破局之举。

第三章 我国职务科技成果混合所有制改革的实证分析

第一节 职务科技成果混合所有制改革典型试点分析

在职务科技成果混合所有制改革之前,四川省拥有西南交通大学、四川大学、电子科技大学、中国工程物理研究院、长虹股份等一大批高校、科研院所和创新型企业,科教资源丰富,其中,"两院"院士61人,各类专业技术人员287万人,高等院校109所,国家重点实验室12个,各类研发机构1759个[①],取得了大量科技成果。然而,虽然四川省的专利申请量和专利授权量长期居全国前列、西部第一,但是科技成果转化率不高,长期维持10%左右,甚至更低。四川省根据党中央和国务院的要求,作为系统推进全面创新改革试验的

---

① 侯大伟,王恒. 四川省委书记王东明:以全面创新改革驱动四川转型发展 [N/OL]. 四川日报,(2016-03-07) [2023-05-07]. https://www.sc.gov.cn/10462/10778/10876/2016/3/7/10372004.shtml?cid=303.

先行先试者，立足自身人才资源和发展优势，积极探索全面创新改革试验方案，2015年11月，中国共产党四川省第十届委员会第七次全体会议通过了《中共四川省委关于全面创新改革驱动转型发展的决定》，将科技成果权属改革作为突破口，开展职务科技成果混合所有制试点，明确科技人员与所属单位是科技成果的共同所有人，通过产权改革激发创新主体的动力，驱动创新活力。

一、西南交通大学试点情况分析

（一）职务科技成果混合所有制改革在西南交通大学的实践

从2010年开始，为了解决科技成果转化难的问题，西南交通大学作为职务科技成果混合所有制改革的探索者率先拉开了职务科技成果混合所有制改革序幕，被誉为高校科技成果转化的"小岗村"。西南交通大学是一所教育部直属的重点大学，以交通运输工程、机械工程、车辆工程等工科专业见长，虽然在办学过程中取得了大量科技成果，但2003—2009年，只有1项职务科技成果得到转化[1]，2010—2015年，仅有14项职务科技成果得到转化[2]。

对于职务科技成果转化难的问题，西南交通大学表示三道"关隘"阻碍了职务科技成果的顺利转化，即"不愿转""不敢转"及"没有成熟成果可转"。职务科技成果混合所有制改革的核心是解决"不愿转"的问题，"千激励，万激励，不如产权激励"，职务科技成果转化的内生动力源于产权。基于这样的认识，将职务科技成果的所

---

[1] 李晓东. 四川：以产权分享促科技成果转化 [N/OL]. 光明日报，(2017-05-24) [2023-05-07]. http://epaper.gmw.cn/gmrb/html/2017-05/24/nw.D110000gmrb_20170524_1-04.htm.

[2] 钟华林. 科技领域的一项重大机制创新：四川省职务科技成果权属改革调查 [N/OL]. 经济日报，(2021-10-11) [2023-05-07]. http://paper.ce.cn/jjrb/html/2021-10/11/node_2.htm.

有权由"先转化,后奖励"转变为"先确权,后转化",使原来由单位所有的职务科技成果改变为单位、发明人共同所有,以此激励发明人转化职务科技成果的积极性,解决"不愿转"的问题。① 2016 年 1 月,西南交通大学出台了《西南交通大学专利管理规定》,将对发明人的奖励前置化为知识产权奖励,明确学校和发明人可以通过签订协议对既有的专利分割确权和对新专利共同申请专利权,实现共享知识产权,具体为学校占有职务科技成果 30%的知识产权,发明人占有 70%的知识产权。这一规定推动了一批职务科技成果迅速转化落地,发布后一年多的时间里,西南交通大学完成了 164 项职务科技成果的确权分割,9 家公司注册,转化效果显著。②

(二)西南交通大学职务科技成果混合所有制改革典型案例

西南交通大学的职务科技成果混合所有制改革第一个成功的案例是该校某教授团队的科技成果"隧道及地下工程喷膜防水材料",该成果申请了 6 项发明专利,为了将专利在有效期内顺利转化,西南交通大学开展了职务科技成果混合所有制试验,对科技成果进行分割确权,将专利所有权由西南交通大学变更为西南交通大学国家大学科技园和该教授团队共同所有,经过第三方评估,该项成果以作价 500 万元入股了成都某新型防水材料有限公司,该教授团队持有其中的 300 万元股份。该项成果于 2014 年完成了产品化,并快速实现 4500 多万元销售收入。③

西南交通大学另一教授团队首创了具有自主知识产权的"同相供电"和"牵引网分段保护与状态测控"等技术,构建了第二代轨道交

---

① 黄薇. 激发科技成果转化"原动力" [N/OL]. 四川党建网, (2022-09-20) [2023-05-07]. https://www.scdjw.com.cn/article/82148.
② 李晓东. 四川:以产权分享促科技成果转化 [N/OL]. 光明日报, (2017-05-24) [2023-05-07]. http://epaper.gmw.cn/gmrb/html/2017-05/24/nw.D110000gmrb_20170524_1-04.htm.
③ 康凯宁. 职务科技成果混合所有制探析 [J]. 中国高校科技, 2015 (8): 69.

通牵引供电系统理论和技术体系，以此为基础研发的同相供电装置能够使列车在运行时最大限度取消电分相，消除无电区，不仅能提升线路运行能力，还能消除安全隐患。2011年，学校批准该教授团队与学校全资公司联合组建一公司来转化和推广这项先进技术。① 然而，由于该公司没有专利权，校外合作方担心产生知识产权纠纷，该公司融资困难，影响了科技成果的转化。"西南交大九条"出台后，2018—2022年，学校与该教授团队完成70多项职务科技成果的分割确权，并成功实施了一系列科技成果转化，其中组合式同相供电装置已在重载铁路、高速铁路及市域铁路实现了首次工程化应用。②

（三）关于西南交通大学职务科技成果混合所有制改革的思考

解放思想是职务科技成果混合所有制改革的根本动力，职务科技成果混合所有制改革是推动形成以产权制度改革为核心的制度创新，改革的根本任务是通过职务科技成果产权分割确权和收益的分享，调动科研工作者的创新积极性，推动高校、科研院所和企业的科技成果转化。西南交通大学被视为我国高校中第一个勇于探索实践职务科技成果混合所有制改革的"吃螃蟹的人"，如前所述，其在改革初期面临法律依据不明确的困境。面对改革"合法"与"非法"之争，西南交通大学此项改革的参与者认为，改革是在四川省全面创新改革试验框架下进行的先行先试，并非随意突破法律底线。③ 事实上，职务科技成果混合所有制改革无论在国家层面还是地方层面，都遵循着"探

---

① 陈科. 尘埃落定 职务科技成果权属改革再迈一步：新《专利法》修订与职务科技成果权属混合所有制改革的"西南交大实践" [N/OL]. 中国科技网，2021－06－02 [2023－05－07]. http://stdaily.com/index/kejixinwen/2021－06/02/content_1149847. shtmlhttp://www.stdaily.com/index/kejixinwen/2021－06/02/content_1149847.shtml.

② 黄薇. 激发科技成果转化"原动力" [N/OL]. 四川党建网，（2022－09－20）[2023－05－07]. https://www.scdjw.com.cn/article/82148.

③ 康凯宁，刘安玲，严冰. 职务科技成果混合所有制的基本逻辑——与陈柏强等三位同志商榷 [J]. 中国高校科技，2018 (11)：48.

索试点—落实推广—立法固化"的螺旋式上升路径[①]，中央、地方和基层单位的互动贯穿于整个改革过程，地方政策和中央政府的支持使这项改革获得了合法性，并使持续推进具有了可能性，在全面深化改革背景下，作为全面创新改革的八大试验区之一，四川具有了改革的自主性和试错空间。[②]

职务科技成果收益权属问题本质上是国有资产经营问题。[③]随着改革进入深水区，还需要突破国有资产流失"高压线"引发的"不敢转"问题。分割确权打破了发明人"不愿转"的局面，通过在转化前明晰产权，规避了职务科技成果转化后国有股权处置难的问题。然而，职务科技成果转化面临着国有资产管理具体制度的束缚与挑战，科技成果转化形成的国有股权转让、对外投资等事项需要逐级报财政部门审批或者备案，现有国有资产管理制度比较分散，改革者因而提出了"资源论"，即职务科技成果是资源而不是资产，由于许多职务科技成果不够成熟、不够稳定和不够系统，缺乏市场导向性，直接创造的市场价值较少，不转化的职务科技成果不是资产，只有转化的职务科技成果才是资产。[④]作为改革试点之一的西南交通大学出台的《无形资产管理办法》未将专利技术列入无形资产中，职务科技成果既然不是资产，自然也不需要依据国有资产管理要求在成果转化时进行评估，从而绕开了国有资产投资需要审批的难题。

[①] 李金惠，邹建伟，王静雯，等. 地方高校院所职务科技成果赋权改革的实施路径——基于"双螺旋循环"发展模式分析视角［J］. 中国高校科技，2023（C1）：86—93.

[②] 刘鑫，穆荣平. 基层首创与央地互动：基于四川省职务科技成果权属政策试点的研究［J］. 中国行政管理，2020（11）：88—90.

[③] 赵加仑. 政策新突破力促科技新进展：财政部畅通科技成果转化有关国有资产全链条管理新政解读［N/OL］. 中华人民共和国财政部，（2019—10—16）［2023—05—07］. http://www.mof.gov.cn/zhengwuxinxi/caijingshidian/zgcjb/201910/t20191015_3402627.htm.

[④] 王康，徐子航. "西南交大九条"：打破科技成果转化的坚冰，探索职务科技成果所有权改革［N/OL］. 西南交通大学新闻网，（2017—02—28）［2023—05—07］. https://news.swjtu.edu.cn/shownews-14123.shtml.

将职务科技成果的管理权下放给高校、科研院所并不会造成国有资产的流失,转化成果不仅会推动科学技术的创新发展,还会带来巨大的经济和社会效益。改革前,由于职务科技成果转化率低,维持职务科技成果受保护的转化费用高于成果转化带来的收益,没有换回收益的成本投入就是国有资产的一种流失;改革后,职务科技成果转化时的许可使用费、转让费或者成果作价入股的股权是另一笔收益。此外,职务科技成果转化成功会为社会创造税收、就业机会等显著的社会效益。西南交通大学后续还需继续在探索职务科技成果特殊性的基础上,依托全面创新改革试验区,推动改革在合法合规基础上深入进行,打破国有无形资产管理越严格流失越严重的"国资诅咒"①,进一步做到放管结合,探索出有关职务科技成果的新型管理模式。

二、四川大学试点情况分析

(一) 职务科技成果混合所有制改革在四川大学的实践

在西南交通大学转化职务科技成果成功经验的基础上,四川省持续推动关于职务科技成果转化的改革探索,2016年12月,四川省科技厅、知识产权局联合发布试点方案,全省首批20家高等学校和科研院所被划定参与试点职务科技成果混合所有制改革,按照相关部署,四川大学、成都理工大学等高校积极推进职务科技成果混合所有制改革的试点工作。

2016年12月,四川大学出台《四川大学科技成果转化行动计划(试行)》(简称"川大22条"),规定科研人员个人贡献的发明灵感、创新思路和实现能力,应当在最终形成的职务科技成果中享有一定的

---

① 张铭慎. 如何破除制约入股型科技成果转化的"国资诅咒"? ——以成都职务科技成果混合所有制改革为例 [J]. 经济体制改革,2017 (6):122.

所有权份额，学校经过科学评估并确定所有权权属比例，职务科技成果完成人可享有50%~90%的成果所有权用于投资或创业。考虑到学校是一个综合性研究型大学，学科门类多，学科之间差异大，不同职务科技成果形成过程中学校公共资源、国家和地方政府经费投入情况不同，四川大学进行职务科技成果确权时权属比例不搞一刀切，合理评价、科学确权，根据科技成果研发经费来源是财政资金还是横向资金、对学校实验设备和耗材依赖的程度和使用学校的其他资源的程度来确定分享比例。对于市场急需且符合国家战略性新兴产业发展方向的职务科技成果，为了保障国有资产固定收益，允许教师买断学校的权属部分进行入股和转化，成果完成人可分期支付技术转让费。[①]各种改革措施极大地激发了科研人员的积极性，效果显著。

（二）四川大学职务科技成果混合所有制改革典型案例

改革试点过程中，四川大学新材料、生物医药、电子信息等优势学科的职务科技成果完成确权并成功转化，形成了具有川大特色的职务科技成果转化案例。

一是以专利实施许可方式实现职务科技成果转化。在职务科技成果转化改革试验中，四川大学实验室专利技术"抗流感小分子化合物及其制备方法和用途"和"3－乙炔基吡唑并嘧啶衍生物及其制备方法和用途"以实施许可的方式转让给成都某公司，转让经费3000万元。[②]

二是以作价入股方式实现成果转化。四川大学某教授团队的"一种单喷头实现多材料层级复合3DP技术及其应用"等5项专利成果分割确权后即以之作价入股相关公司，实现转化。通过分割确权，该教

[①] 高德友. 四川大学职务科技成果确权改革探索与实践［J］. 中国科技人才，2019（6）：16-23.

[②] 高德友. 四川大学职务科技成果确权改革探索与实践［J］. 中国科技人才，2019（6）：16-23.

授团队获得该成果85%的所有权。确权后,四川大学与该教授团队以该成果与一家医疗器械公司共同合作创办一家注册资金约5600万元的新公司,致力于个性化颌骨修复植入体的设计和3D打印制造技术的产业化开发。该项成果评估作价近1700万元,四川大学与该教授团队在新公司分别拥有4.5%和25.5%的股份。①

三是职务科技成果完成人直接运用专利进行产业开发。四川大学某院士团队开发的"分子复合三聚氰胺氰尿酸盐(MCA)阻燃剂及其制备方法和用途"作为高价值专利技术,成功在企业实现产业化,建立了世界首套年产量达1万吨的"分子复合改性MCA"工业生产线,截至2019年3月,已实现产值3亿多元。②

(三)关于四川大学职务科技成果混合所有制改革的思考

职务科技成果确权并转移只是职务科技成果转化创新链条中一个重要的环节,从专利的转化到最终市场产品的推出,还需要经过将成果转化为产品、产品商品化以及产品产业化的过程。四川大学出台"川大22条"对职务科技成果转移转化机构、服务队伍、考评机制和平台建设等八大方面做出规定,对推动职务科技成果转化做了整体性安排,并围绕这一行动计划制定了一系列的配套文件和操作流程说明,最终形成"1+N+X"成果转化政策体系。这些制度帮助四川大学构建了基础研究-应用开发-成果转移转化-产业化和企业孵化的全链条创新研发和转移转化体系。

加速科技成果的转化需要建立专门化的多层次的科技成果运营机构,打造专业化的知识产权管理和运营队伍。四川大学围绕科技成果

---

① 高德友. 四川大学职务科技成果确权改革探索与实践[J]. 中国科技人才,2019(6):16-23.
② 佚名. 四川大学入选首批高等学校科技成果转化和技术转移基地[N/OL]. 四川大学科学技术发展研究院,(2019-03-12)[2023-05-07]. https://kyy.scu.edu.cn/info/2079/5126.htm.

转化成立了六大机构，分别负责不同业务：科研院科技合作与技术转移部作为学校职能部门负责制定科技成果转移转化政策；产业技术研究院和国家技术转移中心是营运和服务部门，负责搭建、管理技术转移转化平台和网络；由"学校+政府+校友企业"共同成立的混合所有的技术转移集团公司成立了投资基金，为成果转化提供投融资服务；产业集团作为学校资产经营管理公司，在成果转化中代表学校签订投资协议和持股；国家大学科技园等单位负责孵化学校科技成果转化企业。完善的组织机构和规章制度为学校知识产权创造、管理、运营一体化提供了条件，为职务科技成果推广和融资解决了后顾之忧。职务科技成果的顺利转化也将提高科研人员科技创新的热情和动力，验证和彰显职务科技成果分割确权改革的效果。

三、成都理工大学试点情况分析

（一）职务科技成果混合所有制改革在成都理工大学的实践

成都理工大学规定在职务科技成果产出阶段，对获得专利授权的发明人给予奖励，通过设立专利发展基金，由学校资助部分专利的申请费和维持年费。成都理工大学于 2017 年 1 月发布了《成都理工大学专利管理办法》，下放科技成果使用权、处置权和收益权的同时，规定发明人可按 70%~80% 的比例与学校共享专利权；科技成果实施转化后，确保发明人在学校科技成果转化收益中的分配比例提升至 70%~80%，建立申请时资助、授权后奖励、转化后受益的全覆盖保障体系。

至 2019 年，成都理工大学已有 20 余项专利进行了共享确权。2017—2019 年，共有专利许可和转让项目 11 项，合同经费超过 600

万元；校企联合研发、自主创业成立科技公司10余家。①

（二）成都理工大学职务科技成果混合所有制改革典型案例

成都理工大学职务科技成果混合所有制改革试点之后，科技成果转化呈爆发式增长态势，大学科技园中教师创办的转化企业同时激增。其中，地质灾害防治与地质环境保护国家重点实验室某教授团队研发的"粘度时变灌浆材料与可控灌浆技术"攻克了复杂地质条件下岩土涌突水及其地质灾害治理中"速凝灌浆材料早期强度高、后期强度低"的国际难题。粘度时变灌浆材料（SJP）自应用以来，SJP技术工程新增产值21亿元，实现利润4.6亿元；节约水泥约50万吨，减少碳排放量约30万吨。②

成都理工大学地质灾害防治与地质环境保护国家重点实验室的研发成果"地质灾害实时监测预警系统"成功完成转化，2020年汛期，成功预警四川、贵州两地地质灾害60余起，保障了数万人生命财产安全。目前，该预警系统已全面部署到贵州、四川、山西、西藏、青海、甘肃等多个省（自治区）的数万处地质灾害点，且不断吸引更多地方政府和企业前来合作。

（三）关于成都理工大学职务科技成果混合所有制改革的思考

科技成果必须满足市场的需求才能顺利转化。科技成果的转化是科技成果供给与市场需求实现对接的过程。如果科技成果符合市场需求，市场自主转化科技成果的动力就强，渠道就畅通；如果科技创新和市场之间脱节，科技和市场之间形成"两张皮"，将导致科技创新

---

① 程孝良，蒋欣坤. 以科研管理模式改革推动协同创新［J］. 中国高校科技, 2019 (7)：23-26.
② 曾灵，王珊珊，刘飞鹏. 创制粘度时变材料，破解世界灌浆难题——裴向军教授团队与SJP材料背后的故事［N/OL］. 成都理工大学新闻网，（2019-01-14）［2023-05-07］. http://news.cdut.edu.cn/info/1003/35377.htm.

难以顺利转化。截至 2022 年底，我国有效发明专利达到了 421.2 万件，已经确立了知识产权大国地位，[①] 而要成为知识产权强国和创新强国，仍需从提高科技成果转化率方面着手。以成都理工大学为例，该大学依托地质环境领域科研实力雄厚的优势，在岩土体加固与地质环境生态修复技术、地质灾害智能监测与实时预警等方面开发出服务社会需求和企业需要的科技成果，其科技成果易被企业认可，吸引企业前来合作。

科技成果顺利转化需构建科技成果转化服务体系。成都理工大学致力于建设集资源集成、成果转化、创业孵化、人才培养为一体的科技园，为成果创新和转化提供孵化平台和服务机构。从 2016 年开始，成都理工大学以科研优势特色为依托，加快科技园建设。截至 2019 年，科技园中在孵企业 42 家，高新技术企业 3 家。在孵企业中，地灾环保类产业平台 16 家，资源开发类产业平台 8 家，新型核技术类产业平台 5 家，文创服务类产业平台 8 家，其他平台 5 家，带动创业就业人数共计约 650 人，在园企业全年营收达 6000 多万元。[②]

政府支持产学研合作帮助打通创新通道。成都理工大学科技园各孵化器的建设获得了政府的项目支持，为在孵企业提供了有力支撑。同时该校积极与成都市政府开展校地共建共享，获得政府配套建设项目资金。该校积极服务地方经济社会发展，以特色优势技术成功修复九寨沟火花海，为各地方政府灾害防护、环境保护提供技术支持，有力促进了该校科技成果的转化，拓展了当地政府和学校的合作领域，打通了产学研用协同创新通道。

[①] 汪子旭. 我国发明专利有效量达 421.2 万件［N/OL］. 光明日报，（2023-01-09）［2023-05-07］. https://m.gmw.cn/baijia/2023-01/09/1303248249.html.

[②] 佚名. 成都理工大学深化政产学研用合作 科技成果转化迈出新步伐［N/OL］. 成都理工大学，（2023-01-06）［2023-05-07］. http://ddh.cdut.edu.cn/info/1011/1085.htm.

第二节 职务科技成果混合所有制改革试点成效分析

2016年12月，四川省科技厅、知识产权局印发《四川省职务科技成果权属混合所有制改革试点实施方案》，在全国率先探索开展职务科技成果混合所有制改革试点，并明确西南交通大学等10所在川高等院校和四川省中医药科学院等10所在川科研院所为首批试点单位。2018年，四川省科技厅、发展和改革委等8部门共同印发《关于扩大职务科技成果权属混合所有制改革试点的指导意见》，试点单位由20个扩大到45个，其中科研院所20家，占44.4%；高校19家，占42.2%；医疗机构3家，占6.7%；企业3家，占6.7%。2020年，四川省科技厅等10部门印发《关于深化赋予科研人员职务科技成果所有权或长期使用权改革的实施意见》，深入推动完善职务科技成果权属改革的各项制度，在所有权改革的同时，对单位与发明人约定不进行分割确权的，赋予发明人职务科技成果长期使用权。徐兴祥带领的四川省科技计划项目软科学项目"四川省职务科技成果混合所有制改革的实效及完善对策研究——基于试点单位的调查分析"课题组（简称"徐兴祥课题组"）对改革的45家试点单位进行了调查，收回调查报告33份，其中科研院所15份，占45.5%；高校14份，占42.4%；医疗机构4份，占12.1%。收回报告情况与试点单位性质和所占比例大致相当，基本可以反映扩大试点的改革情况。通过调研发现，职务科技成果混合所有制改革激发了科研工作者的创新积极性，科技成果转化效率提升明显。

一、不同改革模式实现成果分配中知识价值的增长

职务科技成果混合所有制改革是将职务科技成果的所有权进行分

割，将职务科技成果由国有改为单位、发明人混合所有，明确职务科技成果共有人的共有份额后，再将职务科技成果进行各种形式的转化，将职务科技成果的处置权和收益权下放到发明人手中，使发明人成为职务科技成果转化的主体，充分调动科研人员的积极性成为改革核心。传统科研单位给予发明人的奖励通常在职务科技成果转化后才兑现，以金钱奖励为主，也包括职务科技成果转化后的股权奖励，但是受奖励者并不能决定科技成果是否交易及交易中的定价；受各种因素的影响，奖励不到位的情形时有发生，这种被奖励权的实现存在不确定性、局限性和被动性。而职务科技成果混合所有制改革是基于所有权的改革，所有权作为一种绝对权，在行使时具有主动性，是集占用、使用、收益和处分于一体的权利，因此，发明人享有职务科技成果交易权、定价权和收益权等权益，与被奖励权相比较，职务科技成果所有权更具有支配性、稳定性和可预期性。

在职务科技成果转化的案例中，各试点单位根据自身实际情况，在成果转化收益主体、分割确权比例、分割确权程序等方面存在着较大的差异，形成了不同的成果转化模式。有的试点单位用所有权替代被奖励权，有的试点单位则在单位与发明人共享所有权的基础上，再次赋予发明人被奖励权。

（一）成果转化收益主体

职务科技成果混合所有制改革明确了发明人对职务科技成果的所有权，将职务科技成果所有权由单纯的国有改变为单位、个人混合所有。在各单位制定的成果转化方案中，如果进行职务科技成果的权属分割，则成果所有权一般由单位和成果完成人共有，如果对职务科技成果直接进行转化，则转化后会进一步对收益进行划分，单位、成果完成人所属部门和成果完成人共同享有收益，有的试点单位还会对成果转化人或者专业成果转移机构制定奖酬政策。

以成都中医药大学为例，许可、转让的收益或者共同投资入股的股权收益，学校占10%，二级单位占5%，成果完成人占85%。根据西南交通大学制定的《关于激励科技成果转化人促进科技成果转化的意见》，学校和成果完成人首先按照3：7的比例对职务科技成果所有权进行分割，对成果转化的收益则按照所有权共享的比例进行分配，成果完成人享有70%的收益，学校则将其享有的30%的收益进一步分配给成果完成人所在的二级学院，最终形成学校占15%、二级学院占15%、成果完成人占70%的收益分配比例。根据成果转化人在成果转化中的贡献，学校从其可支配的15%收益中提取不超过30%的收益奖励给成果转化人，二级学院也需从自身可支配的15%的收益中提取同比例的收益奖励给成果转化人，本着鼓励原则，成果完成人可自愿将部分收益奖励给成果转化人。四川大学华西医院规定了两种科研成果奖励方式：一种方式是成果完成人可以与医院通过协议事先约定职务科技成果的权属或股权比例，另一种方式是将职务科技成果转移转化所获净收益或股权的80%~90%奖励给对成果完成和转化有重要贡献的人。对职务科技成果转化做出重要贡献的人员主要包括试点单位内部的全资资产公司、成果转化部门及其工作人员，以及市场化运行的第三方专业技术转移机构等（见表3-2-1）。

表3-2-1　成果转化收益分配比例

试点单位	参与成果转化收益分配的主体			
	学校	成果完成人所属部门或二级单位	成果完成人	成果转化人或技术转移机构
成都中医药大学	10%	5%	85%	—
西南交通大学	15%	15%	70%	不超过20%（由学校、成果完成人所在二级单位和成果完成人共同负担）
四川大学华西医院	10%~20%	0	80%~90%	与学校协商服务报酬

（二）职务科技成果确权程序

职务科技成果混合所有制改革鼓励"先确权，后转化"，同时将被奖励权内化到所有权中，通过改变原有的"先转化，后奖励"的事后奖励方式，不仅赋予发明人转化成果的权利，更以产权激发发明人转化科技成果的动力。从实践效果来看，改革过程中不同试点单位并未遵从统一模式，而是根据自身情况，在具体操作程序上采用了不同的模式。

第一种操作模式为"先确权，后转化"。此种模式以西南交通大学为代表，将职务科技成果创新的奖励前置简化为知识产权奖励。这种模式认为改革就是产权变革和产权激励，改革中坚持以作价投资方式转化职务科技成果的，需先完成确权程序，以专利为例，对既有专利，学校通过变更专利权人和专利申请人的方式实现对发明人的奖励；对新的专利申请，学校通过共同申请实现对发明人的奖励。学校与发明人签订奖励协议约定按 3∶7 的比例将专利权和申请专利的权利共享；专利分割确权之后再通过协议定价、技术交易市场挂牌交易、拍卖等各种形式完成职务科技成果定价，对外进行转让、许可或作价投资入股。如果学校单独享有的专利一次性转让或许可的，学校将从转让或许可净收益中提取70％分配给发明人。此种模式下，单位职务科技成果的分割确权呈现出开放的态度，已经申请的专利、尚未申请的专利，无论发明人在职与否，均可申请进行分割确权。

第二种操作模式为依申请分割确权。职务科技成果的转化不以确权为前提，成果完成人如果需要可向单位提出分割确权。如《四川农业大学科技成果"三权"改革方案（试行）》规定：本着完全自愿的原则，成果完成人可以向学校提出申请，学校通过权利人变更的方式，进行科技成果产权归属分配，学校与成果完成人以 25∶75 或 2∶8 的比例共享科技成果产权。

第三种操作模式为仅对政策出台后的职务科技成果进行分割确权。如某研究所规定单位开展职务科技成果"三权"改革前的职务科技成果原则上不再确权，如果发明人对改革之前的成果进行了转化，则可以就成果转化收益按照收益的70%进行分享。对"三权"改革政策出台后形成的职务科技成果，则按照"先确权，后转化"的原则处理。

第四种操作模式以成果转化方式限制确权资格。① 如某医院便规定仅作价投资入股的职务科技成果可以分割确权，这就意味着以许可、转让等方式进行的职务科技成果转化，发明人仅能获得一定的奖励，无法要求分享职务科技成果的所有权。

以政策出台时间、成果转化方式等为由对职务科技成果转化中的分割确权进行限制表明试点单位对职务科技成果混合所有制改革精神贯彻不彻底，也表明单位改革是以成效为导向的，对成果完成人赋权的必要性成为关键考量因素。

由于许可和转让的成果转换方式对成果完成人后续持续研发的依赖性相对较低，试点单位一旦对外授权或转让便可获得收益，不需要单位和成果完成人后续的努力和投入；而以投资作价形式转化的科技成果不仅表明该项成果重大，可能为投资入股的公司带来较大经济效益，同时投资要产生收益，通常还需要三五年的时间不断改进技术直至投入生产、销售到市场，在此期间需要成果完成人长期不懈地研发，后续人力、物力、财力投入巨大，赋予成果完成人职务科技成果所有权不仅可以避免科技成果转化后国有股权奖励程序上的操作障碍，还可以提升成果完成人后续研发中的风险意识，主动将科技研发与市场需求相适应，降低成果转化中的巨大风险。

---

① 徐兴祥，俞仕琳. 职务科技成果混合所有制改革的实践成效及完善建议——基于四川省33家改革试点单位的实证分析［J］. 中国科技论坛，2022（12）：111.

（三）职务科技成果分配模式

2016年，四川省人民政府推出了《四川省激励科技人员创新创业十六条政策》，鼓励高校、科研院所和医疗卫生机构对完成和转化科技成果做出重要贡献的人员给予奖励，允许提取不低于70％的转让许可净收入、股权或出资比例用于奖励，试点单位在实践中则形成了以下几种模式。

第一种模式是对职务科技成果进行分割确权，并根据确权份额分享收益。根据分割确权比例的不同，可以分为四种类型。第一种类型为固定分配比例型，有多家试点单位采用了成果完成人与试点单位7∶3分配的标准比例。第二种类型是约定分配比例型，具体的收益分配比例由成果完成人与单位在相关协议中自行约定。例如，四川大学规定不搞"一刀切"的做法，成果完成人可享50％～90％的成果所有权，并按所有权比例享受相应权益。第三种类型是提高成果完成人收入分配底线型。有较多的试点单位将成果完成人分配的成果所有权或收益权设置在70％以上，有的高达85％。第四种类型是降低成果完成人收入分配底线型。有少数试点单位并未按照7∶3的比例分配职务科技成果所有权及收益，如某设计院给予成果完成人收益分配比例仅为35％，其认为职务科技成果转化一方面要调动成果完成人积极性，另一方面还应当确保其能够忠实于本职工作，防止相关人员忙于转化而耽误了应当完成的本职工作。

第二种模式为不直接分割职务科技成果的所有权，成果完成人所属单位拥有完整的职务科技成果所有权，直接对职务科技成果产生的收益进行分配。如某医药大学根据职务科技成果转化的不同形式以及收益金额的不同而规定了不同的收益分配比例，科技成果直接转让或许可使用的收入，扣除中介费后按一定比例分配给相关方；以技术入股形式进行科技成果转化或成果完成人自行创办企业实施转化的，技术股本全部归学校所有，股权收益扣除中介费后按一定比例分配给相关方。具体情况详见表3-2-2、表3-2-3。

表3-2-2 某医药大学职务科技成果转让或许可收入分配比例

总收益 m/万元	校科技发展基金	成果转化重要贡献人员	成果完成人
m≤100	5%	15%	80%
m>100	10%	15%	75%

表3-2-3 某医药大学科技成果作价入股投资收入分配比例

股本年收益 n/万元	校科技发展基金	成果转化重要贡献人员	成果完成人
n≤100	5%	15%	80%
n>100	10%	15%	75%

无论采用何种模式推动职务科技成果的转化，试点单位已基本形成体现增加知识价值的收入分配体制，充分认识到职务科技成果转化行为归根结底是市场行为，较多试点单位推出成果完成人团队内部利益分配制度、高校或科研院所与成果完成人所属二级单位的内部分配制度，并设立专门的科技成果转化部门与独立的第三方技术转移机构合作，对相关主体利益均有所考量，合力推动职务科技成果转化改革产生巨大的经济效益和社会效益。

二、试点单位科技成果转化率得到较大提升

确权转化率即职务科技成果的转化数量占确权数量的比例，在一定程度上反映了确权与转化之间的关系。确权转化率有了较大提升，一方面是由于分割确权改革极大地激发了成果完成人的积极性，一批长期积累的有转化意向的职务科技成果较快地以各种形式完成了转化；另一方面则是有的单位为了控制职务科技成果分割确权的成本，要求有转化意向的职务科技成果才能进行分割确权。考虑到数据的完

全性，徐兴祥课题组选取了四川大学等 8 家试点单位进行对比，通过对比试点单位职务科技成果分割确权数量和确权后成果的转化数量，可以发现已经确权的成果获得了较大规模的转化（图 3-2-1）。

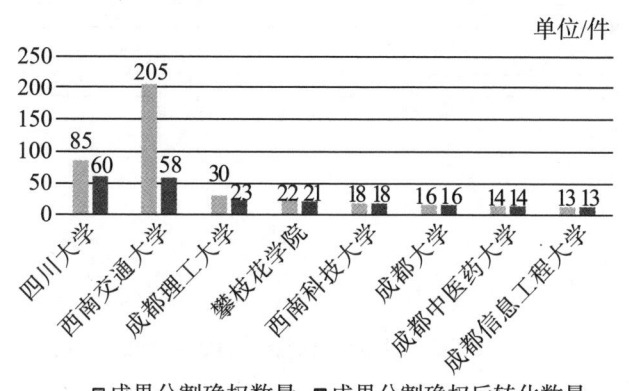

单位/件

四川大学 85 / 60
西南交通大学 205 / 58
成都理工大学 30 / 23
攀枝花学院 22 / 21
西南科技大学 18 / 18
成都大学 16 / 16
成都中医药大学 14 / 14
成都信息工程大学 13 / 13

□成果分割确权数量　■成果分割确权后转化数量

图 3-2-1　部分试点单位职务科技成果分割确权和转化情况

如图 3-2-1 所示，有的试点单位实现了 100% 的转化率，即职务科技成果转化数量与确权数量一致。确权转化率虽然一定程度上反映了确权与转化之间的关系，同时也反映了不同单位在进行职务科技成果混合所有制改革时操作规范的不同。如果试点单位要求所有职务科技成果均需要先确权再转化，确权之前不经筛选，有的成果确权后仍然无法转化，则确权转化率相对较低；如果试点单位要求有明确转化意向或者处于转化过程中的职务科技成果才能分割确权，那么确权后的转化率比较高，甚至达到 100% 的确权转化率。

总体而言，试点工作开展 5 年后，试点单位职务科技成果转化率明显提高，较试点工作开展前 5 年，职务科技成果转化数量显著增加。成都中医药大学试点工作开展后专利转化率比试点工作开展前增长了 490%，攀枝花学院试点工作开展后职务科技成果转化数量是试点工作开展前的 5 倍以上。由于各方面原因，仅能对部分试点单位一段时期的总体职务科技成果转化情况进行统计（图 3-2-2）。此外，部分试点单位因为改革时间较短、改革实施条件尚未完善等原因未来

117

得及对现有的职务科技成果进行转化。

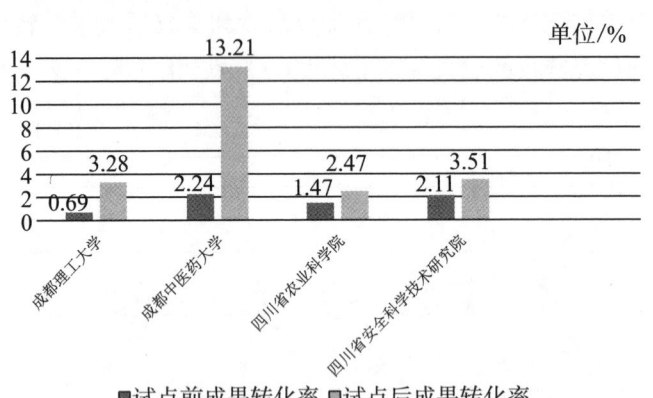

图 3-2-2　部分试点单位试点前后成果转化率对比

三、科研人员职务科技成果转化积极性显著提高

职务科技成果混合所有制改革得到科研人员的普遍支持，科研人员转化科技成果的积极性明显提升。调查发现，科研人员对职务科技成果混合所有制改革的态度总体积极，依据科研人员对改革支持程度与科技成果转化积极性的不同，具体可以分为以下几种情形（图 3-2-3）。

第一，积极支持改革，科技成果转化积极性高。有 17 家试点单位的科研人员对职务科技成果混合所有制改革表示支持和欢迎，占 51.52%。调查结果显示，这些科研人员对改革非常支持、工作热情被激发、积极响应，认为职务科技成果混合所有制改革使自己的成果转化有了政策依据，更加有科技创新和转化的动力等。

第二，支持改革，科技成果转化积极性较高。有 5 家试点单位的科研人员表示改革后科技创新动力明显提高，成果转化的积极性和主动性较以前显著增强，占 15.15%。

第三，对改革有兴趣和信心，积极参与科技成果转化。有 2 家试点单位的科研人员表示对职务科技成果混合所有制改革有了更深的认识,也积极咨询、参与、推进成果转化,增强了对实现以增加知识价值为导向的分配机制的信心,占6.06%。

第四,对改革选择性支持,部分科研人员对职务科技成果转化态度积极。有1家试点单位的科研人员表示对于市场认可度高、有广泛前景的职务科技成果实施混合所有制改革更合适,拥有市场认可度高的科技成果的科研人员对改革和成果转化较为积极,占3.03%。

另外,此次调查结果显示,有6家试点单位的科研人员对职务科技成果混合所有制改革的积极性不高,对改革还有一些疑虑,担心改革违反国有资产管理法及其他法律法规,占18.18%。还有2家试点单位没有明确表达意见,占6.06%。

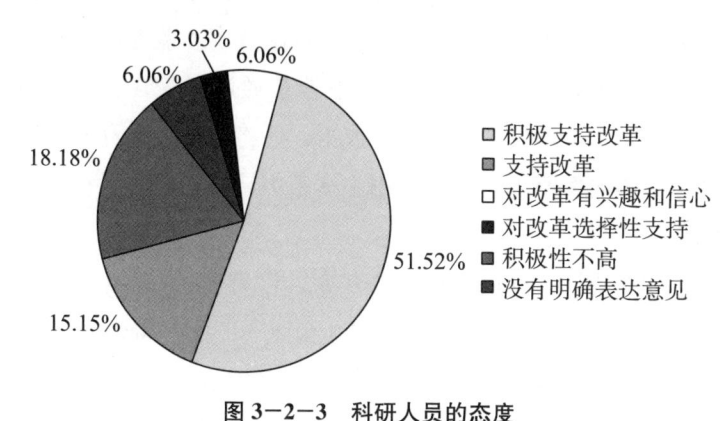

图3-2-3 科研人员的态度

四、改革创造了突出的经济效益和社会效益

（一）激发了科技创新和科技成果转化的内生动力

职务科技成果混合所有制改革将部分科技成果所有权让渡给发明人,实施以增加知识价值为导向的激励机制,激发了发明人成果转化的积极性和主动性,解决了单位和发明人"不想转"的问题,通过赋予单位科技成果转化的自主决策权、改革国有资产管理法和

科技成果定价制度，解决了单位和发明人"不敢转"的问题，科研人员从单纯的科技成果创造者向转化活动的积极参与者转变。职务科技成果混合所有制改革激发了单位科研人员的创新动力，给予了发明人明确的产权预期，鼓励发明人注重培育成果的可转化价值属性，使成果从创造开始就具有转化的价值，满足科技成果"能转"的产业化应用要求。

（二）一大批科技成果在改革中实现了成果转化

职务科技成果混合所有制改革之前，技术交易的高成本阻碍了交易的发生，导致改革前的成果转化率低。科技成果转化的成本包括信息成本、谈判成本、履约成本、后续风险成本、监管成本和委托代理成本等。[①] 职务科技成果混合所有制改革通过产权共享，将部分产权配置给发明人，不仅减少了交易成本，还将科技成果资源从单位这个低利用主体向发明人这个高利用主体手中转移，提升了科技成果利用效率。

据不完全统计，开展试点近5年来，已有45家试点单位完成职务科技成果分割确权1446项，新创办企业587家，带动企业投资近117.56亿元。四川大学生物治疗国家重点实验室团队"抗肿瘤的mRNA疫苗开发研究"，其成果吸引了3家企业投资近8亿元，已成立6家公司，预计可研发新药品种超过50个，后期投资将超过100亿元。成都中医药大学某教授团队专利成果估价2063万元，并以该项专利作价与多家药业公司达成合作，组建新公司从事产品开发工作。四川省农业科学院某项农作物栽培技术作价入股四川某生物科技有限公司，该作物在16个省46家单位得到推广，2018年新增销售额64.23亿元。职务科技成果混合所有制改革在一定程度上改变了高

---

① 朱一飞. 高校科技成果转化法律制度的检视与重构［J］. 法学，2016（4）：88－89.

校、科研院所专利闲置浪费的现状，也在一定程度上改变了高校、科研机构的科技成果被"束之高阁"，企业却因缺乏核心技术而"嗷嗷待哺"的科技经济"两张皮"现象。[①]

（三）形成了在全国可供推广的成果分割确权和转化经验

自 2015 年中央全面深化改革领导小组第十二次会议将四川确定为全国 8 个全面创新改革试验区之一以来，四川省被赋予依托科技创新等先行先试的权力，允许在职务科技权属领域的改革边试点边总结各具特色的经验做法。实践中，四川省通过修订《四川省促进科技成果转化条例》，把近年来四川省好的科技政策和成功的实践经验上升为地方性法规，为成果转化铺路；通过出台《关于深化赋予科研人员职务科技成果所有权或长期使用权改革的实施意见》建立改革容错纠错免责机制，鼓励干部敢于担当、主动作为，围绕职务科技成果分割确权进行科技成果非国有资产管理制度、试点单位科技成果转化自主决策和科技成果市场化定价机制等改革探索，增强改革的综合效应。

四川省职务科技成果混合所有制改革将科技创新与制度创新相结合，催生了成果转化的源动力，新华社、《人民日报》、中央电视台等多次对四川省"科技小岗村试验"进行报道。通过第一批和第二批职务科技成果混合所有制改革试点，四川省"以事前产权激励为核心的职务科技成果权属改革"逐步摸索出科技与经济相结合的方法，得到了国务院的肯定，2018 年"四川经验"在其他全面创新改革试进行推广，2019 年四川省改革的典型经验做法入选全国科技体制改革典型案例，2020 年九部委联合发文通知在全国推广复制四川经验。

[①] 刘凤，张明瑶，康凯宁，等. 高校职务科技成果混合所有制分析——基于产权理论视角 [J]. 中国高校科技，2017（9）：18.

五、改革无法形成简单统一的模式

徐兴祥课题组发现,职务科技成果混合所有制改革后试点单位职务科技成果转化率提升,改革取得较好的成效,与此同时,改革并不能普遍适用于所有试点单位,其中,高校具备职务科技成果混合所有制改革的基层土壤,这场源于高校职务科技成果转化内在需求的"自下而上"的改革获得了高校教师的积极响应,而试点医院、科研院所和企业在改革过程中遇到的问题更加复杂,顾虑也更多,因此,这些单位并未积极实施"先确权,后转化"的成果转化路径。[①]

(一) 试点单位职务科技成果分割确权情况差异大

1. 有相当部分试点单位尚未进行分割确权的实质性改革

2017年,四川省开展第一批试点,西南交通大学、四川大学等10所高校和四川省中医药科学院、四川省医学科学院等10家科研院所参与了试点;2018年,四川省开展了第二批试点,将职务科技成果混合所有制改革试点单位扩大到了45家。徐兴祥课题组共取得两批次33家试点单位职务科技成果混合所有制改革的调研数据。其中,第一批改革试点单位16家,已开展分割确权改革的单位9家,占总试点单位的56.25%;第二批试点单位17家,已开展分割确权改革的单位3家,仅占总试点单位的17.65%。两批次共计12家单位进行了分割确权改革,占36.36%;尚未开展分割确权改革的单位21家,占63.64%。

---

① 徐兴祥,俞仕琳. 职务科技成果混合所有制改革的实践成效及完善建议——基于四川省33家改革试点单位的实证分析 [J]. 中国科技论坛,2022 (12):113.

2. 已开展分割确权改革试点单位的确权数量差异大

已经开展职务科技成果混合所有制改革的33家试点单位共计完成了413项职务科技成果的分割确权，其中西南交通大学完成的职务科技成果确权数量有205项，数量最多，占试点单位总确权数量的49.6%；四川大学次之，完成了85项职务科技成果的分割确权，占试点单位总确权数量的20.6%；成都理工大学完成的职务科技成果确权数量为30项，占试点单位总确权数量的7.3%，单位之间确权数量差异大（图3-2-4）。

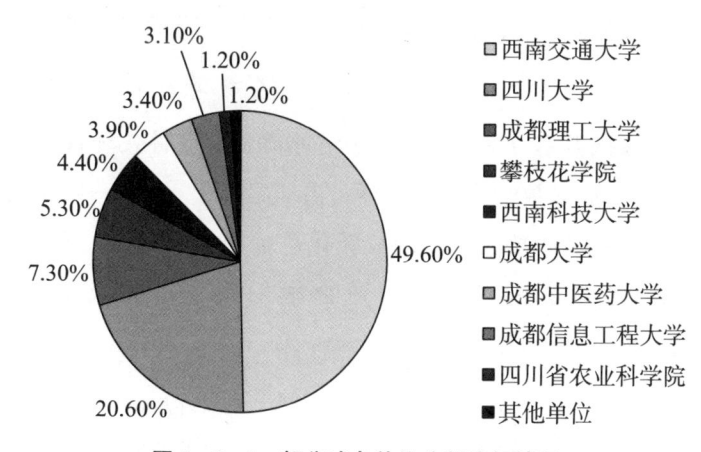

图3-2-4 部分试点单位分割确权情况

3. 不同性质单位的确权数量差异大。

在33家试点单位中，高校分割确权数量达到406件，占98.3%；科研院所分割确权数量为6件，占1.5%；医疗机构分割确权数量为1件，占0.2%（图3-2-5）。

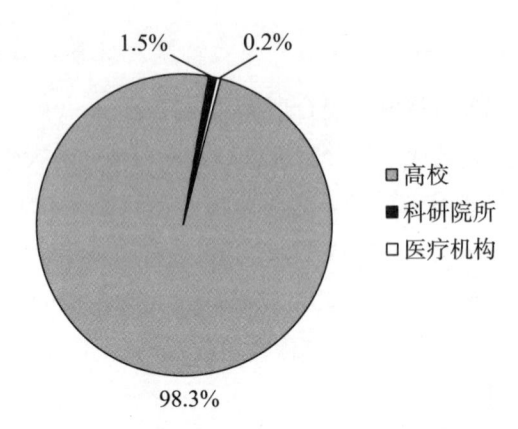

图 3-2-5　不同性质的试点单位（部分）分割确权情况

4. 试点单位分割确权后科技成果转化数量差异大

在 33 家试点单位中，已经完成分割确权 413 件，确权后完成转化的职务科技成果数量共计 229 项，占 55.45%。其中，四川大学以确权转化 60 件高居榜首，占确权转化总量的 26.20%；西南交通大学已完成 58 项，占 25.33%；成都理工大学已完成 23 项，占 10.04%（图 3-2-6）。

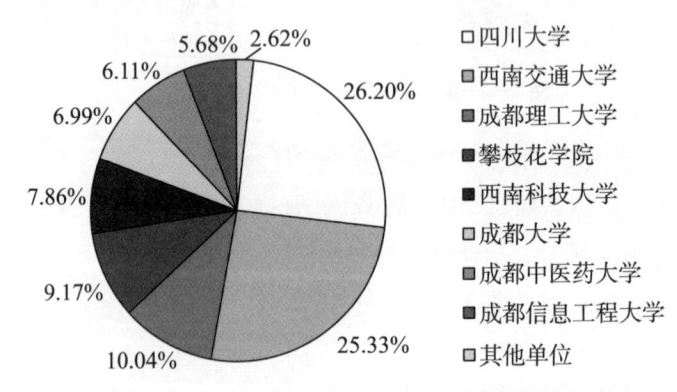

图 3-2-6　部分试点单位分割确权后转化数量分布情况

（二）试点单位职务科技成果转化形式具有多样性

职务科技成果混合所有制改革的基本做法是先将知识产权分割为

单位和发明人共有，使传统的收益分配权内化于所有权中并前置，然后再以各种方式实现科技成果转化，转化所得收益根据占有的知识产权比例分配。实践中，试点单位转化模式存在着多样性，并未遵从统一的操作模式。

1. 混合所有制改革并非科技成果转化的唯一模式

据调查，33家试点单位中，除其中7家没有成果转化的外，其余26家单位均有科技成果转化。而根据徐兴祥课题组收集到的数据，截至2019年6月，已实现转化成果695件，其中通过混合所有制改革转化的科技成果229件，占转化成果总数的32.95%；以非混合所有制改革方式转化的科技成果384件，占55.25%；成果转化方式不明的科技成果82件，占11.80%（图3－2－7）。由于统计时职务科技成果混合所有制改革试点时间不长，而在此之前传统的成果转化方式一直存在，因此，混合所有制改革并非促进职务科技成果转化的唯一模式。

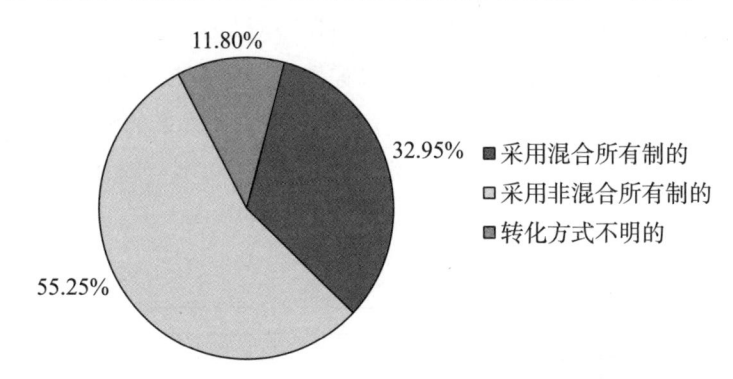

图 3－2－7　部分试点单位职务科技成果转化类型统计

2. 不同类型单位转化职务科技成果的方式差异大

已实现转化的695件职务科技成果中，高等院校、科研院所和医疗机构有明显的转化偏好差异。其中，高校通过混合所有制改革转化的成果占高校成果转化总数的68.28%，医疗机构通过混合所有制改革转化成果占医疗机构成果转化总数的1.67%，科研院所通过混合所有制改革转化的成果占科研院所成果转化总数的0.68%。显然，职务科技成果混合所有制改革在高校推行效果较好，对于医疗机构和科研院所而言，传统职务科技成果转化模式仍然是成果转化的主流方式。究其原因，主要有以下几个方面：一是有的试点单位认为，传统的奖励已经非常高，如有单位将成果转化收入的88%分配给成果完成人，所以科研人员无须通过科技成果确权来保护自己的利益；二是影响成果转化的因素很多，并不是仅仅依靠确权和提升成果转化奖励就能提升成果转化率的。

（三）不同性质单位对职务科技成果混合所有制改革的态度不同

根据调研结果，有17家试点单位的科研人员积极支持职务科技成果混合所有制改革：高校7家，占41.18%；医疗机构3家，占17.65%；科研院所7家，占41.18%。有5家试点单位的科研人员支持改革：高校3家，占60.00%；科研院所2家，占40.00%。有2家试点单位的科研人员对改革有兴趣和信心：高校、科研院所各1家，各占50%。有6家试点单位的科研人员对改革的积极性不高：高校2家，占33.33%；医疗机构1家，占16.67%；科研院所3家，占50%（图3-2-8）。

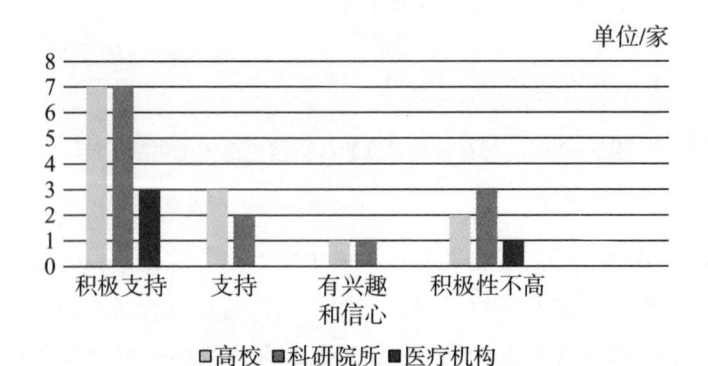

图3-2-8 不同性质的试点单位（部分）对职务科技成果混合所有制改革的态度

总体来说，科研人员从职务科技成果混合所有制改革中获益，他们支持职务科技成果混合所有制改革，但由于落地难和操作难等问题，有部分单位科研人员对改革的反应不是特别强烈，主要存在以下顾虑：第一，作为试点单位改革的推动者，单位领导有一定的顾虑。中央组织部对企业、高校和科研院所的领导干部兼职有着严格规定，即使经批准在企业兼职的党政领导干部，也不得在企业领取薪酬、奖金、津贴等报酬，也不得获取股权和其他额外利益。教育部直属高校校级党员领导干部和直属高校处级（中层）党员领导干部原则上不得在经济实体中兼职。高校和科研院所一方面希望职务科技成果混合所有制改革的政策落实落地，另一方面又担心改革措施与相关党纪法规要求不统一。第二，担心科技成果转化过程中造成国有资产流失。试点单位领导担心以职务科技成果作价投资入股公司，如果公司出现债务，可能造成国有资产流失。第三，担心奖励无法到位。高比例成果收益分配或者奖励将使科研人员绩效工资超过工资总额的限制，从而使其奖励收益无法及时实现。第四，部分单位缺少职务科技成果混合所有制改革专门人才，不熟悉改革政策和具体操作实务。试点单位中许多试点工作都是由原有的科技部门工作人员负责，他们对职务科技成果混合所有制改革的法律法规和相关政策不熟悉，对转化的操作程序不了解，缺乏相应的经验和技能，不能很好地使本单位科研人员了解和领会相关的法律法规和政策，难以有效指导相关科研人员进行职务科技成果混合所有制改革，许多科研人员内心渴望转化自己已完成的科技成果，但是在实践中不知怎么操作。

（四）社会出资方对职务科技成果混合所有制改革的态度有差异

1. 对市场化程度不同的技术态度不同

调研结果表明，试点单位以非混合所有制改革进行科技成果转化的模式中，出资方主要是民营企业、国有企业、混合制企业，试点单位科技成果获得出资方认同的原因主要有两类：一是试点单位在某研究领域具有公认优势或者有品牌效应，能够较好地取得出资方信任。另一类是出资方认为试点单位的技术先进、有优势，能够直接提升出资方现有产品质量或者拓展受让方产品线，技术成果有较大应用价值、市场价值等。

试点单位以混合所有制改革进行科技成果转化的模式中，出资方主要是民营企业，也有少部分国有企业。企业出资的原因有以下五种情况：一是试点单位在某领域有优势或者有品牌效应，能够较好取得出资方信任。二是出资方是试点单位校友企业或校友担任技术人员，对试点单位的成果有较好的了解和信任。三是出资方与试点单位或职务发明人团队有长期合作关系，出资方了解和信任试点单位及发明人。四是试点单位与发明人共同出资设立公司。五是出资方将科技成果购买后转让给中介服务公司。

试点单位在某领域有技术优势或者有品牌效应，能够较好地取得出资方信任，是科技成果获得转化的关键原因。出资方对环保等公益性技术的转化较为消极，而对市场化程度较高的技术转化较为积极。试点单位并非通过职务科技成果混合所有制改革进行科技成果转化时，出资方看重自己对技术市场前景、经济价值的评判。而试点单位通过职务科技成果混合所有制改革进行的科技成果转化，出资方不仅基于自身对职务科技成果发明人、技术前景和价值的评估决定是否投资，与试点单位、成果发明人的了解、信任程度也在投资中起到极为重要的作用。

2. 对简单技术和复杂技术的态度不同

出资方主要凭借自身对技术市场前景、经济价值的评判进行投资，因此，实用新型专利、外观设计专利等简单技术，出资方凭借自身经验即可以做出判断并实现转化。因此，通过转让、许可等方式即可实现转化的简单技术往往不需要试点单位职务科技成果混合所有制改革来推动科技成果交易。而复杂技术由于出资方凭借自身经验难以判断技术的实现可能、市场前景、经济价值，因此，没有成果发明人的继续参与和研发，该科技成果难以实现转化。试点单位往往通过职务科技成果混合所有制改革推动复杂技术作价入股实现成果转化。由此发现，出资方对简单技术和复杂技术转化的成果转化要求和态度并不完全相同。

总体而言，职务科技成果混合所有制改革增加了知识价值在成果分配中的比例，有效提升了职务科技成果转化数量，创造了大量的社会效益和经济效益，得到了科研人员广泛支持，显著提升了科研人员参与成果转化的积极性和能动性。职务科技成果混合所有制改革对职务科技成果转化的促进效果毋庸置疑，但是笔者对改革实践进行调研时发现，促进科技成果转化尚没有统一的普适的模式，有效推动科技成果转化的关键点在于以下几个方面。

第一，促进职务科技成果转化取得实效，不仅可以是职务科技成果混合所有制，也可以是传统的收益权分享，还可以是使用权、处分权分享。传统收益权分享之所以没能持续激发转化效力，是因为发明人的收益权分享没有得到保障。当收益权分享得到充分保障时，其同样可以促进职务科技成果转化。

第二，促进职务科技成果转化的政策不仅仅应当包括如何分配利益，激发发明人的积极性，还应当包括税收、财政支持，以及合法性、合规性政策和法律法规的支持。

第三，促进职务科技成果转化的模式选择受单位性质、科技成果的复杂程度、科技成果的市场化程度，以及出资方态度的影响，因而呈现出多样化的职务科技成果转化模式的选择偏好。一般来说，复杂技术适合混合所有制改革，简单技术适合其他转化方式；市场化程度较高的成果适合混合所有制改革，市场化程度较低的成果适合其他转化方式。

第三节　职务科技成果混合所有制改革存在的主要问题

一、职务科技成果混合所有制改革面临合法性和正当性质疑

职务科技成果混合所有制改革是单位自主行使处置权的结果。处置权包括对已有科技成果权利的处置和尚未取得科技成果的权利的处置，包括是否取得知识产权、取得何种知识产权以及对已经取得的专利进行转让、许可、投资和放弃等权利。① 单位行使处置权也必须符合法律的规定，目前，职务科技成果混合所有制改革面临着单位是否有权以共有方式处置科技成果权利的合法性质疑。

（一）单位和科研人员共有职务科技成果违反《科学技术进步法》有关规定

依据《科学技术进步法》（2021）第三十二条的规定，财政性资金资助的科技项目形成的科技成果，除可能损害国家安全、国家利益和重大社会公共利益的情形，授权项目承担者依法取得知识产权。由于财政支持的纵向科技项目一般以单位名义进行申报，个人仅作为具体的项目主持人或参与者而非项目承担者，因此，财政性资金资助的项目完成后，单位作为项目承担者享有所有权，而发明人只能分享成果带来的收益，不能直接共有成果，因此，确认职务科技成果由单位和个人共同所有的混合所有制改革与《科学技术进步法》（2021）产生冲突。

---

① 王影航. 高校职务科技成果混合所有制的困境与出路 [J]. 法学评论，2020（2）：75.

（二）科研人员享有职务科技成果所有权违反《促进科技成果转化法》的限制性规定，涉嫌违法侵犯单位权益

美国 1980 年通过的《拜杜法案》（Bayh-Dole Act）允许高校取得政府资助的科技项目成果的所有权，允许高校和科研人员自主决定科技成果的专利申请、专利成果转化及利益分配，从而激励了高校对科技成果进行转化并实施商业化利用。为了促进科技成果转化，我国借鉴了美国《拜杜法案》的做法，通过立法赋予高校和科研机构科技成果处置权，奠定了科技成果混合所有制改革的基础。然而，相关法律虽明确规定对做出重要贡献的职务科技成果完成人和转化者给予奖励和报酬，但无意改变高校和科研机构科技成果的国有性质。譬如，《促进科技成果转化法》（2015）限制单位在职务科技成果转化前向个人进行权属分配，依据该法第十九条的规定，国家设立的高校和科研机构的职务科技成果完成人和参加人对职务科技成果进行转化时，不能变更职务科技成果的权属，将职务科技成果和技术资料、数据占为己有是侵犯单位权益的行为。职务科技成果混合所有制"先确权，后转化"的做法违反了《促进科技成果转化法》（2015）限制权属变更、"先转化，再奖励股份、利润等"的规定。

（三）《专利法》对允许科研人员享有职务科技成果所有权的情形界定不清晰，职务科技成果约定共有缺乏法律依据

职务科技成果包括两大类，第一类是科研人员基于职责做出的发明创造。根据专利法的规定，执行本单位任务完成的发明创造属于职务发明创造，其专利申请权以及申请批准后的专利权均归单位所有，即单位是原始权利人。基于职责做出的职务科技成果由于反映了单位的意志以及依赖单位的物质技术投入才能完成，被法定"雇主优先"，即职务科技成果为单位原始所有。第二类是科研人员利用工作资源做出的发明创造。在劳动合同载明的职责范围和业务领域之外，科研人

131

员利用所在单位的资金、尚未公开的技术资料、尚未公开的技术成果或阶段性成果、设备和材料等，或者在工作时间、业务领域内做出的发明创造，属于职务发明创造。专利法对这类职务发明创造的权利归属再次细分为两种情形，一种是法定情形，即主要利用单位的物质技术条件完成的职务发明创造的专利申请权和专利权依据法律规定原始归单位所有；另一种为约定情形，即利用单位的物质技术条件完成的职务发明创造的专利申请权和专利权可以由单位和员工协商约定权属分配。法定情形和约定情形之间的差别为是否有"主要"二字。实际上，基于科研项目做出的研究成果，由于高校是项目完成单位，项目经费也由高校财务部门统一管理，实践中所有的科研成果均被认定是主要利用单位的物质技术条件完成的，科技成果所有权当然属于单位。高校的科研管理主要以结果为导向，判断科研过程是"主要利用"还是"利用"单位的物质技术条件是非常困难的。这使得实践中职务科技成果采用约定方式确定权利归属是否符合《专利法》的规定备受质疑。《专利法》（2020）第十五条第二款鼓励被授予专利权的单位在专利成果转化之后，采取股权、期权和分红等形式对发明人或设计人实施产权激励。因此，单位在未申请专利之前采取产权激励的方式对科技成果进行所有权的划分缺乏明确的法律依据。

（四）职务科技成果共有不利于确立公平分享的价值导向

《促进科技成果转化法》（2015）明确将科技成果转化净收入50%以上奖励给成果完成人，奖励力度已远超美国等发达国家，完成相关科学研究原本是科研人员职责所在，科技成果归单位所有也理所应当。科技领域的混合所有制改革突破了国有高校、科研院所科技成果属于国有资产的底线，可能会成为国有体制内其他领域类似改革的理由，动摇国有体制的根基。① 对改革正当性的质疑还来自改革使部分科研人员获得了过高或者额外的收入，奖励力度过大，分配机制不合理。在改革方案中，成果完成人获得了高额的所有权奖励，较多单位采取了3∶7的比例，即单位占科技成果产权的30%，发明人占70%，高比例的所有权回报仅考虑了科研人员，忽略了所在部门及其他科研辅助人员的劳动价值，被认为可能影响社会公平和价值导向。②

二、职务科技成果混合所有制改革的合理性有较大争议

（一）职务科技成果混合所有制改革可能造成科技成果转化的低效率

职务科技成果混合所有制改革将科技成果所有权同时分配给单位和发明人，改革的质疑者认为这会导致权利行使的低效率。如果单位与发明人之间就科技成果转化产生分歧，任何一个共有权人均可以对权利行使进行限制，阻碍科技成果的顺利转化，有违职务科技成果混合所有制改革的初衷。改革虽然考虑了发明人创造性劳动的价值，但是降低了成果转化的效率，不能达到促进科技成果转化的实际效果。

改革的支持者认为职务科技成果混合所有制改革没有增加决策的复杂度，而是提升了决策的效率。③ 已有的科技成果转化成功案例表明，发明人才是职务科技成果转化的主体，他们找寻投资方，单位仅

---

① 陈柏强，刘增猛，詹依宁. 关于职务科技成果混合所有制的思考［J］. 中国高校科技，2017（A2）：130−132.
② 曹爱红，王涵，王艳辉. 职务科技成果所有权的法律归属研究［J］. 科技中国，2018（5）：76−77.
③ 康凯宁，刘安玲，严冰. 职务科技成果混合所有制的基本逻辑——与陈柏强等三位同志商榷［J］. 中国高校科技，2018（11）：50.

仅是配合进行科技成果的分割、确权、评估和注册。① 在做出转化决策时，无论共有产权人有多少位，经济人的理性都会驱使他们达成一致。② 而改革的质疑者则认为，改革前职务科技成果归单位所有，单位享有完全的使用权和处置权，科技成果的权属明确，利益主体相对简单，利于建立高效的决策机制；改革之后，主体多元化、复杂化，不同利益主体观察问题的角度、对成果转化方式的认识、对成果转化的期望等因素差异巨大，决策机制渐趋复杂。③ 显然，质疑者认为产权越集中越能降低交易成本。更有质疑者提出，改革在一定程度上限制了试点单位的成果实施权，使其丧失了成果转化组织实施过程中的主动权，最终严重阻碍了科技成果的转化。④

（二）促进职务科技成果转化不能一刀切地推行科技成果混合所有制改革

有学者总结科技成果转化的方式包括了以下几种模式：知识产权营运模式⑤、高校教师自选创业模式、师生联合创业模式、企业项目委托模式、中介机构入股模式以及科技成果混合所有制模式。⑥

知识产权营运模式，即以知识产权为中心，以技术转让、许可、作价入股和知识产权质押等方式进行技术转移。此模式下，高校不参与企业的经营管理，仅获得知识产权许可转让费用或股权收益，风险可控。

---

① 康凯宁. 职务科技成果混合所有制探析［J］. 中国高校科技，2015（8）：71.
② 康凯宁，刘安玲，严冰. 职务科技成果混合所有制的基本逻辑——与陈柏强等三位同志商榷［J］. 中国高校科技，2018（11）：50.
③ 陈柏强，刘增猛，詹依宁. 关于职务科技成果混合所有制的思考［J］. 中国高校科技，2017（A2）：132.
④ 陈柏强，刘增猛，詹依宁. 关于职务科技成果混合所有制的思考［J］. 中国高校科技，2017（A2）：132.
⑤ 罗林波，王华，郝义国，等. 高校科技成果转移转化模式思考与实践［J］. 中国高校科技，2019（10）：18－19.
⑥ 赵雨菡，魏江，吴伟. 高校科技成果转化的制度困境与规避思路［J］. 清华大学教育研究，2017（4）：110－111.

高校教师自行创业模式，即高校教师依据相关政策以自己的科技成果入股，联合社会资本创建科技型企业。此种模式下，高校通过资产管理公司持有科技企业的部分股份，原则上并不控股，但是会为科技企业的发展提供后续技术支持。此种模式的特点是高校教师按照政策办理离岗创业或在岗兼职手续，以全身心地从事企业经营管理。但是这种模式下高校教师创业往往难以避免将单位成果侵占为个人所有的问题。

师生联合创业是高校将教师的科技成果通过专利许可或者转让给学生，由学生将该技术投入企业并负责企业运营，并明确了学生和高校、教师之间的收益分配。由于学生对高校教师的成果比较了解，因此，技术成果转化不受中介环节缺失的影响。

企业项目委托模式，即企业发起科研合作项目，高校提供技术服务和技术支持的科技成果转化方式。该模式的特点是高校提供的技术切实符合企业需求，能较好地提高成果转化效率。

中介机构入股模式，即中介机构同时提供技术转移服务与资金支持。这种模式有利于建立完善的技术评估和市场定价机制。

试点单位科技成果转化模式受到单位性质的影响，同成果的公益性质或市场性质也有关系。从单位性质看，部分试点单位承担了国家军工领域的科学研究或者具有战略性的重大基础性科学研究，职务科技成果混合所有制改革可能影响国家安全，职务科技成果转化需要不断优化改革方案，考量技术成果转化中国家安全等重大问题。从科技成果性质看，公益性质的科技成果研发周期长、经济效益不突出，成果转化还需要财政持续支持，市场性较差。此外，成果的转化形式受科技成果的简单性与复杂性的影响。简单的科技成果可以通过许可、转让的方式实现的转化，职务科技成果混合所有制改革的必要性不突出。复杂的科技成果，成果转化的出资方仅凭自身经验难以判断技术实现的可能性及完成经济价值、市场价值评估，如果所有权人仅将科技成果转让给受让人或者向被许可人提供使用权，而不提供进一步的技术开发和技术信息支持，那么在很多情形下将难以充分实现科技成果的价值。由于复杂科技成果具有一定的人身依附性，转化的关键因素是发明人的隐性知识[①]，因此复杂科技成果的转让通常采用技术作价入股的方式。作价入股的方式将发明人和投资方的利益捆绑在一起，减少了企业前期的现金压力，对发明人而言，持有股权的长期收益高于许可或一次性转让获得的收益。此时，职务科技成果混合所有制改革有其必要性。

三、职务科技成果混合所有制改革面临国有资产管理法的掣肘

（一）财政资金举办的高校和科研机构的财产属于国家所有

国家出资设立的高校和科研机构属于国家所有，《事业单位国有资产管理暂行办法》规定，事业单位国有资产实行国家统一所有，政府分级监管，单位占有使用的管理体制。《教育部直属高等学校国有资产管理暂行办法》也规定，高校国有资产包括用国家财政资金形成的资产、国家无偿调拨给高校的资产、按照国家政策规定运用国有资产组织收入形成的资产等，既包括了固定资产，又包括无形资产、流动资产、在建工程、对外投资、受托代理资产等。显然，国有高校和科研机构的资产属于国家所有，而非国家出资设立的事业单位所有。此外，《民法典》第二百五十六条规定，国家举办的事业单位对其直接支配的不动产和动产，享有占有、使用以及依照法律和国务院的有关规定收益、处分的权利。《民法典》对事业单位是否拥有其可支配财产的所有权的规定模棱两可。《高等教育法》第三十八条第一款规

[①] 徐兴祥，俞仕琳. 职务科技成果混合所有制改革的实践成效及完善建议——基于四川省33家改革试点单位的实证分析［J］. 中国科技论坛，2022（12）：113.

定，高校对举办者提供的财产、国家财政性资助的财产以及受捐赠财产依法自主管理和使用，该法未明确高校对其财产拥有所有权，仅规定了高校具有自主管理和使用的权利。因此，国家对投入大学和科研机构的资产享有所有者权利。

(二) 财政资金投入的科研项目产生的科技成果属于国家所有

国有高校、科研院所取得的科技成果作为国有资产当然属于国家所有，政府有关部门依法对国有高校和国有高校资产行使管理和审批的权力。由于国有高校、科研机构从事的基础研究、重大研究和其他前期投入较大、风险较高的研究具有公益性和非营利性特点，通常需要国家大量的财政资助，对于财政资金资助的研究项目科技成果的归属，2007年修订的《科学技术进步法》规定项目承担者依法取得财政经费支持项目的知识产权，2015年修订的《促进科技成果转化法》进一步将科技成果的使用权、处置权和收益权赋予高校等科技成果完成单位，但是在该法中并没有出现科技成果所有权和科技成果所有人的表述，而是采用了"持有人"的表述方式，例如《促进科技成果转化法》(2015) 第十六条和第十八条规定，国家设立的高校、研究机构对其科技成果均享"持有权"，其权限为"掌管、保有"，并不享有"所有权"绝对的排他权和支配权。[①] 即使国家将成果持有权下放给国有的高校和科研院所也不能否认科技成果的国有属性。

(三) 国有资产管理法被视为制约科技成果转化的最大瓶颈

职务科技成果混合所有制改革将部分科技成果所有权分割给发明人，虽然改变了这部分股权的国有资产性质，但由于单位持有的部分产权仍然属于国有资产，仍需要按照国有资产管理法进行管理，因

---

① 吴寿仁. 赋权与否对职务科技成果转化的影响研究 [J]. 创新科技，2022 (7)：13-20.

此，国有高校、科研机构科技成果转化需要符合国有资产管理法。然而，目前的国有资产管理法与科技成果转化不相适应。《科学技术进步法》（2007）将财政资金资助的科技成果所有权赋予高校，然而，由于高校本身没有科技成果转化的义务，科技成果转化的收益按照"收支两条线"的规定上交国库，同时转化过程中如果科技成果作价太低，还面临国有资产流失的风险和质疑，高校即使享有科技成果的处置权也没有转化科技成果的积极性。事业单位处置科技成果等国有资产时需按照《事业单位国有资产管理暂行办法》的有关规定严格履行上报审批手续。因此，改革措施的出台后并没有发生预期中的高校科技成果转化井喷现象。对改革政策的反思，促成了2015年《促进科技成果转化法》的修订，高校、科研机构可以自主决定科技成果的转让、许可或投资作价，上级及财政部门对于单位科技成果处置行为不再审批或备案，并且科技成果转化所获得的收入全部留归本单位。通过简政放权，国有高校、科研院所等被赋予了职务科技成果使用权、处置权和收益权，但这并没有改变国有高校、科研单位科技成果属于国有资产的性质。因此，从国有资产管理角度看，高校以转让、许可和作价入股等形式对科技成果进行转化属于国有资产的使用、处置和收益行为。

第一，目前的高校国有资产管理体制存在着防止国有资产流失与促进国有资产保值增值目标的失衡。职务科技成果混合所有制改革前，国有资产登记、审批、评估等管理严格、程序复杂、周期长，易使其错过投资增值的最佳时期，导致国有资产的隐性流失。[1] 随着职务科技成果混合所有制改革的深入，政策不断释放出利好，为相关单位"松绑"，以打消改革者的顾虑。财政部2019年修订了《事业单位国有资产管理暂行办法》，第五十六条规定国家设立的研究开发机构、

---

[1] 郝佳佳. 公立高校职务科技成果转化政策研究[D]. 上海：华东师范大学，2021：129.

高等院校对其持有的科技成果，可以自主决定转让、许可或者作价投资，不需报主管部门、财政部门审批或者备案，且允许国家设立的研究开发机构、高等院校转化科技成果所获得的收入全部留归本单位。国家通过设立高校、科研机构自主处置科技成果的宽容条款，取消财政部审批备案，简化国有资产产权登记事项，使高校在管理科研成果中的无形资产时有别于一般的国有无形资产，试图消解高校、科研单位转化科技成果的法律障碍。然而，该办法受国有资产"保值增值"固有理念的制约，要求高校在处置职务科技成果时也必须做到"资产的保值增值"。[①] 依据该办法的要求，事业单位将国有资产用于对外投资等时需要履行保值增值的职责，且上述规定并没有对高校转化科技成果做出例外性规定。

第二，科技成果中的无形资产价值评估仍然是一个难题。以专利为例，不同评估机构对同一专利的评估价格差异过大，尤其是尚未投入市场的专利如何评估尚缺乏专业机构和有效方法，导致实践中高校按照《事业单位国有资产管理暂行办法》要求对科技成果进行评估时，如果专利对外转让或者作价入股时价格或者估值较低，后期专利转化后创造巨大市场价值或者作价投资的公司上市，决策者就会面临专利等科技成果估值太低导致国有资产流失的质疑，增加了决策者的压力和顾虑。

第三，职务科技成果协商定价的方式操作困难。《事业单位国有资产管理暂行办法》第四十条规定，国家设立的研究开发机构、高等院校将其持有的科技成果转让、许可或者作价投资给非国有全资企业的，由单位自主决定是否进行资产评估。实际上有较多职务科技成果混合所有制改革的试点单位为了推动科技成果的转化，将科技成果以转让、许可或作价入股等方式进行交易时是通过和交易对方协商进行

[①] 王影航，李金惠，李炳超．职务科技成果赋权改革的法治标准及优化路径研究[J]．科技进步与对策，2023（4）：100．

定价的，虽然为保证协商定价的公平性和合理性，该办法第五十六条规定应当在本单位对科技成果转让价格进行公示，但是协商定价会不会被视为串通作弊、暗箱操作等低价处置国有资产的违法违纪行为还需进一步明确。此外，根据《实施〈中华人民共和国促进科技成果转化法〉若干规定》第十条，单位领导履行勤勉尽职和忠诚义务，在"未谋取非法利益"的基础上，可以免除单位领导在科技成果定价中因科技成果转化后续价值变化产生的决策责任，意在为职务科技成果混合所有制改革过程中给决策者和改革者一定的试错容错的制度空间，但是在涉及高校、科研单位国有资产管理的《事业单位国有资产管理暂行办法》并无相关规定。由于《事业单位国有资产管理暂行办法》第五十二条增加了关于串通作弊、暗箱操作等低价处置国有资产的规定，高校、科研机构等事业单位在转化科技成果时仍然不得不走评估程序。

第四，科技成果中的无形资产管理不善导致部分高价值专利流失。目前对于专利价值的评估仍然是一个难题，专利价值难以量化估值导致实践中高校按照事业单位国有资产管理的有关要求对专利等无形资产进行管理时无法按照会计准则的要求建立国有资产管理台账，对国有资产管理着重关注资产使用和处置过程的资产价值变化，国有科技成果转让、许可、作价入股价格过低，则存在国有资产贱卖的嫌疑，科技成果作价入股的公司产生运营损失则存在国有资产贬值的风险，但是如果科技成果处于未加以利用的状态，则不被视为资产贬值。高校的非营利性质使高校在日常经营管理中重视资产构建，忽视资产管理，[①] 高校对无形资产管理重申请、轻维护和营运，导致相当部分高价值专利的流失。高校科技成果通常由发明人负责缴纳专利费用，高校作为专利的所有权人并不负责缴纳专利维持费用，也没有承

---

① 杨西南，何涛，肖鹏. 高校国有资产管理存在的问题及其措施分析［J］. 商业会计，2021（15）：78.

担专利的维护责任，高校教师申请和维护专利的目的通常与职称评审、项目结题有关，一旦发明人判断专利没有价值，便会停止缴纳专利费用，导致专利失效，其中不乏具有价值的专利技术，造成国有资产的大量流失。

第五，科技成果中的无形资产管理薄弱，未充分挖掘科技成果的经济效益。高校科技成果中的无形资产主要包括专利权、非专利技术、商业秘密、软件、著作权等，对无形资产进行管理时，用于支持科研创新的项目经费归财务部门管理，创造出的科技成果鉴定登记由科研管理部门管理负责，科技成果的评估、出让等则归国有资产管理部门跟进。无形资产管理往往涉及学校财务部、科研管理部门、国有资产管理部门等多个部门，如果将国有资产作为经营性国有资产对外投资则由资产经营公司管理。无形资产管理部门众多，管理流程烦琐，又未明确各部门所分管资产的具体范围，导致各资产管理部门间产生重复交叉管理或管理"空档"、推诿管理的现象。如何在保证国有资产的安全和保值的同时，又最大化地发挥科技成果无形资产的真正作用，实现从知识产权向知识资产的转化是国有资产管理需要解决的问题。①

四、职务科技成果共有权人的权利、义务缺乏规定

（一）未明确职务科技成果共有权的性质

改革前，国有高校和科研院所科研人员完成的科技成果均被视为职务科技成果，由单位享有科技成果所有权，发明人只能有相应的署名权及科技成果转化后的奖酬权，因此发明人在单位科技成果的处置

---

① 肖尤丹. 我国大学技术转移中的知识产权政策挑战［J］. 科技促进发展，2011（7）：61.

中并不能参与决策，收益分配方面处于弱势地位。改革后，单位和发明人之间的利益分配方式和分配比例明晰化，收入分配机制中也体现了增加知识价值的利益分配导向。但是职务科技成果混合所有制改革方案并未明确职务科技成果共有权属于共同共有还是按份共有。依据《民法典》的规定，共有分为共同共有和按份共有，共同共有是指共有人对共有的不动产或者动产共同享有所有权。按份共有是指共有人对共有的不动产或者动产按照其份额享有所有权。如果将专利共有权视为共同共有关系，则各共有人应该对共有的财产平等地享有权利和承担义务，共有人不仅共同享有所有权，对外也共同负担连带责任；共有人行使权利时必须处理好与其他共有人之间的利益关系，共同使用、处分财产均需要全体共有人协商一致，在共有关系解除前，共有人不得擅自处分共有财产，不能自由转让共有份额。而如果将科技成果共有视为共同共有，则存在着转让不便和分割不便的问题，而相应的，按份共有则具有转让便利和分割便利的优势和特点。① 按份共有可确定共有份额，可以自由转让或处分，甚至设定抵押权或质押权，便于共有人迅速抓住成果转化的时机，做出成果转化决策，实现成果的竞争优势。

目前，由于《专利法》（2020）要求除任何共有人单独实施或以普通许可方式许可他人实施外，共有人之间应当对专利权的行使明确约定，否则需要全体专利权人一致同意。基于规定，一般认为专利权共有是共同共有。国家专利局的专利登记制度也规定专利登记时并不明确登记各共有人享有的份额比例，表明法律赋予专利权共有人在法律和利益上的抽象平等权。该改革虽然确认了专利申请权和专利权共有，但是未对共有专利的申请、实施、处分、维持和保护等作出具体规定。

---

① 何敏, 张浩泽. 论按份共有规则在职务发明制度中的确立[J]. 科技与法律, 2018 (5): 4—5.

（二）发明人在职务科技成果共有权中处于附属地位

发明人取得科技成果共有权的依据主要是依合同约定的继受取得方式，而非源自法律规定的原始取得方式。原始取得有利于单位和发明人达成权利平衡，继受取得从权利来源上看，单位具有对发明人限制的可能性。[①] 正在开展的职务科技成果混合所有制改革处于探索赋予科研人员职务科技成果所有权或者长期使用权制度的阶段，然而，从试点单位的确权程序来看，无论是对既有专利进行确权分割，还是对新申报专利进行确权分割，均是由职务发明人提出奖励申请并与单位签订奖励协议，单位根据协议约定，对既有专利向发明人出具专利变更所需材料，专利局将专利权变更为单位和发明人共有；对于新申请审查中的专利，单位出具专利申请人变更所需材料，追加发明人为共同申请人；对于尚未申请的专利，由单位和发明人共同申请、共同所有。因此，发明人必须向单位提出申请，与单位签订协议才能确认专利共有权。还有的试点单位明确规定了发明人填写确权审批表并提供相应材料，先由二级单位审核，然后经资产处、设备处、后保部审核后交行政办公室审核；审核完毕后由科研院组织确权小组评审确认发明人所享有的科技成果所有权比例，发明人确认权属认定结果后，科研院对外公示权属比例，最后由科研院代表试点单位与发明人签署赋予职务科技成果所有权的协议，完成职务科技成果混合所有制确权程序。[②] 从职务科技成果混合所有制的确权程序看，具有明显的单位内部行政管理特征。

从法律规定来看，《促进科技成果转化法》（2015）第十九条规定国家设立的高校、科研机构的科技成果完成人只有在不变更权属的情

[①] 楚道文，丛培虎，余晓龙. 职务科技成果共有权的政策要义及制度路径［J］. 中国科技论坛，2021（3）：40.

[②] 徐兴祥，俞仕琳. 职务科技成果混合所有制改革的实践成效及完善建议——基于四川省33家改革试点单位的实证分析［J］. 中国科技论坛，2022（12）：110.

143

况下，通过与单位的协议参与科技成果的转化，即不允许成果完成人直接获得成果的所有权。此外，根据《专利法》（2020）第六条规定，基于职责完成的专利成果和主要利用单位物质技术条件完成的专利成果专利权属于单位所有，因此，目前开展的职务科技成果混合所有制改革"对成果完成人的共有确权"实质上是在科技成果完成人初始权利缺位情形下的一种"单位赋权"。有学者将这种依合同约定方式取得、实质由单位向成果完成人转让的部分成果所有权称为"协议所有权"①，单位对确权程序具有绝对主导权，成果共有意愿的确认、确认的程序和周期、利益的分配均需要单位的审批和配合。

（三）科技成果共有权实施中的权利和义务缺乏法律规定

依据《专利法》的规定，共有权人如果未对专利的行使进行约定的，共有人可以单独实施或者以普通许可的方式许可他人实施该专利。除此之外，专利申请权和专利权的行使都应当经全体共有人同意。《专利法》中规定了法定共有下专利权人平等协商成果转化的权利、自行实施或许可他人实施科技成果的权利、利益分配的权利等。然而，成果完成人的科技成果共有权作为一种协议共有权，上述权利均不明确，依靠单位与成果完成人通过协议进行约定。从法律角度来看，确权后应对单位与成果完成人之间的权利、义务进行明确划分。

法律明确科技成果共有人权利的目的是赋予科研人员话语权，以激励成果完成人能积极主动地参与科技成果转化，并非将单位成果转化的控制权转移给成果完成人，如何平衡单位和成果完成人的权利，以及如何安排成果转化中核心的转让权、独占许可或排他性许可授予权、作价入股等成果处置权以便提升成果转化效率，法律缺少必要的安排。

---

① 楚道文，丛培虎，余晓龙. 职务科技成果共有权的政策要义及制度路径[J]. 中国科技论坛，2021（3）：40.

此外，科技成果转化方案也欠缺必要的关于义务和责任的规定。为推进科技成果转化，高校有关改革文件和方案着重于强调如何赋权、如何进行成果转化和利益分配等，但是没有明确规定混合所有制改革后高校和成果完成人负有何种义务，例如成果披露的义务、专利申请的义务、报告实施的义务等。

专利权出资中国有单位领导股权激励面临障碍。职务科技成果混合所有制改革允许科研人员享有部分所有权，科技成果作价入股出资创办企业，或者与企业联合投资成为成果转化的重要方式，同时，越来越多的科研人员自主创业或者到企业从事生产经营活动。职务科技成果混合所有制改革过程中，有科技创新成果的单位领导难免面临要"帽子"还是要股权激励的难题选择。《促进科技成果转化法》（2015）第四十四条规定，职务科技成果转化后，由科技成果完成单位对完成、转化该项科技成果做出重要贡献的人员给予奖励和报酬。但是为了避免领导干部个人利益与公共利益发生冲突，确保国有资产安全，政策文件中就领导干部的股权激励问题做出了特别规定。教育部和科技部印发《关于加强高等学校科技成果转移转化工作的若干意见》强调，担任高校正职领导以及高校所属具有独立法人资格单位的正职领导，是科技成果的主要完成人或者为成果转移转化做出重要贡献的，原则上只能给予现金奖励，而不得给予股权激励。本着多一事不如少一事的想法，有的领导干部怠于推动职务科技成果混合所有制改革。为了充分激发领导干部科技成果创新和转化的积极性，山东、内蒙古等地方开始在科技成果转化中探索领导干部的股权代持制度。上述改革仍然面临着领导干部股权代持过程中的合法权益保障、领导干部个人利益与单位利益冲突、领导干部股权代持的审批和监督等问题。

五、发明人奖酬权具有不确定性

《专利法》（2020）第十五条规定，被授予专利权的单位应当对职务发明创造的发明人或者设计人给予奖励；发明创造专利实施后，根据其推广应用的范围和取得的经济效益，对发明人或者设计人给予合理的报酬。奖励和报酬的方式，采用约定优先原则，单位和发明人、设计人可以通过约定或在单位规章制度中规定的方式来确定。如果未做约定，则可以采用《专利法实施细则》（2010）第七十七条规定的法定标准，即发明专利不少于3000元；实用新型专利或者外观设计专利不少于1000元。根据相关规定，专利实施的报酬标准为：单位自行实施的发明或者实用新型，每年给予发明人或设计人不低于2%营业利润中的报酬；单位自行实施的外观设计专利每年给予发明人或设计人不低于0.2%营业利润中的报酬。相比《专利法实施细则》（2010），《促进科技成果转化法》（2015）则细化和提升了科技成果转化的报酬和奖励的标准，国有高校、科研机构的成果完成人、成果转化的重要贡献者可以获得不低于50%的科技成果转让、许可净收入或者50%以上的科技成果作价投资获得的股份。成果实施的，可在实施转化成功投产后3~5年的营业利润中提取不低于5%的金额奖励给成果完成人和对成果转化做出重要贡献者。成果完成人的奖励和报酬在多部法律中有所规定，但是规定并不统一，且由于高校、科研机构拥有科技成果奖励和报酬的标准、兑现的时间和条件等的最终决定权，因此，科研人员的奖酬权尚有诸多不确定性。科研人员的奖酬权还受到单位职工工资总额的限制。科技成果转化中，除技术转让外，相关奖励均纳入单位工资总额管理。《促进科技成果转化法》（2015）第四十五条规定，国有企事业单位依法对完成、转化职务科技成果做出重要贡献的人员给予奖励和报酬的支出计入当年本单位工资总额，但不受当年本单位工资总额限制、不纳入本单位工资总额基数。《实施〈中华人民共和国促进科技成果转化法〉若干规定》明确科研人员在科技成果转化工作中开展技术开发、技术咨询、技术服务等活动给予的奖励，可按照《促进科技成果转化法》和该文件执行，但在实践中，除技术转让外，有的单位的技术开发、技术咨询和技术服务则仍然受到单位工资总额和工资基数的限制。

六、税收优惠政策落地和实施遇到瓶颈

激发科研人员的创新动能，使科研人员能从科技成果的市场转化中真正受益，不仅要通过改革使科研人员真正获得科技成果转化的利益，还体现为分享的收益能获得税收优惠。如果实践中没有将优惠政策落实到位，则激发科研人员活力的政策效应大打折扣。[①] 科技成果转化中存在的下列问题，一定程度上影响了科技成果的顺利转化，应当完善和落实科研人员的税收优惠政策，通过释放政策红利，持续优化科技成果转化的激励机制。

（一）个人奖励税收优惠覆盖的科技成果和成果转让方式较窄

科技成果是成果转化中的核心要素，在税收优惠政策中，不同的科技成果享有的税收优惠不同。科研人员因为科技成果转化获得的奖励，在缴纳个人所得税时，依法享受税收优惠，依据财政部、税务总局、科技部《关于科技人员取得职务科技成果转化现金奖励有关个人所得税政策的通知》规定，非营利性研究开发机构和高等学校，从职务科技成果转化收入中给予科技人员的现金奖励，可减按50%计入科技人员当月"工资、薪金所得"，依法缴纳个人所得税。但是科技人员享受税收优惠有一定的条件，其所指的科技成果仅包括专利技术、计算机软件著作权、集成电路布图设计专有权、植物新品种权、生物医药新品种等。

目前的个人所得税税收优惠政策也不能覆盖所有的科技成果转化方式。科技成果转化方式主要有三种：一是转让科技成果，包括专利

---

① 常静，芮绍炜，武雨婷. 科技成果转化股权奖励个税政策演变过程分析与启示[J]. 中国科技论坛，2020（11）：23.

权转让、专利申请权转让和技术秘密转让等；二是许可他人使用科技成果，包括专利许可和技术秘密使用许可；三是以签订技术开发合同、技术咨询合同和技术服务合同等方式为企业解决生产难题；四是以科技成果作价入股企业合作实施转化。根据上述文件的规定，能够获得个人所得税税收优惠的成果转化方式仅包括非营利性科研机构和高校向他人转让科技成果或者许可他人使用科技成果。以技术开发合同、技术咨询合同和技术服务合同等方式进行科技成果转化获得的收入奖励，以及单位自行实施转化收益奖励或者作价入股企业合作实施转化获得的股权收益奖励都无法享受税收优惠。

（二）个人所得税优惠政策对科技成果转化主体限制大

当高校国有资产公司代表高校持有科技成果作价出资并将获得的股权奖励给科研人员时，科研人员无法享受税收递延的优惠政策。个人所得税递延缴纳是指员工在取得股权激励时可暂不纳税，递延至转让该股权时纳税；股权转让时，按照股权转让收入减除股权取得成本以及合理税费后的差额，适用"财产转让所得"项目，按照20%的税率计算缴纳个人所得税。高校以作价入股形式进行科技成果转化时，将科技成果作价投资到企业，再将投资形成的股权奖励给科研人员，依据个人所得税法的有关规定，科研人员取得股权时，由于股权是有价证券，因此，科研人员应当就股权奖励缴纳个人所得税，且按照工资薪金所得缴纳税款，最高可能适用45%的税率；如果企业经营情况良好，科研人员转让所持股份时，还需就股份增值部分缴纳个人所得税，按照财产转让所得缴纳个人所得税，税率为20%。因此，在没有个人所得税递延缴纳的情形下，科研人员需要缴纳两次个人所得税；在有个人所得税递延缴纳的情形下，科研人员仅需要在股权转让时就股权转让收入按照财产转让所得缴纳个人所得税，税率也较低。同时，如果科研人员所持股份价值下跌，那么科研人员还可就下跌部分少缴税款，降低了科研人员的风险。因此，个人所得税递延缴纳制度对科研人员而言是实在的税收优惠。

然而，上述个人所得税递延缴纳制度在实际操作中落实困难。国家税务总局出台了《关于促进科技成果转化有关个人所得税问题的通知》，明确了科研人员享受个人所得税递延缴纳税收优惠的条件有4个：(1) 职务科技成果的单位主体仅包括国家设立的科研机构和高等院校；(2) 获得股权奖励税收优惠的科研人员是在编正式职工；(3) 高新技术成果作价出资才能享有税收优惠，高新技术成果需要科技部门和工商部门的认定；(4) 企业注册和股权奖励的证明材料需要国有资产管理部门审批。由于市场体制比政府部门认定更能反映科技成果的真实价值，后来，国家税务总局废止了要求科技部门和工商部门提供高新技术成果入股认定书的要求。然而，科研人员个人所得税递延缴纳受到了高校管理体制的影响和限制。为了规范高校产业管理体制，2005年开始，教育部要求高校依法组建国有独资性质的资产经营有限公司，或从现有校办企业中选择一个产权清晰、管理规范的独资企业（简称"高校资产公司"），将学校所有经营性资产划转到高校资产公司，由其代表学校持有对企业投资所形成的股权。虽然2016年教育部、科技部联合下发的《教育部科技部关于加强高等学校科技成果转移转化工作的若干意见》明确了高校在科技成果转化中有权以科技成果作价入股，高校因此获得了在科技成果转化中的投资主体地位，但在实践中，高校仍然多依托高校资产公司投资运作。由于职务科技成果持有单位是高校资产公司，而不是高校，相关科研人员因此无法享受个人所得税递延缴纳政策。

（三）非高校正式在编人员难以享受个人所得税优惠

由于国家税务总局规定个人所得税递延缴纳必须是国家设立的科研机构和高等院校的正式在编人员，因此，非在编科研人员群体无法享受个税递延政策。除了不能享受个税递延缴纳优惠，非在编科研人员也不能享受个税分期缴纳优惠。

个人所得税分期缴纳也是对科研人员的税收优惠。财政部国家税务总局联合印发的《关于推广中关村国家自主创新示范区税收试点政策有关问题的通知》规定，对高新技术企业转化科技成果，给予本企业相关技术人员的股权奖励，个人一次缴纳税款有困难的，可根据实际情况自行制订分期缴税计划，在5年内分期缴纳。分期缴纳相当于给予纳税人一定期限和额度的无息贷款，缓解了纳税人的缴税压力。而且如果后期高新技术企业破产，技术人员转让股权时未取得收益的，对未缴纳的税款可以不予征税，一定程度上降低了股权奖励的风险。但是分期缴纳税款是给予高新技术企业技术人员的税收优惠措施，因此，高校非在编科研人员无法享受个税分期缴纳政策。

此外，在科技成果研发和转化过程中做出重要贡献的外单位合作人员、退休职工和学生，也无法享受相关政策。

（四）"先确权，后转让"模式下科研人员是否享有税收优惠不明确

现行税收优惠政策主要针对高校以自己名义或者国有投资公司名义将科技成果作价入股企业，再将投资形成的股权奖励一部分给科研人员或者对成果转化有重要贡献的人员，即"先投后奖"，但是对目前正在进行的职务科技成果混合所有制改革"先奖后投"模式下科研人员是否也同等享有税收优惠并不明晰。

七、缺乏配套制度影响了改革效果

职务科技成果进行分割确权只是成果转化链条中的起步环节，如果缺乏必要的配套的制度，则可能使改革陷入停滞，演变成"为确权

而确权"。① 国家知识产权局发布的《2022年中国专利调查报告》显示，目前高校、科研院所与企业的合作方式主要包括为企业提供技术服务或咨询、接受企业委托开发新技术、向企业转让技术或许可企业使用技术、以技术作价入股、共同承担国家或地方项目、根据企业需要开展联合研究、以创新联合体方式长期合作以及人才联合培育合作等，其中，为企业提供技术服务或咨询成为最主要的合作方式，约95.8%的高校采用了此种合作方式；以技术作价入股的方式进行合作的高校数量最少，约14.2%的高校采用了此种合作形式。2022年，我国发明专利产业化率为36.7%，较上年提高1.3个百分点。其中，高校发明专利产业化率为3.9%，较上年提高0.9个百分点；企业发明专利产业化率为48.1%，较上年提高1.3个百分点。高校发明专利转化率明显低于企业发明专利转化率，表明科技成果转化的主体是企业，提升高校科技成果转化率必须加快推进产学研的深度融合。目前虽然高校为了推动职务科技成果转化，不断加强科技成果的营运管理体系建设，50.8%的高校设立了专利转移转化机构，但是高校与企业开展技术合作创新仍需要不断深化，高校与企业间需求不匹配造成的科技成果转化壁垒必须打破。

（一）缺乏保障高质量科技成果源头供应的相关制度

目前我国的高质量科技成果供应仍然不能满足市场的需求，影响了科技成果的转化效率。目前，高校的首要职能仍然是教育，且高校科研考核体系并不包含科技成果转化率。为了职称考评进行的专利申请会使专利数量大幅度上升，但无法提升专利质量。专利质量不高是高校科技成果转化率低下的重要内在因素。② 部分没有价值的科技成

---

① 张铭慎. 如何破除制约入股型科技成果转化的"国资诅咒"？——以成都职务科技成果混合所有制改革为例 [J]. 经济体制改革，2017（6）：121.
② 陈实，张泊帆. 基于专利数据的西部高校科研成果转化问题及对策研究 [J]. 中国发明与专利，2022（12）：5—17.

果不具有转化的价值和意义,更不具备转化的市场。目前,高校科技成果从成熟度进行区分,可分为三类:(1)技术本身比较成熟、成本效益上具有经济性;(2)技术本身比较成熟,但尚不具备投入生产的成本效益上的经济性;(3)专利本身的技术成熟度较低,无法投入生产。因此,制约高校科技成果顺利转化的关键因素是可转化科技成果的产出率过低,而不是转化本身的产出率低。[①] 科技成果的质量是影响科技成果转化的决定性因素,应当建立科技成果转化的考评制度,将成果转化率引入高校科研考核指标中。

(二)缺乏持续推动科研人员参与科技成果转化的相关制度

高校和科研机构的科研人员缺乏转化科技成果的动力。高校、科研机构等单位面临国有资产管理制度僵化、单位薪酬限高、国有单位领导干部持股和兼职限制等约束,致使目前有的单位职务科技成果混合所有制改革及科技成果转化工作举步不前。高校科研资金主要依靠财政拨款,科技成果转化缺少必要的资金,转化过程中风险大,耗费巨大人力、物力,且科技成果转化是一个连接科研和市场的专业性工作,为满足单位考评要求,实现职称晋升,高校科研人员埋头做研究,在项目申报、项目研究、论文发表、专利申请等方面下功夫,但面对复杂的成果转化流程和未知的技术市场,他们缺乏科研成果转化的动力、能力、资源和支持。

(三)缺乏兼具创新性与实用性的人才培养制度

高校是承担国家基础性研究的最主要力量,汇聚了大量的优秀科技人才,具备科技自主创新的优势,但是高校科研和人才培养模式不能与企业需求相匹配。科技成果的转化需要与市场接轨,高校不具备

---

① 徐国兴. 我国高校科研成果转化的现状、问题和对策分析[J]. 高等理科教育,2013 (6):27—33.

实施科技成果的条件。高校每年都向企业输送大量的科技人才，然而这些人才并不能完全符合企业自身发展需求。一方面，创新型的高科技产品和应用需要以基础科学为基础；另一方面，纯粹的科技理论学习者往往难以适应企业管理模式，无法适应科研人员和工程师的双重身份。

（四）缺乏保障科技成果中试环节必要投入的相关制度

在科技成果产出到产业化的中间过程，专业化服务体系存在薄弱环节。职务科技成果权属改革作为科技成果转化的必要条件，并不能解决职务科技成果转化的所有问题，如果说职务科技成果混合所有制改革解决了职务科技成果"不愿转"的问题，那么中试环节则是在解决没有成熟科技成果可转的问题。一项新技术从取得原理突破和实验验证到产业化落地需要持续多年的研发论证和迭代更新，其间还需要对产品进行放量中试，中试也因此被称为产品大规模量产之前的小型生产模拟试验，针对技术成熟度不高的科技成果，先中试后孵化能极大地提升科技成果转化率。作为工业生产中必不可少的环节，中试并非一次性的验证行为，而是一个循序渐进的过程。在中试的过程中，产品从小批量试验开始，到放大产品数量，需要投入大量的人力、资金、设备，对于高校和科研机构而言，前期的研究开发有国家投入的科研经费支撑，但是科技成果要想实现产品化，高校还缺乏相应的资金、生产设备和转化动力。对企业而言，则面临着科技成果是否适合转化以及如何进行转化才能降低成本等问题，转化过程投入大、风险高、缺乏专业人才和研发能力，是企业不敢中试的原因。因此，科技成果转化中呈现出前端技术研发和后端相对较强、中间技术成果产业化环节较弱的"两头强，中间弱"现象。缺乏实施科技成果产业化的高端专业人才、资金、设备和场地，导致科技成果转化中间链条断裂，因此，在高校和企业之间搭建科技成果转化的桥梁非常重要。

我国高校、科研院所的科技成果转移至企业存在的困境被视为科技成果转化的"死亡之谷",要跨越科技成果从研发端到产业端的"死亡之谷",除了需要解决高校和科研人员"想转"和"敢转"的问题,还需要科技成果具有"能转"的产业化适应性。① 我国应通过完善配套制度,密切高校、科研院所科技创新与企业生产需求之间的联系,建立科技与经济之间的桥梁,才能真正推动科技创新与转化。

---

① 马碧玉. 促进科技成果转化的科技体制改革研究——基于当前政策调整与制度完善的思考[J]. 中国高校科技,2022 (6): 92.

第四章 国外促进高校、科研院所国家财政资助科技成果转化的立法、经验与启示

高校、科研院所国家财政资助的职务科技成果知识产权如何分配，才能有效地促进科技成果转化，促进产业和经济的发展？一些国家进行了相应的探索，如美国、德国、日本、英国和法国。这些国家的探索经验值得我国研究与学习。

第一节 促进高校、科研院所国家财政资助科技成果转化的美国模式

一、美国科技成果转化的相关立法和实践制度

美国是当今世界的发达国家、科技强国、第一经济大国，在资本主义角逐的历史进程中，美国仅仅用 100 年左右的时间，就已赶超老牌资本主义国家成为世界第一大科技强国，这离不开其针对科技创新和科技成果转化制定的一系列的法律制度和政策措施。为促进科技成果转化，加快科技创新，美国政府先后出台了一系列法律法规和政策

来为科技创新和科技成果转化提供强有力的法律保障。同时，还制定了很多为科技成果转化和促进科技创新提供可操作性的具体制度和措施保障。

美国1787年宪法第一条规定："保障著作家和发明家对其著作和发明在限定期间内的专利权，以促进科学与实用技艺的发展。"1790年，美国制定了《专利法》，1952年进行了修改，形成了今天的美国《专利法》，其第一百一十一条规定："申请专利，除本编另有规定外，应由发明人以书面向专利与商标局局长提出。"根据这一条规定，在美国无论是非职务发明创造还是职务发明创造都只能由发明人提出专利申请，发明专利的原始权利人也是发明人。且其第二百六十一条规定："专利申请权、专利权或其有关的利益，法律上均可以书面约定转让。"也就是说，发明人可以通过约定转让专利申请权和专利权。因此，从法律的规定来说，发明人与单位可以约定权利分享机制。而在共有专利权中，根据美国《专利法》第二百六十二条的规定，除有相反的约定外，专利权的每一个共同所有人都可以使用或出售其取得专利权的发明，而不必取得其他所有人的同意，而且无须向其他所有人说明。①

1979年，美国总统卡特首次把知识产权战略提升为国家发展战略。② 1980年美国国会通过《拜杜法案》，这是美国科技成果转化的标志性法律，该法案适用于包括大学在内的非营利组织及小企业。该法案明确规定：联邦政府资助研发的科技成果，高校有知识产权的自主选择权；在特定的条件下，高校放弃的知识产权经协商可由发明人获得；高校有权将科技成果转让给第三人，高校和发明人均能从交易中获得一定收益；支持校企合作，授予中小企业科技成果转让的优先选择权，共同实现科技成果产业化；在特定情况下，政府有权将成果

---

① 美国《专利法》第一百十六条规定："共同发明人发明由二人或二人以上共同完成时，除本编另有规定外，应共同提出专利申请，分别在申请书上签名并进行必要的宣誓。"
② 邹俊. 美国技术创新法律机制评介[J]. 科技管理研究，2008(11)：17—19.

第四章 国外促进高校、科研院所国家财政资助科技成果转化的立法、经验与启示

所有权转让给其认为更为合适的申请人，同时明确成果转化的义务由高校、非营利组织及中小企业承担。以上规定极大程度地调动起了发明人的主动性和积极性，使其更加重视科技成果的市场前景和实际应用价值。[①] 该法案重新理顺了科技成果产权归属问题，允美国的许小企业、大学和非营利机构拥有联邦政府资助的科技成果的所有权。

1980 年颁布的《史蒂文森－怀德勒技术创新法案》（Stevenson－Wydler Technology Innovation Act）对《拜杜法案》的不足之处进行了弥补和细化，进一步明确规定了科技成果转化后的流转和利用，并将技术转移定义为美国联邦政府的重要使命。[②] 1982 年颁布的《小企业创新发展法案》（Small Business Innovation Development Act）通过鼓励小企业发挥其拥有的技术创新能力，从而满足美国联邦政府的研发工作和市场需求。1986 年的《联邦技术转移法案》则是对《史蒂文森－怀德勒技术创新法》的补充和完善，并明确规定发明人至少可以得到 15% 的发明收益。

1999 年颁布的《发明人保护法》，在美国科技创新发展中起到了重要作用。该法案的目的在于保护发明人的合法权益，一是明确规定专利保护期可在专利商标局未按期授予专利权或者因专利权纠纷引起延误的情况下予以延长；二是加大了专利虚假宣传或其他欺骗性行为的惩罚力度。[③]

到了 21 世纪，美国还颁布了如《技术转移和商业化法》《美国发明法案》等大量的关于促进科技成果转化的法律，这些法律针对科技成果转化实践中的具体问题，给出了解决方法。可以看出，正是有了这些详细完善且与时俱进的法律法规，才使美国的科技成果转化率位

---

① 廖海宇. 我国高校科技成果转化法律制度研究 [D]. 南昌：南昌大学，2020.

② Albert Link, Donald Siegel and David Van Fleet. Public science and public innovation: Assessing the relationship between patenting at U S National Laboratories and the Bayh-Dole Act [J]. Research Policy, 2011（8）：1094-1099.

③ 黄韬. 职务发明专利权属分配制度研究 [D]. 北京：中国政法大学，2007.

居世界前列。

在美国科技成果转化相关法律规定和有关判例中，美国将涉及雇员的发明分为三种：雇主发起的发明（Employer-Initiated Inventions），雇主权发明（Shop Right Inventions）和自由发明（Free Inventions）。自由发明的专利权属于发明人所有。雇主发起的发明类似于我国的执行本单位任务所完成的职务发明创造，这种发明的专利权归雇主。雇主权发明是介于雇主发起的发明和自由发明之间的一种发明，它指的是利用雇主的资源构思、完成但又不属于职务发明创造的发明。这样的发明由雇员享有专利权，雇主享有非独占、不可转让的免许可费的实施权。[①]

在上述原则性规定前提下，在实践中是通过各州普通法以及雇主与雇员之间的协议来调整相关发明创造的。具体情形包括：

（1）无预先发明转让协议。在无预先发明转让协议的情况下，雇员是否需要将其发明的权利转让给雇主取决于其完成发明时的雇佣状态，主要有两种情况。一是，雇员如果是受雇从事发明工作的，即雇员被雇佣的目的在于从事特定发明或解决特殊问题，当发明完成时雇员必须将其发明的权利转让于雇主。[②] 即雇主独享专利财产权，雇员仅有人身权。这种权益分享机制有利于转化，因为雇员完成的是雇主的意志，雇主有充分的转化动力。二是，如果雇员不是专门从事发明工作的，则雇员享有发明的所有权，雇主可以无偿非独占地使用该发明，但不得将此权利转让给他人。[③]

（2）有预先发明转让协议。通常情况下，雇主会在雇佣开始时要求雇员签订发明转让协议，同意将其在雇佣期间完成的发明的所有权

[①] 陈家宏，饶世权．协同激励创造与转化的职务发明制度重构研究——兼论《专利法》第六条的修改［J］．中国科技论坛，2019（7）：19-26.

[②] 陈家宏，饶世权．协同激励创造与转化的职务发明制度重构研究——兼论《专利法》第六条的修改［J］．中国科技论坛，2019（7）：19-26.

[③] 陈家宏，饶世权．协同激励创造与转化的职务发明制度重构研究——兼论《专利法》第六条的修改［J］．中国科技论坛，2019（7）：19-26.

第四章 国外促进高校、科研院所国家财政资助科技成果转化的立法、经验与启示 ❖

转让给雇主。还有一些转让协议规定，在雇佣关系结束的一段时间内雇员完成的与雇主业务相关的发明的所有权也要转移给雇主。由于此类预先发明转让协议实际上使得雇主对雇员所完成的发明拥有完全的控制权，如果雇员处于弱势地位，将很难拒绝签订此类协议。因此，美国已经有几个州通过立法明确规定，预先发明转让协议不得适用于雇员完全利用自己的时间并且未利用雇主的资源所完成的发明。① 雇主积极通过协议受让专利所有权，重要因素是基于对发明创造商业价值的充分认识和转化预期，而立法的限制则是避免雇主过分利用自己的优势而无对价或低对价取得专利所有权，从而避免专利权闲置。

（3）利用联邦政府资助获得的发明。在《拜杜法案》通过之前，联邦政府资助发明的所有权一律归联邦政府，工业界只能取得非独占的许可权。"由于联邦资助的研究成果的商业化受到联邦政府知识产权所有权的阻碍，人们认为联邦政府拥有的专利没有得到充分利用。"美国联邦政府为了扭转科技成果转化率低的局面，于1980—1988年通过了一系列促进科技成果转化的法律，其中最主要的法案是1980年颁布的《专利与商标法修正案》。此外，1980年颁布的《史蒂文森－怀德勒技术创新法案》，要求政府部门推动技术转移；1982年颁布的《小企业创新开发方案》，要求联邦政府在职责范围内为小企业研发活动提供资金支持；1986年颁布的《联邦技术转让法案》（*Federal Technology Transfer Act*），授权政府机构可与非营利机构达成合作研究的开发协议，旨在促进对联邦政府和合作伙伴都有益的活动，为"产学研"更深层次的合作和开发研究提供了法律保证；1988年颁布的《贸易与竞争法案汇编》（*Omnibus Trade and Competitiveness Act*），以立法的形式鼓励企业为提高竞争力而进行技术创新。

---

① 陈家宏，饶世权. 协同激励创造与转化的职务发明制度重构研究——兼论《专利法》第六条的修改 [J]. 中国科技论坛，2019（7）：19-26.

《拜杜法案》的核心是：允许美国各高校、非营利机构和小型企业对受联邦政府资助的科技成果申请专利；允许进行独家技术转让。同时要求单位必须与发明人分享许可使用费并将许可使用费的剩余部分用于教学和研究活动。这一规定实现了高校、非营利机构和小型企业共享专利所有权，同时它们与发明人分享收益权。高校、非营利机构、小型企业拥有专利所有权，可以自主决定转化方式，即与发明人之间可以通过分享使用权、处分权、收益权等方式，促进转化。20世纪80年代，联邦政府拥有2.8万个专利，通过专利许可使用而用于生产的数量仅占5％，而美国高校在1980年以前每年获得的专利从未超过250项，实现科技成果转化的数量则更少。但《拜杜法案》通过后，到21世纪初，美国高校每年获得的专利已近4000项，高校在科技成果转让中享有可观的经济利益，公众也从中获益。虽然"大众媒介和一些人对由此产生的大学所有权模式表示欢迎，并认为这对社会有益。但有越来越多的来自大学发明家、潜在授权人针对现有模式的质疑和批评也逐渐浮出水面"。因此，有学者认为"现行的大学发明所有权模式（即大学在法律上保留对发明的所有权）无论从经济效益还是从社会利益（促进技术商业化和鼓励创业）来看，都不是最优的"，主张"赋予发明人所有权，发明人可以为发明选择商业化途径"，认为这可以解决目前大学发明商业化中功能失调的问题。

二、美国高校职务科技成果转化的实践经验

美国高校普遍设立独立的技术转移转化机构，拥有财务和人事的自主决定权，成功转化所产生的经济和社会效益是评价发明人的重要指标，并对专职人员在科技成果转化数量、产生效益等方面有任务要求。美国高校教师在不影响本职工作情况下开展科技成果转化活动所产生的各类效益，均可作为职务晋升的重要依据。有数据表明，美国排名前列的研究型高校每年为企业提供技术咨询的教师占比达50％

以上。高校教师与企业通过技术咨询这一方式了解彼此需求，形成了紧密的合作关系，为后期成果转化奠定基础。[①]

此外，美国高校普遍建立学校、院系、发明人、技术转移机构成果转化收益的四方分配机制，通过利益纽带将其连接在一起，并设置合理的收益分配比例，从而形成激励兼容的收益分配模式，实现多方共赢。[②] 对于收益的具体分配，各校一般都有自己的规定。例如威斯康星大学收取专利实施所付出的管理与运行费用，收益的20％归发明人，学校和院系按15∶85的比例对剩余收益进行分配。[③] 美国斯坦福大学首先将科技成果转化总收益的15％分配给技术转移办公室，主要用于支付该部门的转化奖励费用，以及专利申请、专利保护等费用。其余收益为科技成果转化净收益，在学校、学院和发明人之间采取比较均衡的分配方式进行分配。[④]

目前，研究者普遍认为美国高校技术转移的运行模式有两种分类。

第一种分类可将运行模式分为以下三种。一是成立完全独立于高校的第三方专业化技术转移机构，转化收益由第三方与高校分成，容易在收入分配上产生分歧。二是成立高校附属独立法人技术转移机构，一般以基金会形式成立，专门从事本校知识产权事务，再将盈利反馈给高校。三是成立高校附属技术转移机构，已成为当代美国高校技术转移的标准模式，由高校成立的技术转移机构负责专利相关事宜，从而给学校带来效益。

[①] 阚逸群. 美国高校科技成果转化的实践经验及其对我国高校的启示［J］. 洛阳师范学院学报，2022（2）：81-84.

[②] 张翼，王书蓓. 美国斯坦福大学职务科技成果转化处置权和收益权配置研究［J］. 科学管理研究，2018（6）：111-115.

[③] 阚逸群. 美国高校科技成果转化的实践经验及其对我国高校的启示［J］. 洛阳师范学院学报，2022（2）：81-84.

[④] 张翼，王书蓓. 美国斯坦福大学职务科技成果转化处置权和收益权配置研究［J］. 科学管理研究，2018（6）：111-115.

第二种分类是按照是否为营利性机构进行划分的,在美国,非营利性技术转移机构占主导地位;营利性技术转移机构占次要地位,二者各有侧重。例如美国的国家技术转移中心(The National Technology Transfer Center,NTTC)、区域技术转移中心(Regional Technology Transfer Centers,RTTCs)、联邦实验室技术转移联合体(Federal Laboratory Consortium for Technology Transfer,FLC)、民间设立的高校技术管理者协会(Association of University Technology Managers,AUTM)和高校内部的技术转移办公室(Office of Technology Licensing,OTL)等,其首要目标是促进和保障科技成果转化,而非追求经济效益,因此所提供的服务很多都是免费的,真正达到了促进科技成果转化的目的。其中具有代表性的是1970年成立的斯坦福大学技术许可办公室,其最大特点是将专利营销放在工作首位,设立技术授权专员职位,全权代表发明人和学校负责相关事宜。①

在工作分工上,各个专业化机构各司其职,分工明确。NTTC主要负责科技成果的推广,将学校、实验室以及其他科研单位的科技成果推向市场。RTTCs是按地理区域建立的六个地区技术转让中心,区域技术转移中心主要面向本地区服务,其掌握的科技成果来源于本地区的研究机构。因此,技术需求者在寻求科技成果时,只要所在辖区内能解决,一般不舍近求远。只有各自区域范围内的技术难以满足技术需求者的需求时,才会向NTTC寻求帮助。② FLC是一个国家范围内的机构,主要成员为各个联邦实验室与其上级机构,其目的是推动联邦政府资助的科技成果实现高效率转化。FLC不同于NTTC,并不属于国家机构,而是属于协会组织,要求联邦实验室以会员的形式参与其中,只有成为FLC的会员,才有共享技术信息资源的权利。

---

① 阚逸群. 美国高校科技成果转化的实践经验及其对我国高校的启示[J]. 洛阳师范学院学报,2022(2):81-84.

② 吴卫红,董诚,彭洁,等. 美国促进科技成果转化的制度体系解析[J]. 科技管理研究,2015(14):16-20.

上述专业转移机构提供的服务非常专业和全面，主要包括：（1）搭建信息平台。通过计算机网络将实验室或者科研单位的科技成果信息传递给企业，企业可以很方便地获得所需的各种技术转让信息。（2）专题培训服务。向用户提供技术转移操作方面的培训。（3）发行技术转让刊物。介绍、报道各种商业开发和研究开发方面的最新信息；宣传重大的立法及法律问题；总结成功经验；发布技术转移信息；发布有关培训的具体信息；发布科技相关的文章等。（4）专利披露与专利营销。收集筛选科研单位最新的研究成果，负责专利的申请工作，向产业推销专利，与有合作意向的企业谈判，通过签订协议保护发明人的权益。以上这些工作几乎涵盖了科技成果转化过程中的所有方面，因此，科技成果的所有者和需求者在进行科技成果转化时可以得到专业而有效的服务。①

三、美国职务科技成果转化的运行模式

美国在实践中采用双轨制运行模式促进科技成果转化。美国联邦实验室和非联邦机构都接受联邦研发经费的资助，但这两类不同的机构从经费获得、经费使用，到科技成果转化，再到转化收益分配分别遵循两套不同的法律制度，是典型的双轨制运行模式。联邦实验室的研究经费由联邦职能部门以预算管理的方式拨付，联邦实验室产出的科技成果产权属于联邦政府，联邦实验室内设的研究和技术应用办公室（ORTA）负责科技成果转化工作，转化收益在扣除应该支付给发明人的报酬后，大部分上缴国家财政部。以高校为代表的非联邦机构获得联邦政府研发经费的方式主要是通过项目申请和竞争，对完成的科技成果可以选择保留知识产权，成果转化后的收益只有小部分需要

---

① 吴卫红，董诚，彭洁，等. 美国促进科技成果转化的制度体系解析［J］. 科技管理研究，2015（14）：16—20.

上缴国家财政部门。①

1950年，美国联邦政府正式建立美国国家科学基金会（National Science Foundation，NSF），希望将第二次世界大战时期科学知识运用的成功经验延续到和平时期。②美国国家科学基金会位列高校科学与工程基础研究的联邦政府资助机构之首，为高校科技成果产出与人才培养提供了大量资金与平台支持。③针对高校等非营利研发机构，NSF的资助协议明确了以下规定：高校受资助产出专利、论文等科技成果后，应规范标注政府支持项目，及时向NSF及政府有关部门披露该成果；即便高校选择保留受NSF资助产出的科技成果所有权，仍需书面确立NSF对该科技成果非独占、不可转让、不可撤销的使用权；即便高校已将科技成果许可给国内或国外组织或个人时，NSF仍有权对未得到实际应用的许可予以撤销或修改；若在合理时间内，高校未能促成受资助成果的开发与应用，NSF有权要求高校将该成果许可给提出了完整转化计划的申请人，若高校拒绝，则NSF有权自行授予此类许可。不难发现，NSF不仅对受其资助产出的科技成果享有一部分法定的使用权力，也有对其许可和转化对象干预的法定效力。但现实中因介入权本身对高校的利益影响较大，所以对行使介入权也有着比较严格的限制。④鉴于此，2000年美国联邦政府颁布了《技术转移和商业化法》，要求研究机构向联邦政府报告受资助成果的使用和转化情况。相应地，NSF在资助协议中增添了一项要求，针

---

① 马碧玉. 美国联邦研发经费资助的科技成果转化制度体系研究[J]. 世界科技研究与发展, 2022(2): 185-198.

② Kevles D J. The National Science Foundation and the Debate over Postwar Research Policy, 1942—1945: A Political Interpretation of Science-the Endless Frontier [J]. Isis, 1977(1): 4-26.

③ Kevles D J. The National Science Foundation and the Debate over Postwar Research Policy, 1942—1945: A Political Interpretation of Science-the Endless Frontier [J]. Isis, 1977(1): 4-26.

④ 乔永忠, 朱雪忠, 万小丽, 等. 国家财政资助完成的发明创造专利权归属研究[J]. 科学学研究, 2008(6): 1181-1187.

对需要 NSF 介入和 NSF 指定的成果，高校需每年定期提交一份成果使用情况报告，报告内容应包含高校自身和已被许可使用该成果的主体对这项成果的开发情况等信息。

2018 年以来，NSF 计划进一步扩大学术界与产业界的密切联系，旨在大大提升将科学知识转化为现实生产力的能力。因此，无论是短期财政计划还是管理部门的愿景规划，NSF 均已将科技成果转化放至较高的战略层面，打通学术界和产业界科研合作的壁垒、加强产学研合作将越来越成为美国未来实现创新发展的重要举措。[①]

第二节　促进高校、科研院所国家财政资助科技成果转化的德国模式

一、德国科技成果转化的相关立法和实践制度

德国政府十分重视科技成果转化，其科技成果转化率在 80% 以上，位居世界前列，实施了很多具有德国特色的促进科技成果转化的法律和政策。德国在法律层面规定并完善了与科技成果转化相关的法律法规。这些制度在激励创新和促进科技成果转化中起到了重要的作用。

1942 年，著名的"*Goring Speer Verordnung*"法案颁布。该法案一方面规定了需要奖励发明人的基本原则，鼓励企业雇员从事更多的发明活动，另一方面也规定雇员必须在第一时间将发明告之雇主，这样企业就能尽快利用发明提高生产力。在"*Goring Speer*

---

① 康旭东，张心阳，杨中楷. 美国国家科学基金会促进高校科技成果转化的措施与启示 [J]. 中国科学基金，2021（3）：473－481.

Verordnung"法案的基础上，1957年德国颁布了《雇员发明法》，并于2009年修订。德国《雇员发明法》对职务发明的性质、范围以及归属做出了详细的规定。在职务发明的权属上，德国开创了一套全新的模式。同时，该法案也规定了发明人和单位各自在技术创新、知识产权保护、知识产权应用及收益、知识产权股权分配方面的责任、义务及相应的补偿方法，界定了职务发明与非职务发明的概念。[①]

《雇员发明法》第四条规定，"如果发明是雇员在雇佣期间做出的，源于私人企业或者公共机构的工作任务就属于职务发明，雇员的其他发明为非职务发明"。对于职务发明，发明人负有立即书面向雇主汇报的义务。雇主可以对职务发明提出无限制的权利主张或者有限制的权利主张。如果雇主提出无限制的权利主张，发明人就必须将职务发明的所有权转让给雇主。如果提出的是有限制的权利主张，则雇主享有非独占许可使用权，专利申请权和专利权依然归发明人所有。[②] 从德国《雇员发明法》的规定来看，首先，它促使雇主与雇员更加积极地维护自己的权利，刺激雇主去思考该专利是否有现实意义上的价值，以及转化之后可以带来多少利益，从而刺激了职务发明的转化。其次，它也平衡了各主体之间的权利义务，给予各主体一定的自主选择权，使专利权可以在最大程度上被利用，而不仅仅是被占有而不被使用，这也在很大程度上促进了职务发明的转化。

在确定雇员的薪酬时，德国《雇员发明法》也明确地规定了雇员计酬的方法：在雇主做出职务发明权利主张之后，雇员有权取得合理的报酬，在无限制权利主张下确定报酬时，应考虑这项发明的商业适用性，雇员在公司中的职责和所处的位置，企业为雇员完成发明提供的条件等因素；在有限制权利主张下计算报酬的方式参照无限制权利

---

① 隆云滔，刘海波. 发达国家科技成果转化股权激励政策比较研究[J]. 科技促进发展，2021（8）：1468-1477.
② 张岩. 国外雇员发明制度对中国的启示[J]. 江苏科技信息，2011（3）：14-16.

第四章 国外促进高校、科研院所国家财政资助科技成果转化的立法、经验与启示

主张的规定,并在此基础上做必要的修改。计算报酬的具体方法和数额在雇主做出要求之后的合理时间内由雇员和雇主协商决定。[①] 德国《雇员发明法》对雇员薪酬的规定是对发明人权利的肯定,这有利于激励雇员在工作中的发明创造,从根本上刺激发明创造的产生,推动科学技术的进步。

1971年德国出台了《联邦教育促进法》,这部法律允许在校大学生在上课之余到企业实习,其待遇与企业员工同工同酬,这样有利于家庭贫困的大学生解决无法支付学费的问题。在校大学生还可向德国政府申请高达648欧元的助学金,只需在毕业之后一段时间内还清即可。《联邦教育促进法》解决了高校学生可能存在的经济问题,使其可以在无后顾之忧的情况下积极投入科学研究中。

除此之外,德国还有着较为严格的知识产权法律保护制度。2002年,德国修改《雇员发明法》,将职务发明原始的所有权从发明人转到单位,认为发明人个人拥有专利所有权往往难以实施,既影响了职务发明的商业化,也限制了政府资助成果的转移运用,同时明确规定高校等公共科研机构应当向发明人支付专利实施纯收入的30%作为报酬。[②] 德国在2009年又对《雇员发明法》进行了修订,要求将高校等公共研究机构中的专利所有权和使用权归属于单位而不是个人,并且规定雇员完成发明后,有义务及时通知雇主。[③]

2012年,德国还颁布了《科学自由法》,在资金支持、流程审批等方面为科技成果转化提供方便。[④]

[①] 李刚. 德国雇员发明制度对中国的启示 [J]. 经济研究导刊,2008(19):173-174.
[②] 周华东. 德国科技成果转化的经验及其对我国的启示 [J]. 科技中国,2018(12):22-26.
[③] 隆云滔,刘海波. 发达国家科技成果转化股权激励政策比较研究 [J]. 科技促进发展,2021(8):1468-1477.
[④] 芮雯奕. 德国《科学自由法》对我国新型科研院所建设的启示 [J]. 科技管理研究,2015(19):84-87.

二、德国高校职务科技成果转化的实践经验

工业革命的到来使得科学教育更受重视。1810年洪堡在柏林大学实施改革，确立了教学和科研相结合的原则。德国高校的一大传统就是接受企业的委托开展科学技术研究，其通过这种方式向企业提供其生产中需要的科学技术。

德国的柏林工业大学设有技术转移机构，主要职能有：管理校企合作项目；给新机构提供技术；宣传学校的重要技术成果或人才；开展国际合作与交流等。同时，德国还建立起较为完善的数据库，数据库里有高校的技术成果和相应的科研人员等信息，企业可以通过数据库筛选感兴趣的某项技术，并直接联系发明人寻求合作。

德国的高校支持师生创办公司。例如，柏林工业大学技术转移机构常常开展讲座，为学生传授自主创业的经验及必要的法律知识。高校支持学生开办公司，在初创两年内给学生提供很优惠的条件，教授可以给创业学生提供免费咨询，并且高校允许创业学生以很优惠的价格使用本校的仪器设备。例如，巴伐利亚州颁布了相应的法律法规促进创新公司的成立，并且规定高校师生创立新公司，可以有二分之一的时间做公司的事情，他们的工资可以由相应高校提供，并且在半年以内可以免费使用相应高校的设备等。

德国政府对受其资助形成的专利享有广泛的权利。根据德国联邦教育和研究部（BMBF）制定的专利与许可证政策，德国政府对于受其资助的项目成果，在由高校取得所有权后享有独占的、不可撤销的、不可转让的使用权。这种权利相当于为承接项目的高校规定了广泛的强制许可的义务，从而减少市场主动寻求高校技术的机会。

德国《雇员发明法》规定由高校享有国家财政资助形成专利成果的所有权。除此之外，德国高校产生的所有发明，无论是职务发明还

第四章 国外促进高校、科研院所国家财政资助科技成果转化的立法、经验与启示

是自由发明,其权利一律归发明人享有。根据《雇员发明法》,德国高校在收到发明人的披露后,不得无故拖延,应该在4个月内选择主张发明权利或者放弃权利。如果选择主张权利,则应该向发明人支付报酬,并迅速向政府提交专利申请。同时该法案也为德国高校保留了后悔权,高校在支付发明人奖酬前,可以放弃发明权利,但必须立即通知发明人。上述高校主张发明权利的程序,应该严格在期限内执行,法案设定了不作为义务。[①]

此外,《雇员发明法》第十八条规定了发明人的专有使用权,即当雇员公布发明后,高校可以主张发明所有权,发明人可以拥有免费的使用权;第九条规定,如果高校选择主张发明权利,那么发明人有权向高校主张合理的收益。即在德国,发明人的发明成果,无论是否申请专利或者被授予专利,只要高校主张该成果的权利,高校一律应当向发明人支付报酬。第十六条规定了发明人的优先受让权。如果高校打算放弃现有发明的知识产权,则必须通知发明人并将知识产权转让给发明人。发明人的优先受让权可以在两个时间节点行使。第一,如果高校主张发明所有权但还没申请或者超过了规定的申请期限,并且发明人没有被充分补偿,那么应该将发明的权利分配给发明人。第二,如果高校在发明人公布发明后申请了专利但放弃专利权利,发明人有权优先受让专利的所有权。上述两种情形下,高校应该及时通知发明人,并且应发明人的要求移交相关文件和权利。

[①] 鲁道夫·克拉瑟. 《专利法——德国专利和实用新型法、欧洲和国际专利法》[M]. 单晓光,等,译. 北京:知识产权出版社,2016:416.

三、德国职务科技成果转化的运行模式

（一）以国立科研机构参与为主，其他技术协会和基金会参与为辅的高校、科研院所科技成果转化模式

在德国，科研机构在科技成果转移转化中扮演着重要的角色。德国拥有世界著名的四大国立科研机构——马克斯·普朗克科学促进学会（简称"马普学会"）、亥姆霍兹国家研究中心联合会（简称"亥姆霍兹联合会"）、弗劳恩霍夫应用研究促进协会（简称"弗劳恩霍夫协会"）和戈特弗里德·威廉·莱布尼茨协会（简称"莱布尼茨学会"），各自具有清晰的定位和任务。除上述四大科研机构外，在德国政府和欧盟的支持下，德国技术转移联合会及创新驿站等协会、基金会也开展了科技成果转化的相关工作。

（1）马普学会是受德国政府资助的学术组织，作为德国著名的非营利性基础研究机构，在自然科学、生命科学和人文社会科学等领域负有盛名。一直以来，马普学会高度注重基础研究与应用研究的联系，在加强以市场应用为导向研发的同时，不断推进科技成果转化工作。为了更好地实现科技成果转化，马普学会于1970年成立了专门机构——马普创新公司，并通过书面协议形式向其授权，全权委托该公司处理知识产权和技术转移事务。[①] 马普创新公司稳步推进技术转移工作的基本前提是现代化的运营管理理念：采取企业化运作模式，打造专业化人才团队并实行独特的经费管理制度。同时马普创新公司也采用了多层次的技术转移服务模式，不仅大力推动专利许可，也积极鼓励衍生企业发展。

---

① 陆颖，张虹. 德国马普学会如何推进技术转移与成果转化？[J]. 科技中国，2017(5)：85-87.

（2）亥姆霍兹联合会主要从事中长期国家科技任务规划工作和基于大型科学设施的研究工作。亥姆霍兹联合会通过搭建一系列的交流对话平台，帮助研发人员发现潜在的商业机会，拓展同战略伙伴的协作关系；通过在研究会内部设立创新实验室开展公开或企业私人委托研究，利用各种资金工具为研发人员的奖励、研究项目的应用验证、创业项目的商业运作提供资金支持。多种手段的联合运用成功促使联合会的众多成果完成转化。[①]

（3）弗劳恩霍夫协会是欧洲最大的应用科学研究机构，"高效率地应用研究成果、进行卓越的研究、培养合格的科研人才"是该协会的宗旨。协会采取的是一种特殊的、面向具体应用和成果的创新模式，它在准确的市场需求指引下，通过遍布全球的研究院，挖掘、整合出具有极高产品成熟度的技术成果，使其能够迅速地转化为商业产品。[②] 它向工业企业、服务行业和公共事业单位提供信息服务，实现科技成果的转让，为企业特别是中、小企业开发新技术、新产品、新工艺提供帮助，协助企业解决自身创新发展中的组织和管理问题。

（4）莱布尼茨学会是一家德国各专业方向研究机构的联合会，研究领域涵盖自然科学、工程科学、环境科学、经济科学、社会科学、地球科学和人文科学，基础科学研究与应用相结合，与高等院校、工业界及其他国内外研究机构合作紧密。莱布尼茨学会的一项重要工作是向公众、政界、科学和经济界提供科研类服务，如中介、咨询、成果转化等。

（二）重视产学研合作的科技成果转化模式

德国同美国、日本一样，十分重视职业技术人才培养，同时还形

[①] 张虹冕，赵今明. 德国亥姆霍兹联合研究会建设特点及其对我国的启示［J］. 世界科技研究与发展，2018（3）：290-301.

[②] 陈凡. 弗劳恩霍夫模式对高校科技创新及成果转化的启示［J］. 江苏高职教育，2021（3）：40-44, 67.

成了带有自己特色的培养模式——"双元制"培养模式。德国双元制是一种国家通过职业学校，经济界通过私人企业，双方紧密合作、相互协调并各自遵循相应的法律法规来培养职业人才的一种办学方式。这种模式主要有三个特点：办学主体有两个，分别是企业和职业学校，学生是先就业后入学，因此企业是办学主体的核心；学生兼有学徒的身份——在企业是学徒，在职业学校是学生；学习场所有两个，分别是企业和职业学校——在企业进行实践训练，在职业学校学习理论知识。在德国双元制这一培养模式中，由于企业是办学主体，所以企业积极性较高，岗位针对性强，另外学习过程和工作过程交替进行，较好地实现了理论指导实践，实践又反过来加深理论学习这一职业教育的精髓。[①] 实行双元制的目的在于加强校企之间的合作，从而促进德国科技的发展。这种模式不仅有利于企业科研能力的提高，还有助于学校教育水平的进步，以及学生的理论知识和实践能力的发展，因而在德国被广泛运用。

第三节　促进高校、科研院所国家财政资助科技成果转化的日本模式

一、日本科技成果转化相关立法和实践制度

对美国《拜杜法案》的学习、研究以及借鉴，日本做得最为出色。由于受到20世纪90年代经济危机的影响，日本企业对科技创新研发的投入相对减少，其科技成果主要来源于高校，于是日本根据国

---

① 何颖华，郑佳纯. 适合中国国情的长效性双元制教学实践探索[J]. 包装工程，2022（A2）：86-88.

第四章 国外促进高校、科研院所国家财政资助科技成果转化的立法、经验与启示

情和经济社会发展的需求，制定了以下法律法规和政策措施，激励创新和促进科技成果转化。

（1）《大学技术转让促进法》（TLO法）。1998年5月，日本政府依据1995年制定的《科学技术基本法》，制定颁布了《大学技术转让促进法》。[①] 该法明确规定国家应从制度方面对高校科技成果转移转化机构进行支持，同时明确高校设立的科技成果转移转化机构可以直接从政府获得经费支持，该法使有研究能力的高校纷纷建立起自己的TLO机构，很大程度上促进了高校科技成果转化与技术创新。但由于政府资助的科技成果归政府所有，不利于解放发明人参与成果转化的积极性，这在一定程度上也限制了TLO机构的业务发展，降低了高校科技成果转化和技术创新的效率。

（2）《产业活力再生特别措施法》。1999年10月，日本政府制定颁布了《产业活力再生特别措施法》，规定高校利用政府经费形成的科技成果专利所有权完全归学校所有（该法被称为"日本版《拜杜法案》"）。[②] 总的来说，该法在实际实行中更有利于推动具有独立法人资格的私立大学和公立大学开展科技成果转化的相关活动，但不利于没有独立法人资格的国立大学对受政府资助的科技成果产权进行管理。

（3）《国立大学法人法》。2004年4月，日本政府制定《国立大学法人法》，使国立大学获得了独立法人资格，取得了对自己研发的所有科技成果的转化、转让的自主权，可以自主管理成果转化、转让产生的全部收益，无须将其纳入政府的财政预算。[③] 该法很大程度上提高了日本国立大学科技成果转化的效率，同时也促进了日本国立大

[①] 张晓东. 日本大学及国立研究机构的技术转移 [J]. 中国发明与专利，2010（1）：98-101.

[②] 刘彦. 日本促进技术转移的制度建设 [J]. 中国科技成果，2011（24）：4-9.

[③] 曹勇，邢燕菊，赵莉. 日本推进产学研合作创新的立法效果及启示 [J]. 情报杂志，2009（10）：191-196.

173

学向企业进行技术转让。

（4）《教育基本法（修正案）》。2006年，为了进一步强化高校与企业界的合作，日本政府对《教育基本法》进行了修订，提出了高校应通过转让自己科技成果的方式，向企业和社会做出更大的贡献，进一步增强高校为经济社会发展服务的功能。[①] 该修正案加强了高校与企业的技术合作和沟通，提高了高校科技成果转化与转让的效率与质量。

除以上4部法律外，日本还颁布了《技术转移法》（1999）、《产业技术强化法》（2000）、《知识产权基本法》（2002）和《专利法》（2005）等，均在一定程度上促进了日本高校科技成果转化和技术转让。

需要特别注意的是，针对日本高校科技成果所有权归属的问题，2015年修订后的日本《专利法》取消了雇员对发明的原始权利，规定雇主可以通过契约、工作规则等事先约定或规定取得职务发明专利的权利。此外，日本通过《产业活力再生特别措施法》和《产业技术竞争力强化法》逐步废除政府资助下产生的科技成果所有权属于国家的规定，确立了科技成果"单位主义"的制度，即国家财政资助产生的科技成果可以由高校获得所有权。根据日本《专利法》以及相关政策，日本高校发明人完成的发明原始权利由高校享有。高校可以通过事先的单方面意思表示取得职务发明所有权。而在此前，日本沿用德国的立法制度，规定无论是职务发明还是自由发明，其原始权利法定属于发明人。值得注意的是，日本高校要想取得所有权需要履行雇主声明义务。当发明人做出发明后，应该向所在单位报告，单位可以声明对其专利的权利，权利自通知时发生转移。关于非独占使用许可权方面的规定，日本《专利法》第三十五条第一款规定："如果雇员取

[①] 吴殿，刘延辉. 日本产学连携政策体系效率分析 [J]. 知识产权，2013（4）：92—96.

第四章 国外促进高校、科研院所国家财政资助科技成果转化的立法、经验与启示

得职务发明权利，雇主应该对该专利享有非独占的使用许可。"日本高校如果不保留雇员发明专利的所有权，那么在雇员取得专利权后，高校可以免费实施专利。高校的使用许可权是非独占性的，其立法目的是平衡高校和发明人的权益，促进高校科技成果转化。①

特别需要强调的是，1999年日本颁布了《产业活力再生特别措施法》，解决了由政府资助形成的科技成果专利的权利归属。该法案规定即使发明人是在高校或者政府资助下才产生专利，如果高校或者政府不主张享有该专利权，其也可以拥有完全的专利权而不是由高校或者政府享有。关于收益权的规定体现在日本2015年修订后的《专利法》第第三十五条中，其允许高校和发明人协商确定奖酬方式，专利转化后，发明人也可以获得奖酬。日本《专利法》中规定的奖酬既包括直接的经济奖励，比如股票期权或者免费进修机会，也包括就职务发明取得专利后获得的独占实施许可或者普通许可收益。可见日本《专利法》中的奖酬方式是非常灵活的，但奖酬的内容一定是具有经济价值的。②

此外，日本《特许法》第三十五条对职务发明创造的权利归属和奖酬机制也做了如下规定。第一，从业人员、法人工作人员、国家公务人员（简称"从业人员"）的发明，就其性质而言属于雇主、法人、国家或地方公共团体（简称"雇主"）的业务范围，他们在履行职务工作而形成的发明成果，属于职务发明创造，由此获得的专利，雇主拥有一般实施权；第二，对于从业人员做出的发明创造，除其发明为职务发明创造外，预先规定雇主受让其专利申请权或专利权，或者规定雇主对这些发明专利享有独占实施权的合同、工作规章及其他规定应该无效；第三，从业人员等根据合同、工作规章及其他规定，就职

---

① 郑东. 高校专利转化中的权利配置研究［D］. 镇江：江苏大学，2020.
② 日本《专利法》第三十五条规定："如果雇员等根据协议、雇佣条例或任何其他契约将雇员发明的获得专利的权利归于雇主等，或将有关的独占使用许可授予雇主等，该雇员等应有权得到合理的补偿。"

务发明创造让雇主受让专利申请权或专利权以及为雇主等设立了独占实施权时,有权获得适当的报酬。① 可见,日本坚持雇员优先原则,职务发明专利权属于发明人时,雇主有一般实施权。雇员将专利权转让给雇主,有权获得报酬;为雇主设立独占实施权时,使用权和收益权分享,为收益权的如何分享做了法律规定。

二、日本高校职务科技成果转化的实践经验

为了更好地执行高校科技成果转化工作,日本设立了专门的技术转移机构即 TLO。由日本高校设立并经政府审核认可的 TLO 机构达到近百家,主要有以下几种类型。

(1) 内部组织型。此种类型的 TLO 是高校的内设机构,具有独立法人资格,由高校自主管理经营。它的主要职责是组织实施学校科技成果的登记、管理、信息发布、转化开发、专利申请、技术转让等。② 这种类型的 TLO 有利于学校进行统一管理,明确分配成果转化和技术转让过程中的知识产权,简化收益分配程序。但该模式也存在弊端,主要是部分高校缺乏成果转化的相关经验及专业人才,对科研成果应用前景和商业价值缺乏准确预估,对由此衍生的产业缺乏管理经验,一定程度上阻碍科技成果转化工作的进一步开展。

(2) 单一外部型。此种类型的 TLO 是成立在校外但由高校出资控股的,高校与 TLO 之间的关系为单纯的业务委托和出资入股。单一外部型 TLO 是日本国立大学在 2004 年法人化以前,由学校和研发人员出资并联合社会力量在校外建立的机构,它与内部组织型的 TLO 相比,有更专业的经营成果转化、专利申请、技术转移和转让

---

① 陈家宏,饶世权. 协同激励创造与转化的职务发明制度重构研究——兼论《专利法》第六条的修改 [J]. 中国科技论坛,2019 (7): 19—26,23.
② 张玉琴. 日本产学研合作新体系评述 [J]. 河北师范大学学报(教育科学版),2012 (4): 54—58.

第四章 国外促进高校、科研院所国家财政资助科技成果转化的立法、经验与启示

的人员，有更科学的成果应用前景、市场需求及资金运作管理等方面的分析人员。综上，单一外部型 TLO 的效率总体上优于内部组织型 TLO。另外，这种模式促使高校与 TLO 机构的关系更明确，同时，高校通过入股 TLO 参与组织管理，也可以降低成果转化开发附加的金融风险。但此种模式也有相应的缺点，即高校获得的科技成果转化开发、技术转移和转让收益会相应减少。

（3）外部独立型。外部独立型 TLO 是独立于高校、具有完全法人资格、但与高校有广泛业务联系的机构，它可以进行自主经营并拥有广泛的业务，它不是单一的面向固定高校开展科技成果转化业务的机构，它往往与多所高校同时进行合作以充分利用不同高校的优势资源，广泛开展成果转化开发与技术转让、转移业务。[①] 外部独立型 TLO 有相对最为齐全的专业人才队伍，与高校和企业的联系更为广泛和密切，有更加丰富的市场化运作经验，从而能有效地帮助高校实现成果转化收益最大化。此种类型的 TLO 机构正是日本政府所倡导的，即通过与多所高校和企业的业务合作，既保证自身收益，又促进高校科技成果转化，更推动国家产业技术水平的升级。例如，日本关西 TLO 就是外部独立型 TLO 的代表，它成立于 1998 年，自成立以来相继与京都大学、和歌山大学以及芬兰的阿尔托大学等多所高校签订了业务委托的合约，在日本的 TLO 中拥有比较突出的业绩。目前，关西 TLO 确定了国际化运营战略，在进一步强化与日本本国高校和企业合作的同时，将技术转移的目标延伸到欧美国家的企业，并与欧美高校建立联系，初步形成了国内外合作、共同享有专利、在国际市场中寻求各类企业最适合的技术成果和专利产品的 TLO 经营发展新格局。[②] 虽然日本 TLO 的组织类型有所不同，但其开展高校科

[①] 刘华翔. 日本高校技术转移模式浅析及对中国高校技术转移的启示[J]. 大陆桥视野（下半月学术版），2016（4）：195.

[②] 姜莹. 日本大学区域型 TLO 的营建机制分析及启示：以关西 TLO 为例[J]. 现代经济信息，2013（3）：23.

技成果转化开发与技术转移、转让的工作流程基本相同。各个TLO机构的工作都包括成果的收集登记、技术评估、应用前景与市场需求分析、转化开发、专利申请、技术转移与转让、转化效果反馈等基本环节。[①]

三、日本职务科技成果转化的运行模式

（一）通过科学技术振兴机构促进科技成果转化的模式

日本科学技术振兴机构是推动日本科技创新和科技成果转移转化的核心机构之一，其非常注重对中小企业的扶持，力求创造颠覆性的技术革新。该机构特别关注成长型的科研人员，主要通过项目的形式资助科研人员，采取"自上而下"的方式，支持满足国家战略需求的重大课题研究，重点聚焦于制定面向科技创新的研发战略。日本在自然科学领域获得诺贝尔奖的科学家中，有多人在成长过程中都曾受到日本科学技术振兴机构的资助。此外，该机构还专门搜集日本和国际上有关科技活动的和失败案例，组建数据库并免费向日本国内的科研人员提供查询服务。[②]

（二）科技成果转化收益分配模式

在科技成果转化收益分配方面，总体来看，日本对科研人员的创新奖励力度有所加大。日本《知识产权战略大纲》中提及政府于2002年废除了发明补偿金上限的规定，增加了补偿额度，同时，法

---

① 李小丽，何榕. 日本TLO运行策略研究及启示[J]. 当代经济，2014（3）：134-136.

② 付岩. 发达国家科研创新机构科技成果转移转化的特点及启示——以德国弗劳恩霍夫应用研究院和日本科学技术振兴机构为例[J]. 中国科技资源导刊，2017（3）：97-103.

人化的国立大学等科研机构都制定了有关发明补偿及奖励分配的相关规定。[①]

第四节 促进高校、科研院所国家财政资助科技成果转化的英国模式

一、英国科技成果转化的相关立法和实践制度

英国是教育大国，科学技术研究水平也位居世界前列。1967年，英国颁布了《发明开发法》，此时该法规定由国家研究开发公司（National Research Development Company，NRDC）取得、占有、出让为公共利益而进行研究所取得的科技成果，所有高校和公立研究机构，无论是实验室还是研究所，也无论个人或者团体，只要其进行的研究是由政府出资的，专利的所有权都归国家，由NRDC负责管理。显然，这样垄断性的规定既不利于科技成果的进一步发展，又从源头上抑制了科研人员的积极性。许多科技成果并没有得到有效的转化，诸多科技成果也因此被束之高阁。因此，英国在1984年修改了《发明开发法》，还颁布了《应用研究合同法》（1972），《不公平合同条款法》（1977）和《竞争法》（1980）。这些法律法规的出台为科技成果的转移开辟了道路，限制了非法垄断技术等阻碍大学科学研究成果产业化的不利因素。同时，这些法律法规也规定政府让渡专利所有权，将其分配给研究单位和发明人，激励研究单位和发明人实施科技成果转化，促进经济发展。

[①] 王学睿. 日本科研机构对科技成果转化的激励机制及做法[J]. 全球科技经济瞭望, 2015 (3): 72-76.

英国《专利法》第三十九条规定职务发明创造是指雇员在执行工作任务中做出的发明，包括雇员在正常工作过程中或在特别分派给他的工作过程中做出的发明。英国《专利法》同时规定雇员所做出的发明除了职务发明创造归雇主所有外，其他归雇员所有。在根据有关约定转让非职务发明创造的专利权后，雇员有权根据约定获得收益。然而，英国《专利法》并没有规定在职务发明创造专利归雇主所有后应该对雇员的权利给予什么样的保护。

英国1907年通过的《专利法》第二十四条规定：当公众对于该专利的合理要求没有被满足的时候，贸易局有权命令颁发强制许可或取消该专利。英国1919年修订的《专利法》第二十七条"阻止滥用垄断权"规定，专利审查官有权对所有诉称滥用垄断权的案件进行审判。该条款经过1928年和1932年两次修订后规定了六种滥用垄断权的情形。现行的英国《专利法》第四十八条明确规定，"自一件专利获准满三年后，如未进行使用或滥用其专利权，任何人均可就该专利向专利局局长请求对其进行强制许可"。即如果一项专利在被授予三年之后，该专利未能以合理的条件满足英国本国需求，或专利权人拒绝授予许可情形下会损害工商业活动的建立与发展时，任何人均可要求对此专利实施强制许可。此外，当一项专利属于具有相当大的经济意义的重大技术进步而却受到在先专利的限制时，则从属专利的专利权人能被颁发强制许可，在先专利的所有人也可以获得交叉许可"。[1]

此外，英国还规定了英国高校科技成果转化中政府的权利配置机制。关于科技成果所有权方面的规定，英国高校受政府财政资助产生的专利所有权属于政府。英国政府非常重视科技成果转化，为促进科技成果转化专门制定了一系列的法律政策。比如在"联系计划"（Link Collaborative Research Scheme）中规定政府提供经费以加强

---

[1] 曹爱红，王海芸. 立法视角下的科技成果强制转化制度分析[J]. 科技中国，2019（9）：29—34.

产业、高校之间的联系。英国《专利法》第五十五条第七款规定，任何发明被授权后，政府应该向专利的所有权人通知有关专利实施程度的相关要求。英国《专利法》第三十九条规定，一项由雇员做出的发明，如果是正常工作任务或者是雇主特别分配的任务或者发明的做出对增进雇主产业的利益负有特别义务的，该项发明的权利属于雇主。英国高校专利转化中发明人的权利配置中，关于收益权的规定，英国职务发明权利归属上采取了"厚雇主主义"，但是在雇主取得专利所有权后，对发明人权利的保障上，英国实施了"发明人主义"，相关法律规定发明人享有以下权利：

（1）进修权。英国"院校与企业界的合作伙伴计划"（College-business Partnerships Scheme）规定高校与企业设立基金，使潜在发明人获得进修的机会，并支持专利技术转移转化。

（2）学术创业权。英国通过"教研公司计划"（Teaching Company Scheme）规定了发明人的学术创业权。发明人在高校向企业进行技术转移的过程中，接受两者的共同管理。发明人可以选择为企业工作也可以依靠自己的专利组建高科技企业。

（3）协调权。"知识转移伙伴计划"（Knowledge Transfer Partnerships Scheme）规定了高校可以委任发明人作为专利转化过程中的计划联系人，具体是由计划联系人到企业中工作，一方面负责协调高校的技术指导，另一方面负责将高校的科技成果转移到企业，发明人承担的是协调角色。这段时间的资助由政府和企业共同承担。

（4）自主转化权。在英国，发明人并不是一开始就可以享有专利转化权的。英国《发明开发法》起初规定由政府财政资助产生的专利一律归国家所有。后来为了促进技术转化，激励发明人的积极性，英国政府废除了《发明开发法》中关于所有权由政府垄断的规定，将所有权中的转化权剥离出来赋予发明人，英国高校发明人从此获得了自主转化自己的发明创造的权利。英国《专利法》第四十一条也规定了雇员可以自主转化或者许可发明及发明专利。高校发明人的发明在授权专利后，发明人可以自己与第三方签署许可合同。

二、英国高校职务科技成果转化的实践经验

英国高校通常都设有开展科技成果转化活动的专业知识产权管理机构。英国高校一般授权专业知识产权管理机构负责高校内一切与知识产权有关的活动。专业化意味着管理机构必须具备搭建科技成果供给渠道以及提供跨越组织边界的知识产权搜索、翻译和传递的能力，同时管理人员必须系统掌握知识产权和科技成果转化领域相关知识。然而，高校很多时候只承担教学和研发使命，服务经济发展的能力明显不足，因此，英国高校根据学科优势和需求开放边界，借助外部机构的人力资本和专业能力延伸和扩展高校内部的知识产权管理能力。首先，所有英国高校均设有内部技术转移办公室，对内专门负责知识产权政策制定、知识产权认定和培训、寻找商业机会、支持衍生企业创办等；对外主要寻找投资机会、推广校内产生的科技成果、对接政府计划项目等。此外，大多数英国高校如剑桥大学、牛津大学、伯明翰大学、曼彻斯特大学等建立了独立于学校之外的全资企业，负责开展评估学校科技成果、推广科技成果、寻找投资机会、知识产权商业化等活动，这类全资企业自负盈亏，并在人员招聘、活动开展等方面有完全独立性，避开高校人员管理和体制桎梏，提高成果转化效率。此外，考虑到外部企业在某些专业领域内具有资源优势，部分英国高校将全部或部分知识产权业务委托给外部企业，如谢菲尔德大学、剑桥大学等通过与 IP Group 公司合作，凭借该公司强大的市场和资本力量，以最快方式转化科技成果。

英国高校为了促进科技成果转化，还制定了多样化的知识产权和科技成果转化学习计划。知识产权学习计划旨在提高高校师生的知识产权意识，同时提升科研人员对科技成果的披露意识和对转化活动的

第四章　国外促进高校、科研院所国家财政资助科技成果转化的立法、经验与启示

服务意识。①

同时，在科技成果转化中，英国高校制定了明确的权益分配原则。明确的知识产权权益分配原则构成科技成果转化的法律基础，能够鼓励科研人员创造发明以及参与科技成果转化活动。知识产权是一组权利束，主要包括所有权、使用权、收益权、开发权，因此需要明确各类权属，确保权益分配的合理性和可操作性，避免权利归属混乱。此外，对于校内产生的一切形式的知识产权，学校应当争取获得其使用权以便进行研究和教学。英国高校拥有知识产权管理自治权，可以遵照相关法律自行制定知识产权政策。

第一，在所有权方面，英国高校遵照英国《专利法》中职务发明创造属于雇主的规定，依法获取所有正式教职工、研究型研究生的知识产权，为避免资源流失，还规定教职工离职一段时间内的发明创造也属于本单位，如布里斯托大学将这一期限设定为半年。

第二，在收益权方面，英国高校规定发明人对于自己的发明创造享有收益权，但具体收益比重由高校内部知识产权政策进行明确。在资金分配上，除阿拉丁大学以线性形式分配外，其余英国高校都将净收入以非线性递减形式分配，即当收益上升时，个人所得比重降低，学院和学校所得比重上升；各校之间分配比例差异较大，发明人收益平均约为总收益的49%。在股权分配上，个人持股比例不得高于高校所持比例。上述分配方式既保障了发明人的报酬，也确保了高校后续研发、投资的资金需求。此外，对于教职工因学校放弃、转让及授权而成为权利持有人的知识产权和学生拥有的知识产权，学校也具有收益权，收益比重因学校支持程度而异。②

---

① 安涌洁，刘海波. 高校科技成果转化中知识产权管理系统的嵌入——基于对英国30所高校的分析[J]. 科技管理研究，2022（9）：136−142.
② 安涌洁，刘海波. 高校科技成果转化中知识产权管理系统的嵌入——基于对英国30所高校的分析[J]. 科技管理研究，2022（9）：136−142.

三、英国职务科技成果转化的运行模式

（一）产学研创新体系促进科技成果转化模式

构建高校产学研创新体系是英国科技成果转化的主要举措。英国国家层面的科学技术创新主要依靠高校开展，教育主管部门只负责管理高中以下的国民教育事务。为了使教育事业与实际产业能够有效融合，英国政府将高等教育管理纳入一个新的部门商业、创新与技能部（The Department for Business, Innovation & Skills, BIS）。BIS 的设立就是为了使高等教育的成果能够促进经济社会的发展。而对于英国政府来说，也期望高等教育技术研发成果能够普惠大众，促进商业和经济发展。BIS 的主要工作职能是通过人力资源和教育方面的投资来推动经济发展，带动创新，给创业人群带来便利。此外，英国政府除了对高校每 5 年进行一次学科评价并相应给予其一定数量的基础研究资助经费外，慢慢减少了对高校的直接拨款，这一做法促进了高校科学技术成果的转化，使高等教育的发展更加应用化。同时，为了解决高校科学技术发展的资金问题，各高校也更加注重产学研合作，并形成了以公司为载体的独具特色的产学研合作模式。

（二）校企联盟推动科技成果转化模式

英国大学也注重发挥校企联盟协会的作用，为了实现科学技术成果的转移，高校均以不甚相同的方式成立了校企联盟协会，以加强高校师生与现实产业之间的联系。联盟协会创造了一个面向全世界高新技术企业的开放包容式创新网络。通过联盟协会，协会会员单位可通过参加集体讨论、年会以及一些学术会议的方式，加强与企业、科研工作者、高校之间的密切联系，了解有市场前景的科技成果；与此同时，学术界也能够清晰地明白市场的动向以及其面临的种种问题，使

第四章 国外促进高校、科研院所国家财政资助科技成果转化的立法、经验与启示

行业产业、科研成果与创新项目和社会经济发展需求实现有效对接。以牛津大学为例，学校于1990年成立了牛津创新协会（Oxford Innovation Society），目前全球已有200余家企业加入，其中不乏三星等全球知名企业。除此之外，英国高校在产学研运行机制方面普遍采用了校、院两级联动机制，即不仅在学校层面开展产学研合作，在各学院也有相应的团队扶持技术转移工作，并出台了相应的激励政策。

（三）高校成立公司促进科技成果转化的模式

英国许多高校成立了专门的科技服务公司，以此为主体推动学校职务科技成果的转化。比较有名的有如下4家公司。

1. 英国帝国理工学院创办的帝国创新服务公司

英国帝国理工学院于1986年创立帝国创新服务公司，最开始的时候，它只是学校内部的一个部门，后来经过一段时间拓展才逐步成为一家独立的企业。帝国创新服务公司属于第三方服务机构，它的职能主要是将帝国理工学院的技术承诺许可给其他公司应用并建立新的公司，使学校的科技成果实现产业化和商业化。当然，科技成果产业化和商业化的前提是保护帝国理工学院及其伙伴的知识产权。帝国创新服务公司平均每年评估约400项由帝国理工学院师生提供的科技成果，完成30至40项许可案件，设立8个新公司及对60个科技成果进行专利申请。同时，除了与帝国理工学院合作，帝国创新服务公司也为其他单位提供技术转移服务。

2. 剑桥大学设立的剑桥企业中心

剑桥企业中心是剑桥大学全资设立的公司，主要负责剑桥大学关于科技成果专利的申请和转移工作。剑桥大学在每个学院、系、研究中心、实验室都设有专门的联络员，联络员由系主任批准，专门负责联系本系的科研人员与剑桥企业中心相关责任人。剑桥企业中心的业

务主要分为四个部分：技术转移服务、咨询服务、种子基金服务、基础服务。技术转移服务内容包括代表剑桥大学申请专利、项目评估、市场调研、寻找商业伙伴、代表发明人与合作商家进行技术对接、协商谈判、撰写合同协议等。咨询服务主要指剑桥企业中心咨询部门工作人员与剑桥大学各个研究室、实验室以及教授保持着密切联系，定期或不定期了解各个领域技术进展，寻找潜在项目。种子基金服务是指剑桥企业中心拥有一个独立的风险投资基金，即"剑桥企业种子基金"，为初创企业提供资金支持并扶持孵化。基础服务主要包括搭建剑桥创新创业载体等相关服务，包括为入驻孵化器的个人或者小型团体提供企业注册、财务支持、法律咨询等服务。

3. 牛津大学设立的ISIS科技创新公司

牛津大学于1988年创立了ISIS科技创新公司，这家公司由牛津大学全资拥有，代表牛津大学独家负责科研成果的转移转化。ISIS成立的目的是成为全球领先的国际技术转移机构，把牛津大学及其来自全球70多个国家的合作伙伴的科技成果进行转移转化，为客户创造价值，最大限度地实现科技成果的社会价值和经济价值。在ISIS成立的前十年里，并未给牛津大学带来任何的效益，其发展主要依赖牛津大学单方面的投入，但随着ISIS规模的扩大，其效益越发明显。如今，ISIS管理着超过1500个高科技项目，专业领域涵盖了计算机与通信技术、软件、生物医药、健康、新能源、新材料、机械、电子、汽车等。

4. 爱丁堡大学成立的科技成果商业化办公室①

爱丁堡大学在1969年成立了科技成果商业化办公室（也叫工业咨询和联络中心），它是英国成立最早也是最为完善的技术转移公司之一，主要致力于技术转移管理活动。之后，其逐步发展成为现在的

---

① 陈俐，冯楚健，陈荣，等. 英国促进科技成果转移转化的经验借鉴——以国家技术创新中心和高校产学研创新体系为例［J］. 科技进步与对策，2016（15）：9-14.

爱丁堡大学附属公司——ERI 有限公司，致力于知识产权产业化。

（四）建立国家技术创新中心搭建科技成果转移转化平台模式

技术创新中心可谓是"创新英国"的一个"工具箱"，已取得了举世瞩目的成绩。这些技术创新中心承担着英国科技创新的重任，并形成了前沿科学技术产学研合作体系，使英国科技成果转移转化走向了可持续发展道路。应该说，英国在创新驱动发展战略布局和促进科技成果转移转化上是非常成功的。[①] 2011 年，英国政府采取了一项重要措施，就是在未来 4 年里投资 2 亿英镑，创建一系列技术创新中心。这些技术创新中心已作为英国高校和商业界之间的桥梁，促进本土技术商业化。技术创新中心具有极大的自主性，可以根据商业需要灵活反应，向英国企业提供专业的设备和人才，同时也会向工业界推荐极具潜力的新兴技术。英国技术战略委员会（TSB）具体负责技术创新中心的筹建和管理。[②]

（五）坚持 G-U-E（Government-University-Enterprise）联动促进科技成果转化模式

无论从技术创新中心建设来看，还是从高校产学研体系来看，英国科技成果转移转化均十分注重培养从事技术转移工作的专业人才，将那些既有知识基础又有经济头脑的创新性人才（"第三种人"）培养成为成果转移转化的行家里手。这样，英国就形成了以人才为中枢，以激励为手段，政府、高校与企业三位一体联动机制，以共同推进科技成果转移转化。在这一机制中，英国政府、高校和企业各自扮演着不同角色。英国政府承担着合作平台建设、创新环境创设以及多元合

[①] 陈俐，冯楚健，陈荣，姜东. 英国促进科技成果转移转化的经验借鉴——以国家技术创新中心和高校产学研创新体系为例 [J]. 科技进步与对策，2016（15）：9−14.

[②] 王仲成. 英国政府促进科技成果转化的主要政策与措施 [J]. 全球科技经济瞭望，2012（5）：47−52.

作引导工作，扮演着促进和引导产学研合作创新服务者、引导者、带领者的角色，通过合理安排和运行机制的不断完善，为科技成果转移转化创造有利的社会氛围和制度条件。高校既是前沿科学技术的策源地，又是行业产业发展和经济社会发展的科技中坚力量，还是高新技术成果转移转化的孵化器与助推器，承载着承上启下、协同创新的重要任务。企业是科技成果转移转化的最终检验者，承担着技术产业化的实际工作，同时也是产学研体系运行的检验者。一个科学合理的产学研运行体系应经得起市场考验。从英国三位一体联动机制运行现状来看，其已基本形成了高校科技成果和本地行业产业乃至国家经济社会发展的有效对接和良性循环。①

第五节　促进高校、科研院所国家财政资助科技成果转化的法国模式

一、法国科技成果转化的相关立法和实践制度

法国相关法律将雇员发明分为两类：职务发明和非职务发明。根据法国《发明专利法》第一条第二款的规定，职务发明是指雇员在执行包含有与其实际职责相应的发明性任务的工作合同时，或者在执行明确委派给他的研究开发任务的过程中所完成的发明。一般而言，职务发明又可以分为两种：一种是雇员的实际职责就包含有研究性的任务。雇员接受的创造性工作任务一般来源于其工作合同中的条款。另一种是雇员完成的发明来源于临时性的工作任务，这一任务应当是明

---

① 陈俐，冯楚健，陈荣，等. 英国促进科技成果转移转化的经验借鉴——以国家技术创新中心和高校产学研创新体系为例［J］. 科技进步与对策，2016（15）：9-14.

第四章　国外促进高校、科研院所国家财政资助科技成果转化的立法、经验与启示

示确定的，而不能是默示推定的。交付于雇员的任务可以是持续性的或临时性的。特别是对于在工作合同中确定有常设的发明性工作任务时，立法者为了避免雇主权利的滥用而预先设定了另一个条件，即该任务应当与雇员的实际职责相匹配。工作合同中的发明性或创造性任务应当与雇员在实际工作中的职责相符合。就雇员发明的类属做出准确的判断要求探寻该雇员实际工作职位所对应的真实内容，而非拘泥于合同条款。非职务发明是指那些既非来源于合同中明确的任务，亦非来源于由雇主所明确交付的包含发明性工作内容的任务的发明，包括使用雇主的物质技术条件完成的发明创造。①

职务发明的权利归属于雇主，但这并不意味着对雇员权利的漠视，雇员可以得到补充报酬，报酬要根据集体合同、企业协定和个人工作合同确定。而使用雇主的物质技术条件完成的发明创造，雇主在一定期限内可依法定条件将工业产权归为己有，或者享受部分乃至全部受雇人发明的专利权。此时，受雇人应获得合理酬金。这一规定实质是承认了雇员与雇主可以选择共有专利权，同时也可以分享收益

---

① 法国《发明专利法》（1968 年制定，1970 年、1978 年修订）第一条规定："工业产权证书的获得权属于发明人或其权利承继人。如发明者是一受雇人，除非合同规定更有利于受雇人，否则工业产权证书的取得权按下列条款决定：①受雇人的工作合同包括有发明任务，其职务与此发明任务相符，受雇人在执行此合同过程中做出的发明雇主所有；受雇人从事明确委托给他的设计或研究工作做出发明也雇主所有。受雇人是此项发明的主要从事者，可得到补充报酬，但报酬要根据集体合同、企业协定和个人工作合同确定。②上述规定外的一切发明属受雇人所有。但受雇人发明是在完成本职工作过程中或在企业活动范围内做出的，或者由于考察或使用了企业专有的技术、设备、资料等，则雇主按行政法院法令规定的条件期限，有权将发明的工业产权归为己有，或者享受部分乃至全部受雇人发明的专利权。受雇人则应获得合理酬金，酬金数额，若各方协议不偕，则由第六十八条（之二）所指的劳资协调委员会或大审法庭来确定。这些法律机构将权衡向它们提出的各种原委，特别是雇主和受雇人提出的原委，以便根据这两者原有贡献大小和发明本身的工业、商业实用性，计算受雇人应得的合理酬金。③作为一项发明作者的受雇人应将其发明通报雇主。雇主按法令规定的程式和期限给予回执。受雇人和雇主应相互报告有关发明的一切有效情报，但他们都应防止泄露发明，以免全部或部分损害本法所赋之权利的实施。雇主与受雇人之间一切有关受雇人发明的协议均以书面材料为凭，否则无效。④执行本条款的具体实施办法将由行政法院法令规定。⑤本条各款同样适用于国家、公共团体、公共企业等的代理人以及每个公法法人，具体实行方法由行政法院法令规定。"

189

权。而其他非职务发明的权利归属于雇员。

众所周知，法国是"雇主主义"国家，其于1978年修订的《发明专利法》中首次规定职务发明归雇主享有，非职务发明在未签订合同时归雇员享有。"雇主主义"在一定程度上抑制了雇员的创新性和积极性，为平衡雇员和雇主之间的权益，法国于1992年发布了《知识产权法典》，其中规定了任务发明（职务发明）的权利归属于雇主。除此之外，法律还规定了"混合发明"的情形和权利归属，混合发明指雇员了解或使用企业独有的技术手段或其他数据及物质技术条件所完成的发明创造，雇主对混合发明有权依行政法院法规获得全部或部分专利权或普通实施权。通过上述分析发现，在没有特别约定时，法国的职务发明权属归雇主，混合发明的权属亦有可能归雇主。①

"雇主主义"的发展经历了两个阶段。第一个阶段是确立雇主专利权。1974—1975年，法国受资本主义世界经济危机的影响，出现了物价上升、失业、传统工业经济停滞不前等问题。为了摆脱困境，法国在加大知识密集型产业科研投入的同时，加强创新科技成果资产国有化，提高国家所有制占比。为适应经济结构调整，法国《发明专利法》（1978）中首次提出职务发明，即无论雇员利用雇主何种物质技术条件，只要是执行劳动合同或者完成明确被授予的研发任务，发明归雇主享有，雇员获得相应的奖酬。对于非执行研发任务的雇员利用雇主物质技术力量完成的非职务发明，无合同约定时，归雇员享有；反之，无论雇主提供的物质技术条件为何种类型，有合同约定的，采用合同优先原则。这些规定虽为实施科技成果资产国有化提供了法律依据，但在非职务发明条款中欠缺对雇员利用何种物质技术条件的具体规定，缺乏雇主与雇员权利的合理化分配，打击了雇员的积极性，无法适应全球贸易时代下复杂的经济环境。其后发展进入第二阶段：限制雇主专利权。随着高科技知识产权密集型时代的到来，以

---

① 陈忠. 高校职务发明的利益分享机制研究［D］. 广州：华南理工大学，2017.

发明创新为灵魂的知识经济成为助推法国发展的核心驱动力，如何合理分配发明带来的利益成为经济持续发展的关键。法国《知识产权法典》（1992）对雇员利用雇主独有的物质技术条件产生的非职务发明进行单独规定，以限制雇主获得非职务发明权利的范围。独有物质技术条件是指企业单独享有的技术、手段、原始资料以及已经加工的信息；只有雇员利用这些物质技术条件完成的非职务发明，雇主才享有专利权。而对于其他非职务发明，雇员享有所有权。进一步来说，在实践中，法院不因雇主优越的地位而满足雇主在没有提供非独有资源的情形下主张专利权的请求，忽略雇员对发明创造所做出的贡献，损害雇员的合法利益，而是严格按照法律规定在同等条件下采用同等的对待方式。该规定限制了雇主主张非职务发明权利的范围，保护了雇员的合法权利，有利于调动科研人员的积极性和创造性。由此可见，以雇主优先的职务发明权属制度为主的法国，通过对利用物质技术条件的界定及适用进行明文规定，已形成成熟理念，激发了雇员的积极性和创造力，在保护雇主利益的同时兼顾了雇员的利益，平衡了雇员和雇主之间的利益。[①]

二、法国高校职务科技成果转化的实践经验

法国高校、科研院所的科研工作，由法国政府统筹安排和管理。首先，国家在每个经济和社会发展的五年计划中都会确定科研重点，通过科学技术总代表处和教育部向高校尤其是那些条件好、在某些领域有优势的高校分配科研任务。但是，这些任务不是通过行政命令，而是通过协商下达的，高校有权自主决定是否接受，尽管拒绝的情形非常少见。高校同样以协商的方式，通过本校科学委员会向各基层单

[①] 曾莉，付雪旻. 国际视野下职务发明权属制度的经验与启示［J］. 科技与法律（中英文），2021（1）：44-52.

位分配任务，各基层单位再向科研人员分配任务。其次，法国政府非常注重利用各方面的研究力量，通过各种合作"网络"，把人力和物力更好地协调起来，以最大限度地利用各种资源。法国高校与政府研究机构关系密切，高校积极与国家科研中心、国家健康与医学研究院和国家农业科学院等科研机构开展联合研究，这类合作研究与开发工作大约占高校科研工作的44%。高校与政府科研机构通常采用人员互聘和互派访问学者等方式加强合作。2004年，法国成立了国民教育部与研究高等教育部，通过这种部门将高校机构与独立研究机构结合起来，统一协调高校与国家科研中心等部门的科研活动。此外，法国政府还采取共建混合研究单位和联合研究所等形式，促进高校与政府科研机构的结合。①

20世纪初，高校学术发明的所有权归属问题未被法律明文规定。此时世界上某些联邦制国家政府纷纷出面设置许可证，许可高校进行知识产权创造，并将许可收入归属于高校。但在20世纪70年代，人们发现联邦政府实际上只发放了很少的许可证（不到5%），而且很多潜在的发明都没有得到充分利用。随着1980年美国《拜杜法案》的通过，漫长的制度化过程宣告结束，高校获得了对学术发明的所有权。有了美国的经验，欧洲各国也开始启动一系列影响学术研究的组织和资金的立法改革，向美国模式靠拢。这些改革旨在使高校与产业界的互动与商业化合法化，最终目标是提高科学投资的回报率并促进科技成果转化。

就法国而言，从1984年起，国有高校有权保留对公共资助研究发明的知识产权，并且通过法律加以规定。然而此时的实践效果并不佳，有关学术发明所有权的主要政策改革，当数1999年颁布的《创新与研究法》。该法律构建了高校与企业之间相互沟通的平台，即要

---

① 陈何芳. 论法国高等学校的科学研究与科技园区建设［J］. 高教发展与评估，2008 (4)：70—74，122.

第四章 国外促进高校、科研院所国家财政资助科技成果转化的立法、经验与启示

求高校设立工业与贸易活动服务处（SAIC）；构建高校知识产权管理中心，即要求高校设立科研中心，负责高校职务发明的专利申请，如果高校不作为或决定不予申请专利的，法律规定发明人有权自己申请专利。同时，法国政府和高校鼓励教师自己创办企业以转化自己的科技成果，政府也为之提供税收优惠政策。[①] 此后，法国陆续出台各项立法，以此激励高校管理其教授和研究人员发明的知识产权。为了贯彻落实相关法律，法国政府采取了一系列措施。

2005年法国引入了第一个国家研究资助机构——国家研究署（ANR），为高校和私营公司之间的合作研究项目提供竞争性资金，并向积极与私营公司发展伙伴关系的高校授予卓越标签（卡诺标签）和更多的资金。该机构由八个部门组成，涵盖所有科学领域。在这些部门中，有几十个指导性计划，每个计划都对应于该机构认为是优先的研究课题；还有一个非指导性计划，向科学家提出的任何研究课题开放。高校寻求知识产权和学术发明商业化的使命在2006年被首次明确提出，刚开始主要针对ANR赞助的研究成果，后来扩展到所有公共民用的发明。

2007年，法国政府颁布了《大学自由与责任法》，旨在通过为高校提供更多的自由来雇用临时工作人员，包括为他们的外包培训团队（TTO）雇用临时工作人员，并管理这些机构，从而提高高校的行政自主权。

2010年，法国政府投票通过了一项改革，将TTO区域化。高校的SAIC在区域层面上被分组，成为加速技术转移公司（SATT）。SATT负责管理和商业化几所高校的知识产权。在某一知识产权由多所高校共同拥有的情况下，为了简化专利申请程序，会指定一名代表。尽管成立SATT旨在取代其他形式的知识产权管理机构，如高校成立的有关技术转移的公司或协会，但这些机构仍然同时并存。

---

① 陈忠. 高校职务发明的利益分享机制研究 [D]. 广州：华南理工大学，2017.

三、法国职务科技成果转化的运行模式——国家资助模式

为了促进高校、科研院所与企业之间进行密切交流与合作，促进科技成果转化，法国政府出台了一系列政策和措施，并采取相应的模式促进科技成果转化。

（一）政府制定税收、信贷政策支持科技成果转化模式

早在1982年，法国政府就颁布了《税务总条例》，并规定以科研税收信贷形式促进企业加强与高校、科研院所的合作，开展科学研究与技术开发活动。1983年起，这项政策开始启动执行。该政策规定凡企业的研究与开发投资年增长率高于上两年平均增长率的50%的企业均可享受减税优惠。企业间一律平等，科研税收信贷总额申报后按照信贷条例进行分配。它不受政府的行政干预，企业可以完全按照自己对市场的分析和预测，选择适当的研究与技术开发项目，进行研究与技术开发工作，具有很大的灵活性。但企业在一年内享受的减税总额不得超过500万法郎。盈利的企业可按照规定享受减税优惠，亏损的企业不享受减税待遇，必须在3到5个月内向税务部门缴纳全部税金。1991年，法国政府根据这项税务措施的执行情况，又对有关法律进行了重大的修改，规定把企业一年内享受的科研税收信贷的减税金额增加至不超过4000万法郎。1995年2月，法国政府再次颁布法律文件规定企业享受的科研税收信贷的平均减税额调整为企业研究与开发投资增加值的75%，并主要根据企业研究与技术开发活动的地域分布来确定其享受科研税收信贷的减税率。[①] 1983年至2002年间，大约有4.6万家企业受益于这项税收信贷，总额达80亿欧元。

---

① 张天明. 法国促进技术创新的政策和措施 [J]. 全球科技经济瞭望, 2000 (6): 10-11.

2002年,共有5907家企业申请此项补贴,最后有2760家企业获得了总额约4.9亿欧元的资金,占其全部研发投入116亿欧元的4.2%。[①] 科研税收信贷政策作为一项具有实际效用的财政支持措施,极大程度上促进了法国技术创新,增强了法国企业的积极性和主动性,并且一定程度上提高了法国的国际竞争力。

(二) 国家加大研究经费的投入促进科技成果转化模式

法国政府通过加大相应资金的投入,启动旨在鼓励创建高技术企业的激励计划,即"春苗计划"和"创建-发展计划"。凡准备在法国境内创建创新型高技术企业者,均可参与地区性或全国性投标。法国政府将组织评审团进行评审,择优予以经费上的支持。"春苗计划"由法国研究与技术部的地区代表处和科研成果推广署的地区代表处联合评审团进行评审。中标者将在市场调查、技术经济可行性研究、人员培训、技术和法律咨询等多方面获得经费支持。"创建-发展计划"由研究与技术部组织评审团进行评审。中标者由国家一次性发放1到3年的研究与技术开发经费。[②]

同时,法国政府把70%左右的基础研究经费拨给了作为国家基础研究主力的高校。高校的研究与开发经费支出与科研机构大致相当。2002年,法国科研机构的研究与实验发展经费支出占研发经费总支出的17.0%,高校的这一比例为19.5%。[③] 另外,分配给项目的总体研究预算已从2005年的5.4亿欧元逐步增加到2009年的6.5亿欧元。截至2008年,法国共有56所综合大学从事基础研究,并各

[①] 徐辉. 法国促进企业技术创新和技术转移的政策措施 [J]. 全球科技经济瞭望, 2004 (10): 22—23.

[②] 张天明. 法国促进技术创新的政策和措施 [J]. 全球科技经济瞭望, 2000 (6): 10—11.

[③] 陈何芳. 论法国高等学校的科学研究与科技园区建设 [J]. 高教发展与评估, 2008 (4): 70—74, 122.

有自己的研究重点,[①] 主要集中于生物医学、海洋学、空间科学,以及核能、空间、航天和信息等领域。企业与高校形成各类研究中心和产业孵化器,产出研究成果,形成科技成果转化,促进经济的发展,这不仅对法国的科学发展和经济增长产生促进作用,而且对世界科学进步也做出巨大贡献。

(三)设立专项基金和创业资本债券促进科技成果转化模式

第一,法国政府设立了专门的研发基金,加大科技研发和促进科技成果转化。研发基金的运行方式主要是通过基金的科技理事会对参与竞标的由中小企业与高校实验室合作的研发项目进行评审,获得通过的项目即可获得基金的财政资助。其可以促进企业加大对研发工作的投资力度,同时,对支持国家重大科研计划和为大的研发项目提供财政支持,以降低开发周期和成本及相关风险,具有很大的现实意义。其中已经创立的研发基金包括温室效应住宅基金、心脏及动脉研究基金、航空与空间技术基金、通信与卫生研究基金等。[②] 第二,设立孵化器启动基金。法国允许公共科研机构和高校设立企业孵化器,特别是鼓励上述机构与地方政府联合设立企业孵化器。国民教育、研究与技术部从1999年开始安排专项资金用于设立孵化器和启动基金,并面向全社会进行项目招标,由科技界、企业界和金融界人士组成的评审委员会对投标项目进行评审,并择优予以支持。启动基金主要针对国家确定的优先发展领域,如生物技术、新材料、信息技术和通信等。法国还鼓励地区以传统的风险资本作为启动基金。[③] 第三,设立风险资本和技术创新公共基金。法国政府安排6亿法郎用于创立风险

[①] 陈何芳. 论法国高等学校的科学研究与科技园区建设[J]. 高教发展与评估, 2008 (4): 70—74, 122.

[②] 徐辉. 法国促进企业技术创新和技术转移的政策措施[J]. 全球科技经济瞭望, 2004 (10): 22—23.

[③] 张天明. 法国促进技术创新的政策和措施[J]. 全球科技经济瞭望, 2000 (6): 10—11.

资本公共基金。该基金主要用于对企业技术开发成果的商品化和产业化过程的支持。此外，法国政府还争取到欧洲投资银行的3亿法郎贷款额度作为上述风险基金的补充。除了对已经认定的创新型企业提供税务方面的优惠条件，技术创新公共基金将其基金总额的60%用来对有前景的创新型企业进行投资。创新型企业由国家科研成果推广署按照国家的有关规定审查和认定。另外，法国政府还建立启动基金，专门用于资助技术创新成果的转化。[①]

另外，允许发行创业资本金债券。《创新与研究法》的颁布使创新型企业的税务状况得到很大的改善。自然人或法人控股的企业发行创业资本金债券时，创建者资本金的控股比例已经从75%降至25%。这是对研究人员创办创新型企业的一种很好的财务支持。股份转让时，持股人盈利部分增值税也相应降低，在企业停留3年以上者税率为16%，不足3年者税率为30%。[②] 这项措施很好地解决了科研人员创业资本金不足的问题，也在很大程度上刺激了科研人员创业。

（四）制定发明人获得合理报酬的政策促进科技成果转化模式

法国政府制定了相应的法律和政策，规定职务科技成果专利权归高校的情况下发明人可以获得的合理报酬。早在2005年法国颁布法令规定，法国国有高校和科研机构的科研人员作为发明人，依法享有发明专利奖励及转化收益。奖金按年度支付，并且可在年度内提前兑现。如果一项发明具有多个共同发明人，则在首次给付奖金之前，根据各自对发明的贡献确定各自的贡献系数。对于发明专利奖，总额是固定的，额度由负责制定预算、实施公共管理职能和研究管理职能的部门联合确定。这笔奖金分两期支付。第一次给付（占奖金总额的

[①] 张天明. 法国促进技术创新的政策和措施[J]. 全球科技经济瞭望，2000（6）：10-11.

[②] 张天明. 法国促进技术创新的政策和措施[J]. 全球科技经济瞭望，2000（6）：10-11.

20%)在首次提交专利申请后一年内完成,第二次给付在签署专利许可证或授予转让许可证的合同时完成。[①] 另外,法国在2001年修改法令规定,奖金的确定应当基于发明所涉产品的税前收入,扣除相关的费用后乘以代表有关代理人的贡献系数。该贡献系数是根据总利润来确定的。简单来说,基于一项发明的估值,小于等于6万欧元的利润部分,发明人和所属机构分别可获得50%和50%,大于6万欧元的利润部分,发明人和所属机构则分别可获得25%和75%。[②]

第六节 国外促进高校、科研院所国家财政资助科技成果转化实践对我国的启示

目前我国科技成果,特别是职务科技成果的转化效率还比较低。我们应当找出制约我国高校、科研院所科技成果转化的原因,从国外科技成果转化中吸取有用的制度、机制和经验,并结合我国实际情况,找到有效的解决方法,以此提升我国的科技成果转化率,为建设创新型的社会主义现代化强国提供动力支撑。

研究表明,影响我国科技成果转化效率的主要因素有二。一是高校机制的制约。高校是汇聚国家顶尖科学技术人才的基地,本应顺理成章地成为我国科技成果转化的中坚力量,但实际上我国高校的科技成果转化工作效果并不理想,针对这一现状,笔者总结了以下几方面问题:

(1)研究方向与实际脱轨。我国高校存在"重理论,轻实际"的研究风气,一些科技研究者忙于提出各种理论来解释在实验室条件下

[①] 颜涛. 法国现行知识产权权属及利益分配政策简析 [J]. 全球科技经济瞭望,2020 (1):10—13.

[②] 颜涛. 法国现行知识产权权属及利益分配政策简析 [J]. 全球科技经济瞭望,2020 (1):10—13.

第四章 国外促进高校、科研院所国家财政资助科技成果转化的立法、经验与启示

取得的各种数据，却忽视了思考他们的研究成果是否与再生产有直接联系，是否能够为社会创造有意义的财富，从而导致了科学研究与生产实际脱节，一些耗费大量人力、财力、物力的研究成果并不能创造出实际意义上应有的价值，享有专利权的主体也无法通过专利的发明取得效益。

（2）成果过剩与成果短缺并存。虽然一些科技工作者能认识到实用型研究的重要性，但由于不了解生产实际、未曾充分收集市场信息，所以在科研工作中，往往对其研究成果能否进行市场应用的考虑较少，从而导致研究成果不适应企业生产的实际需要，企业的迫切之需得不到满足。

（3）科技成果的转化半途而废。科研成果从实验室到企业再到现实生产力，是一个多环节的过程。我国高校提供的"实验型"研究成果需要进行大量的改造才能投入实际生产中，而企业最迫切需要的是可以直接利用的"生产型"研究成果。但是我国的企业常因资金或风险问题而导致开发力量薄弱，对"实验型"研究成果束手无策。现阶段，这两者之间的尖锐矛盾并未得到有效的解决，这就导致了科技成果就算进入了转化的阶段，企业也不一定有能力将其转化。

（4）没有配套的激励机制。目前我国高校内部的人才培养激励机制注重的仍是论文发表数量、课题数量、论著数量等，高校内部蔓延着"重学术、轻应用"的风气，许多有能力的科研人才忙于完成立项、报奖、论文撰写，却忽视了其研究成果是否可以转化为现实生产力这一问题，对于科研成果的转化不够重视。

（5）市场意识和知识产权意识淡薄。国内高校往往忽视对无形资产的保护，对知识产权的价值认识不足。当一项成果完成后，国内高校科研人员往往不是首先进行知识产权申报与推广应用，而是急于申请成果鉴定、发表论文、晋升职称。这种行为导致许多科技成果丧失了转化为经济效益的良机。

（6）缺乏专门的管理机构。虽然我国高校也设有科技处，但他们

工作的重点是帮助科研人员申报课题、评奖等,而并不是帮助转化已有的科技成果,导致许多科技成果由于没有及时转化而失效。

二是社会机制的制约。从发达国家进行科技成果转化的经验来看,科技成果转化的效率与良好的社会环境和国家政策密不可分。以下是笔者总结的我国社会尚待完善的一些因素。

(1) 竞争激励机制不健全。我国高校的科研人员相对于欧美国家来说,竞争压力较小、主动面向经济建设的意识不够强烈,科研人员仍处于"等饭吃"的状态。科研人员的科研经费是国家下发的,很少有人会主动走出校门到企业去寻求研究经费。归根结底是相应的成果激励机制和保障机制不健全,没有激发高校科研人员主动走"产学研"结合道路的积极性。

(2) 法律环境有待进一步完善。我国一直在逐步完善有关科技成果转化和高新技术产业化方面的法律法规,但与发达国家相比,我国现有的法律无论从数量上还是覆盖面上,都还不能有效地适应市场经济和科技成果转化的需要,不能为技术成果的商品化和产业化提供有力的法律保障。

(3) 资金支持不足。资金是实现实验室产品从高校到企业批量化生产的重要保证,所以资金问题是科技成果的转让方和受让方都关注的重要问题。据统计,发达国家在科研、开发和推广阶段的经费投入比约为 1∶10∶100;但是在我国,科技成果的推广和转化一直缺乏强有力的资金支持,这导致很多有较强应用前景的科研项目仅仅停留在样机阶段,无法进行中试。这种状况在一定程度上损害了高校科研人员从事科学研究和科技创新的积极性,从而制约了科技成果及时转化为现实的生产力。

(4) 缺乏转移转化人才。专业技术人才是科技成果转化的核心,我国高校科研人才较多,但从事科技成果转化的人才较少。许多拥有研究成果的专家缺乏成果转化方面的专业人才帮助,不能转化自己的成果、开发自己的产品,使得科研成果不能及时转化。

（5）缺乏必要的机构和中介。我国目前还没有负责科技成果转化的专门机构，不利于科技成果转化工作的尽快实施。同时，社会上关于科研成果转化的其他相关机构不够多，也并未发挥出应有的作用。

结合我国职务科技成果转化效率低的现状，以及制约科技成果转化的因素，域外职务科技成果转化的制度、机制和经验对我国未来职务科技成果的有效转化有以下一些启示值得重视和借鉴。

一、协同运用多样化的专利权分享机制

上述各国职务科技成果专利权分享制度与机制呈现不同的特点，具体情况如表4-6-1所示。

表4-6-1　中、美、德、日、英、法六国职务科技成果所有权分享机制比较

	分类		权利配置	权利分享
中国	职务发明创造	完成本单位任务	单位享有所有权	收益权分享
		主要利用本单位物质技术条件		
	非职务发明创造	利用单位物质技术条件	有约定的从其约定，否则由发明人享有所有权	单位享有所有权时，存在收益权分享
		自行研发	发明人享有所有权	
	政府资助的发明创造		单位享有所有权	收益权分享，所有权分享受到限制

续表

	分类	权利配置	权利分享
美国	职务发明创造 — 雇主发起的发明	雇主享有所有权	收益权分享
	职务发明创造 — 雇主权发明	雇员享有所有权,雇主享有非独占、不可转让的免许可费的实施权	
	非职务发明创造	雇员享有所有权	
	政府资助的发明创造	由雇员所在单位享有所有权,雇员有权获得报酬	收益权分享以及没有明确规定的所有权分享
德国	职务发明创造	如雇主提出无限制的权利主张,雇员就必须将职务发明创造的所有权转让给雇主,雇员有权获得合理的补偿	收益权分享
	职务发明创造	如雇主提出有限制的权利主张,专利申请权和专利权依然归雇员所有,雇主享有非独占的许可使用权,并应当支付合理报酬给雇员	收益权分享
	非职务发明创造	雇员享有所有权	
日本	职务发明创造	雇员享有所有权时,雇主享有一般实施权或独占实施权	收益权分享
	职务发明创造	雇主享有所有权时,雇员有权获得报酬	收益权分享
	非职务发明创造	雇员享有所有权	
	政府资助的发明创造	受托人享有所有权	存在所有权分享空间

第四章 国外促进高校、科研院所国家财政资助科技成果转化的立法、经验与启示

续表

分类			权利配置	权利分享
英国	职务发明创造		雇主享有所有权	没有规定发明人权益
	非职务发明创造		雇员享有所有权	
	政府资助获得的发明创造		通过赋予专利所有权给研究单位和发明人	所有权分享
法国	职务发明创造		雇主享有所有权，雇员有权获得补充报酬	收益权分享
	非职务发明创造	利用单位物质技术条件	雇主在一定期限内可依法定条件取得所有权，或者享有部分乃至全部受雇人发明的所有权	收益权分享、所有权分享
		其他	雇员享有所有权	

通过上述比较，可以看出：首先，我国现有专利分享制度与机制较为单一，即仅有收益权分享机制。而世界上许多国家职务科技成果的专利权分享不仅有收益权分享，而且有所有权分享。其次，对于国家财政资助的科技成果，各国都有特别规定，一般是早期将其权利归属国家，而之后为促进转化，将其权利转归发明人所在单位，并赋予单位充分的自主权，单位可以自行选择转化方案。再次，国外的专利权分享机制常常是协同运用收益权分享，甚至所有权共有等方式，而一般不采取单一方式。又次，权利归属更多由法定走向约定。最后，各国权利配置与分享机制的价值依归经历了从确权到促进转化的变迁。将权利配置给发明人，但在特定情形下，由单位进行选择，此时可能需要支付一定对价，由此使得单位需要评估专利的价值并有转化意愿。

203

二、多渠道增加资金投入促进科技成果转化

高校作为基础研究的主力军，首先政府应当提高高校科研经费投入，以此促进科技创新。近年来，我国高校科研经费投入总额不断增加，从 2009 年的 4681726 万元增加到 2017 年的 12659612 万元，增加了近 1.7 倍。其中，政府投入规模由 2009 年的 2622019 万元扩大至 2017 年 8045467 万元；企业资金是高校科研经费的重要补充，从 2009 年的 1716703 万元扩大至 2017 年的 3603645 万元，规模占比保持在 30% 左右，但近年来有下降的趋势。[①] 有投入必然有产出，近年来，高校科技成果产出颇丰。科技专著的出版由 2008 年的 37541 部增加至 2017 年的 45591 部，科技论文的发表数量从 2008 年的 964877 篇增加至 2017 年的 1308110 篇；专利申请数自 2008 年的 39656 项攀升至 2017 年的 158354 项，增长幅度近 400%，专利授权数自 2008 年的 19248 项增加到 2017 年的 169679 项，增加了将近 7.8 倍，重大科技成果由 2008 年的 35971 项增加到 2017 年的 59792 项，增加了 66%。[②] 中国是一个发展中国家，国家财政投入仍大量倾向于国家经济建设和社会保障体系的建立和完善，虽然每年科研经费投入增多，科技成果的产出也在逐年增加，但是与发达国家相比，还远远不够。我国高校仍然面临着设备陈旧、实验条件和环境较差、实验材料不足、人员的培训与交流缺乏等问题，而这些问题直接指向科研经费的不足。由上述数据可知，我国政府科研经费投入资金已经占高校经费投入总额一半以上，因此，光靠政府资金投入是远远不够的，需要拓宽科研经费来源的渠道，进行资源整合，杜绝资金浪费。

[①] 王宝松. 高校科研经费投入、营商环境与经济增长 [D]. 湘潭：湘潭大学，2020.

[②] 王宝松. 高校科研经费投入、营商环境与经济增长 [D]. 湘潭：湘潭大学，2020.

第四章　国外促进高校、科研院所国家财政资助科技成果转化的立法、经验与启示

一方面，可以加强高校与科研院所的合作。加强与国家科研院所的合作，可以借助国家科研院所先进的仪器设备、良好的研究工作基础和丰富及时的科技信息等条件，共同开展科研活动。这样就可以在国家财力和物力都十分有限的情况下，充分利用国家科研院所和高校现有的科研力量及各自的研究优势，也可以避免资源的浪费和研究课题的重复。目前中国科学院开放实验室（或研究所），公开接受高校或其他研究单位的申请者在一段时间内定期来实验室工作的模式，就是一种较好的合作形式。对照法国高校与国家科研机构的合作机制，我国可以进一步优化"中国科学院模式"：单位之间以协议或其他形式将这种合作机制常态化，确定一个长期的合作目标、具体的合作计划和实施办法，并制定工作绩效考核指标。[①] 同时，地方科研机构是区域创新的主体之一，是区域科技成果转移转化的主力军，对促进地方经济持续稳定的发展具有重要的作用。加强与地方科研机构的合作，利用其与地方的经济发展联系更为紧密，比国家科研机构更具有地缘、资源、政策等优势，加强与地方企业的密切合作，面向当地的市场和经济建设，更好地进行科技创新，进行技术成果转移转化。[②]

另一方面，可以加强高校、科研院所与企业的合作。首先是，鼓励公益类科研机构面向企业和市场提供有偿服务。日本科学技术振兴机构的职能与我国公益一类科研事业单位的职能定位很类似。但在经费来源渠道上，其和我国有明显的不同。虽然其绝大部分活动经费来源于政府拨款，但仍有一成半左右来自企业和自身创收经费。德国弗劳恩霍夫应用研究院30%的经费来源于企业。我国公益一类事业单位因国家相关规定，不得开展经营活动，履行职责依法取得的收入或

[①] 张菊.法国高校与政府研究机构的合作及对中国的启示［J］.科技进步与对策，2003（4）：130-132.

[②] 付岩.发达国家科研创新机构科技成果转移转化的特点及启示——以德国弗劳恩霍夫应用研究院和日本科学技术振兴机构为例［J］.中国科技资源导刊，2017（3）：97-103.

基金也要上缴国库或财政专户，所以其经费几乎全部来自财政拨款。以我国各省科技情报机构这几年的政策执行效果来看，这一政策规定不利于调动科研人员的工作积极性和科研事业单位的发展，更无法体现对智力劳动价值的尊重。因此我国相关科研单位应借鉴日本科学技术振兴机构和德国弗劳恩霍夫应用研究院的做法，在为社会提供公益性服务的同时，根据企业和市场需求，提供个性化、定制化的产品服务，并将服务收入用于支付科研经费和科研人员奖励。其次，成立全链条的研发机构。我国正在加快推进科技强国建设，急需解决从实验室到产业化推广的"最后一公里"的问题，需要建立像德国弗劳恩霍夫应用研究院和日本科学技术振兴机构这样的大型研发机构，以统筹配置科技资源，把政府、高校、科研机构和企业等主体链接起来，把各方的需求从基础研究到产业推广有效地衔接起来并可持续运转。这样，政府、高校、科研机构和企业可以各司其职。① 政府可以通过这一平台，以拨款的形式支持研发机构开展代表国家战略的技术开发，鼓励高校和科研机构开展研究的同时，更好地为企业服务。还可使高校可以更好地关注学术前沿，专心研究学术；企业更加专注于市场和销售；共性技术研发机构可以通过发挥其技术和信息优势，为企业源源不断地提供成熟的技术支持。② 鼓励产学研合作，一个项目如果参与的企业、高校越多，那么获得的资助就越多。其中，需要注意的是，中国的高校、发明人甚至部分中介机构都有政府财政的大力支持，导致中国高校在自主权利上相对美国等国家较弱。③ 因此，借鉴美国经验，政府"有形的手"需要稍微放力，以此促进我国高校在科

---

① 付岩. 发达国家科研创新机构科技成果转移转化的特点及启示——以德国弗劳恩霍夫应用研究院和日本科学技术振兴机构为例 [J]. 中国科技资源导刊，2017（3）：97-103.

② 侯人华，刘春燕，杜薇薇. 科技报告制度体系与形成模式研究 [J]. 情报理论与实践，2014（1）：51-54.

③ 徐亚兰. 基于中美比较的高校科技成果转化系统优化研究 [D]. 成都：西南交通大学，2018.

研活动方面群策群力，与企业和社会需求相结合，有效促进科研成果的转化，同时推动高校自身的建设和社会的发展。

三、完善职务科技成果转化相关立法和配套政策

职务科技成果尤其是高校职务科技成果、国家财政资助获得的科技成果的转化依赖于政府的政策法规支持，没有《拜杜法案》《雇员发明法》等一系列法律支持，就没有美国、德国、日本今天高校科技成果转化的成绩。尽管我国政府已出台了相关政策，但是，在一些问题方面还需要加大支持力度。除税收减免、提供低息贷款之外，适时推出相关法律，让各个主体的权利都受到法律平等的保护，才可以刺激各方更加积极地实现科技成果的转化。同时制定和完善职务科技成果相关的配套政策。

第一，健全财税支持政策。财税支持是高校科技成果顺利转化的保障，可以通过财政资金为高校科技成果转化设立股权投资基金、研发创新人才奖励基金，提供债券融资担保、贷款贴息等。也可以设立高校科技企业财税"直通车"，[①] 制定可快速落地实施的财税政策，如开通高校科技企业免税"绿色通道"，提供高校科技企业债权融资担保、贷款贴息等，[②] 为与高校科技成果转化有关的个人与单位提供更大的税收优惠，为高校科技成果转化节约成本，使其获得研发支持和规模化融资，引导更多风险资本投入。同时，按照市场规律和科技成果转化发展规律确定税收优惠对象和环节，将税收优惠从单位收益改变为项目收益，使税收政策对科技成果转化的激励方式更加灵活多样。引入更多的以增值税为主的间接税优惠，形成财税政策扶持合

[①] 高志勇.促进我国高校科技成果转化的财税激励政策研究［J］.经济研究导刊，2019（21）：65-66，74.

[②] 郑学党，汪春雨，赵乐祥.新时代推进高校科技成果转化的财税激励政策研究［J］.高校教育管理，2019（2）：68-77.

力，促进创新主体和成果的市场化，充分发挥财税激励对科技成果转化的政策效应。① 另外，可以根据知识产品外溢性强弱实施不同的财税支持政策。例如，对于专利来讲，一般情况下发明专利的外溢性最强，实用新型技术专利次之，外观设计专利最弱，故在进行财税支持时，我国应给予发明专利最直接的财税优惠政策。此外，社会科学领域的科技成果激励一直被忽视，但人文社会科学知识成果具有极强的外溢性，其转化有助于推动其他各个领域的研究发展，直接影响到科技成果转化的整体质量与效率，故财税支持政策也应该加强对社会科学成果的关注。② 因此，通过设计合规、操作性强的财税支持政策，可以充分调动高校科研人员与高校出资成立的企业的积极性，化解科技成果转化融资难题。③

第二，完善股权激励政策。目前高校无形资产面临多头监管的问题，未来我国要将监管主体统一收归至教育部，明确监管边界，减少重复监管与无序监管。我国要对不够明确的政策出台相关细则和指导意见，进一步完善技术类无形资产作价入股的标准和方法，并弥补相关政策的空白。同时，对校办企业使用无形资产出资而形成的国有资产的处置应采取相对灵活的授权方式。另外，我国可对国有无形资产认缴出资形成企业股权激励补充一些实操性更强的财税政策，特别是支持高校和校办企业在认缴无形资产时，可对发明人实施股权赠予式激励；也可对校办企业无形资产注资适当放宽条件。此外，相关主管部门可以适当放宽对科技成果入股比例的要求，减少与地方相关法律法规及政策的冲突，更好地协调中央与地方法律法规及政策的关系，

---

① 高志勇. 促进我国高校科技成果转化的财税激励政策研究［J］. 经济研究导刊，2019（21）：65—66，74.

② 郑学党，汪春雨，赵乐祥. 新时代推进高校科技成果转化的财税激励政策研究［J］. 高校教育管理，2019（2）：68—77.

③ 高志勇. 促进我国高校科技成果转化的财税激励政策研究［J］. 经济研究导刊，2019（21）：65—66，74.

第四章 国外促进高校、科研院所国家财政资助科技成果转化的立法、经验与启示

鼓励地方在教育改革上进行积极探索。[①] 与此同时，还需协调现阶段个人所得税和企业所得税在转化模式选择上的导向冲突，一方面，调高技术入股时的个人所得税税率，如分红按"利息、股息、红利所得"20%税率计税，股票转让按"财产转让所得"计税；另一方面，降低技术入股模式下的企业所得税税率，高校和校办企业转让股权并取得收益时应适用技术转让税收优惠政策，秉承"无现收益不征税"原则，如允许选择五年均匀纳税或暂不纳税。通过上述方式，避免税收政策影响高校、企业、科研人员三者的模式选择决策。[②]

第三，确保国有资产保值增值。国家要明晰国有资产保值增值评价标准，允许高校成立投资委员会具体负责成果转化投资决策；对高校资产管理的国有控股平台进行充分授权、阳光激励，形成决策、管理、运营的全链条，资产运营平台要向混合所有制发展。此外，国家相关部委或者地方政府可成立母基金，以有效解决科技成果前期风险大、回收期长等问题。母基金的成立可以有效发挥财政杠杆效应，充分利用国家财政、社会资金和高校自有资金等多方资金，保证科研前端与中端的资金支持，调动高校产业集团的积极性，缓解由于前期风险大导致的资金投入不足问题。基金通常设有封闭期，封闭期内资金不能赎回，这为科研活动提供了长期资金支持，有益于长期科研项目的持续发展。此外，母基金的成立还有益于提高高校产业集团的专业化管理水平，高校产业集团通过学习借鉴先进市场理念，裁撤冗员，提高办事效率，实现国有资产保值增值。[③]

第四，发挥财税政策的社会杠杆作用。财政资金在科技创新中的支持力度受制于财政收入的限制，特别是对中国这样的发展中国家来

---

① 郑学党，汪春雨，赵乐祥. 新时代推进高校科技成果转化的财税激励政策研究[J]. 高校教育管理，2019（2）：68—77.
② 高志勇. 促进我国高校科技成果转化的财税激励政策研究[J]. 经济研究导刊，2019（21）：65—66，74.
③ 郑学党，汪春雨，赵乐祥. 新时代推进高校科技成果转化的财税激励政策研究[J]. 高校教育管理，2019（2）：68—77.

说，更应该通过发挥财政科技资本社会杠杆作用，吸引更多社会资本参与到科技成果转化过程中。例如，可以以政府出资，通过设立高校科技成果转化引导基金的形式，吸引社会资本参与到科技成果转化工作中，共同为高校科技成果转化提供资金支持。[1] 同时，民营企业作为我国高校科技成果转化的主要需求方，为高校科技成果转化提供了大量资金支持。财税政策为民营企业与高校的科研合作提供支持，既可减轻民营企业科技成果产业化税收负担，也可推动高校科技成果得到广泛应用。我国不能仅依靠支出型财政政策，而应更多依靠收入型财政政策，通过减税的方式，降低科技成果转化成本，让更多的中小型民营企业受益。[2]

第五，健全职务发明创造奖酬制度。健全高校、科研院所职务发明创造奖酬制度，首先需要明确高校、科研院所的职务发明创造奖酬标准。在高校职务发明创造奖酬问题的处理上，不仅需要考虑发明人与高校、科研院所之间的利益平衡，更重要的是考虑个人利益与公共利益之间的平衡，做到既能鼓励发明人创造热情，又能最大限度地防止国有资产的流失。[3] 对社会资源和利益在人与人之间、人的集合之间进行分配是法律制度存在的原因，高校职务发明创造奖酬制度的诞生同样基于此种原因，即通过公平分配实现发明人与高校之间的利益平衡。[4] 对发明人的奖酬，《专利法》（1984，1992）采取非物质性的精神奖励方式；1996年《促进科技成果转化法》、1999年《关于促进科技成果转化的若干规定》规定奖酬不低于转让所得净收入的20%；2010年《专利法实施细则》规定发明人的奖酬有约定依约定，没有

---

[1] 孔祥银. 面向高校科技成果转化的财税支持体系研究 [J]. 经济研究导刊，2017 (22)：74-75.

[2] 郑学党，汪春雨，赵乐祥. 新时代推进高校科技成果转化的财税激励政策研究 [J]. 高校教育管理，2019 (2)：68-77.

[3] 张劲草. 新《专利法》视域下高校职务发明权属问题研究 [D]. 桂林：桂林电子科技大学，2022.

[4] 李胜利. 分配法与再分配法 [J]. 法学评论，2008 (2)：110.

约定的，奖酬为不低于实施该发明的年营业利润的2%及不低于许可使用费的10%；2015年修订的《促进科技成果转换法》规定有约定依约定，无约定依单位的规定，无约定且无规定时，奖酬标准由单位所在地方政府制定。[①] 这些法律文件尽管提高了对科研人员的奖酬标准，但其内容相互不同甚至存在冲突，奖酬支付标准不明晰，从而严重挫伤了发明人研发及转化职务科技成果的积极性。

另外，据调查和了解，我国高校对职务发明创造转化收益的管理还沿用以前的老思路，虽具体路径不同，但都是以横向项目的模式作为管理方式。我国对横向项目的理解一般为校企平行合作，包括合作研发、委托研发、技术转让、技术咨询等。对于该模式的经费管理，高校将转化收益归入横向经费进行管理，费用提取一般为：学校和学院提取管理费（一般各为5%），其余作为科研经费。对于结题后的项目，其结余经费又按科研发展基金（30%左右）、业务招待费（20%左右）、劳务酬金（50%左右）进行二次分配。这种经费管理模式显然与《促进科技成果转化法》（2015）中规定的收益奖励或报酬方式不同。美日等发达国家也规定了净收益分配的原则。高校作为职务发明创造的拥有者为专利转化提供必要性服务，发明人对专利转化收益拥有获得报酬权，而利益分享方式是采用净收益分配的方法，即专利所得收益在扣除高校投入的必要性管理费用和缴纳各种税费后，由发明人及其所在院系和高校分享收益。[②]

因此，我国可以借鉴美国及日本共性的经验，通过立法统一规定发明人因其职务发明创造转化获得奖酬的标准，确保高校发明人奖酬权利的实现。[③] 高校摒弃以传统横向项目的方式管理职务发明创造转

[①] 魏琼. 美日高校职务成果转化的权利配置及启示[J]. 宁夏社会科学，2018（6）：57-64.

[②] 陈忠. 高校职务发明的利益分享机制研究[D]. 广州：华南理工大学，2017.

[③] 魏琼. 美日高校职务成果转化的权利配置及启示[J]. 宁夏社会科学，2018（6）：57-64.

化或收益，将之单独抽出管理，对技术许可、转让、咨询、参股等所获得的收益扣除必要税费后列入"可分享的净收益"，使之区别于合作研发、委托研发等活动获得的经费，并为该可分配的净收益建卡，衡量和评价职务发明创造的完成和转化过程中发明人、转化人和学校的贡献，加大对转化人的激励。若是职务发明创造归属于发明人，收益的分配对象同样是去除成本后的净收益，并由发明人将约定的比例转移给高校。① 当然，也可以不通过立法统一，由高校、科研院所与发明人可以自行约定适用《专利法实施细则》(2010) 或《促进科技成果转化法》(2015)，在未约定或者约定不明确时，高校应当尊重发明人的选择，或者高校自行选择对发明人更有利的法条进行适用，以最大限度保障发明人的利益。②

其后，需要严格执行职务发明创造奖酬制度。各地政府也应当在上位法规定的基础上，结合本地社会经济发展的实际情况，对职务发明创造奖酬标准以及奖酬的分配情况制定相应的地方性法规或规章，对高校在奖酬发放方面发挥指导性作用，保障高校发明人的合法权益。③ 高校应当为奖酬的发放、支付等提供配套的制度保障，比如简化奖酬发放审批程序，为奖酬的发放提供便利；建立负责人容错免责机制，为负责人积极进行奖酬约定提供相应的保障，尽可能地消除负责人的后顾之忧，使得高校职务发明创造奖酬制度得到更加自由的弹性环境。④ 同时也要避免出现奖酬金额基准难以确认、奖酬计算方法不合理的问题，提高可操作性。⑤ 另外，针对奖酬纠纷，应当在进行

---

① 陈忠. 高校职务发明的利益分享机制研究 [D]. 广州：华南理工大学，2017.
② 张劲草. 新《专利法》视域下高校职务发明权属问题研究 [D]. 桂林：桂林电子科技大学，2022.
③ 付健. 我国高校职务发明奖酬法律制度探析 [J]. 梧州学院学报，2020 (2)：35.
④ 张劲草. 新《专利法》视域下高校职务发明权属问题研究 [D]. 桂林：桂林电子科技大学，2022.
⑤ 颜涛. 法国现行知识产权权属及利益分配政策简析 [J]. 全球科技经济瞭望，2020 (1)：10—13.

法律完善时明确纠纷争议的解决途径，高校内部也应当建立相应的纠纷解决机制，以保障高校发明人的收益权受到侵害时能够尽快得到解决。

四、明确知识产权价值

我国科技成果转化依然不如预期，有一个很重要的因素就是我国知识产权市场仍待完善，对科技成果价值的评估机制有待进一步优化，这使得科技成果未能在市场中较好地体现其价值，导致高校科技人员缺乏较高的创新热情和内在动力将科技成果转化为实际效益。所以，在我国的科技成果转化的过程中，明确科技成果的价值是第一步，只有让各相关主体清楚地知悉该科技成果的实际价值，才更有利于他们共同将科技成果转化为实际效益。

五、更新高校办学理念与改进科技成果转化政策

高校科技成果转化的基础是高校服务于社会的办学理念，其对科技成果的成功转化具有相当重要的基础作用。当前，人们更多地关注我国高校科技成果转化率低的现实。其实，我国高校应更加关注如何真正建立"服务社会"的办学理念，形成高校促进社会经济、社会回报高校的良性循环机制，推动校企紧密结合，使我国高校在科研管理体制上与市场建立密切联系，强化教师科技成果转化意识。因此，高校应建立引导和鼓励科研人员投身成果转化的长效机制。这就需要在成果和职称评定、奖励制度等方面由以论文多少论成绩和以实验室成果鉴定为主的现状，向考察项目能否转化和成果有无显著的市场前景的方向转变；在成果转化收入方面，高校应给予更加积极的支持，提供一定实验配套经费，建立研究开发的追踪机制，给予特别有前景的项目一定的风险投入。

六、积极推进职务科技成果混合所有制改革

我国现行法律对科技成果一直遵循的原则是职务发明创造归属于单位，虽然在 2015 年修订的《促进科技成果转化法》中规定了在职务科技成果转化以后，单位应该向对该科技成果做出贡献的人员支付相应的报酬和奖励。但这仍然没有明确规定发明人应该享有的权利，主动权仍然在单位一方。这就导致了发明人的积极性不高，对科技成果是否转化并不关注。因此，积极推进职务科技成果混合所有制改革十分迫切。2016 年 1 月，西南交通大学在已有改革的基础上出台九条规定，其中明确规定了学校与发明人就专利权的归属和申请专利的权利签订奖励协议，规定或约定按 3∶7 的比例共享专利权，即发明人拥有大部分的收益权和处置权，实现了职务科技成果知识产权向发明人的实际让渡，使发明人成为科技成果转化的主体。这一做法从 2016 年 7 月试行，当年年底已实现 14 个项目转化，其中 5 个项目成立了公司，9 个项目进入中试，一家公司的订单超过了 5000 万元。[①] 可见，积极推进职务科技成果混合所有制改革对促进科技成果转化的作用非常显著。因此，实行职务科技成果混合所有制，让发明人享有更多的权益势在必行，就如西南交通大学原校长徐飞所说："通过所有制的改革，让科研人员拥有自己成果的所有权，这有利于激发教授们创新创造的积极性，真正解放生产力。"

综上所述，我国在科技成果转化问题上有自己独特的国情和历史背景，我们既要学习发达国家对于知识产权的保护和重视，协调好各主体之间关于知识产权归属的矛盾，也要结合自身情况，找到在科技成果转化上存在的问题，分析问题的原因，找到有效的解决方法。对

---

① 姜澎. 西南交大探路职务科技成果混合所有制见成效 [N]. 中国高新技术产业报，2016-6-20（A9）.

于实践证明有效的转化方法，如职务科技成果混合所有制，我们应该坚定不移地持续推进。相信只要从实际出发，不断地探索，一定能走出一条适合我国自身情况的科技成果转化之路。

第五章　我国职务科技成果混合所有制改革的路径与制度完善

第一节　职务科技成果混合所有制改革的基本原则

职务科技成果混合所有制改革以变革权属的方式激励发明人积极参与职务科技成果转化，在实践中取得了一些效益，也存在需要改进之处。因此，借鉴域外经验，完善职务科技成果混合所有制改革，需要明确应当坚持的基本原则，并完善路径和具体的制度。

一、约定优先原则

职务科技成果的产生一般依赖于相应的科研项目，从资金来源来看，这些科研项目可以分为两类，一类是由国家财政资金提供支持的科研项目（即通常所称的"纵向科研项目"），一类是由企业或其他社会组织提供资金支持的科研项目（即通常所称的"横向科研项目"）。①

有观点认为"谁出资，谁所有"，根据这一原则，第一类职务科技成果的所有权应当归国家所有，第二类职务科技成果的所有权应当归出资企业或者单位所有，这种以"资金为王"的观念是对科研人员的智力价值的极大忽视，挫伤了科研人员的积极性，也造成了职务科技成果转化率持续低下的后果，因此这种"谁出资，谁所有"原则在职务科技成果混合所有制改革中是绝对行不通的。

目前，我国职务科技成果的权利归属仍然主要采用"法定权属为原则、约定权属为补充"的机制，即在法定或者无特别约定的情况下，职务科技成果的所有权归单位所有，然而这一机制在实践中不能适应当前多元化的技术研发模式与产业革新的需求，抑制了单位与科研人员权利配置和利益分配的自由。单一的法定权属模式难以有效激发单位与科研人员的创新活力，尤其在投资主体多样化的市场经济条件下，固定的权利配置不符合私营企业、外资企业等私立投资主体的利益诉求，法定权属模式的弊端日益凸显，阻碍了职务科技成果的转化与运用。②

法律的修改应当要有充分的前瞻性。在知识产权制度修正的过程中，我们应当看到实践的变化，寻找法律发展的规律，了解各方主体的利益诉求，深刻认识阻碍实践发展的深层原因，这样才能让知识产权制度在未来较长时间内继续推动科技进步与产业发展。在职务科技成果权利归属制度中，"约定优先"原则已经在法律条文中有所体现，它一定会是未来职务科技成果权属制度改革的导向。以"约定"为导向，符合我国现阶段的经济形态，可以构建单位与科研人员的良好合

---

① 胡晓桥，李炎，许东升，等. 高校科技成果所有权权属改革的问题与对策［J］. 北京经济管理职业学院学报，2021（3）：15.

② 刘鑫. 职务发明权利归属的立法变革与制度安排——兼评《专利法修订草案（送审稿）》第六条［J］. 法学杂志，2018（2）：132.

作关系，是实现单位与科研人员资源配置的最佳手段。[①] 并且，依据"约定优先"原则来确定职务科技成果的权利归属能够更好地适应不同主体、不同行业的差异性需求，使双方能够按照所处行业的实际情况灵活地配置权利，符合单位与科研人员双方的利益诉求。因此，要推动"约定优先"原则逐渐成为职务科技成果权利配置的主要模式，通过单位与科研人员的意思自治，在平等协商的前提下，确定不同类型的职务科技成果权属模式，推进职务科技成果权利合理配置与高效转化运用。[②]

然而，"约定优先"并不意味着只要单位与科研人员达成一致，职务科技成果权利配置就具有合理性，意思自治的适用也应该有所限制。根据《民法典》合同无效的规定，单位与科研人员的约定不能违反法律的强制性规定，不得损害国家安全、国家利益和重大社会公共利益。与此同时，基于约定权属模式任意性的特点，必须对职务科技成果约定权属的适用范围予以必要限制，避免出现单位在利益的驱动下做出有悖于公平正义的权属约定，确保职务发明创造约定权属机制的有序运行，使约定权属的优越性得以充分发挥。在单位与科研人员对职务科技成果的权属进行约定的过程中，虽然双方是在平等的基础上进行协商，但现实中基于劳动关系的束缚，科研人员往往因处于弱势地位而很难以其自身的力量与单位抗衡，因此不能完全避免单位给予科研人员不公平待遇的情形出现，单位可能利用其优势地位强迫科研人员接受对其不利的约定，由此损害了科研人员合法利益。因此"约定优先"原则不能突破最基本的公平正义原则，不能损害科研人员的合法权益。

[①] 谢乒，梁成意. 契约自由导向下的职务发明权属制度重构［J］. 山西师大学报（社会科学版），2018（2）：12.

[②] 万志前，朱照照. 论职务科技成果转化利益分配的约定优先原则［J］. 华中农业大学学报（社会科学版），2017（3）：124.

二、兼顾公平与效率原则

单位为职务科技成果的创造提供了大量的物质基础，科研人员的创新离不开科研单位为其提供场所、资金、团队、资料等外在支持，特别是在大数据、高科技和信息化的背景下，科技创新活动往往需要巨额资金的投入、巨量数据以及高端设备的使用，离开单位的支持，就很难有创新的职务科技成果的产生。[1] 因此包括《专利法》和《促进科技成果转化法》在内的相关法律都将职务科技成果的所有权归属于单位，充分保护了单位的合法利益，这是公平原则的体现。但是职务科技成果也离不开科研人员的辛勤付出，特别是在一些技术复杂的领域，更依赖于科研人员的智力活动和创新成果，因此科研人员的劳动付出和积极性也应得到保护，法律从职务科技成果所有权中剥离出署名权、奖励和报酬权等赋予科研人员，作为对科研人员的激励。[2] 然而，这就导致了职务科技成果权利分配侧重于保护公平原则，而忽略了效率原则的作用。[3] 单位取得职务科技成果的所有权后，因对成果价值的判断与市场交易确定价值之间存在鸿沟，出于担心国有资产流失等多重考虑，往往不会对职务科技成果进行转化，导致职务科技成果转化效率长期低下。同时，因科研人员不是职务科技成果的所有权人，其所获得的署名权等精神性权利和奖酬权也不能激发出科研人员促进职务科技成果转化的积极性，导致了"想转化的主体无权转化，有权转化的主体不实施转化"局面的出现，无法满足"效率原则"的要求。因此，需要对职务科技成果进行混合所有制改革，赋予

---

[1] 楚道文. 职务科技成果长期使用权的法构造及实现路径［J］. 科技与法律（中英文），2021（3）：36.

[2] 翟晓舟. 科技成果转化"三权"的财产权利属性研究［J］. 江西社会科学，2019（6）：171.

[3] 邓志红. 高校职务科技成果的权利配置规则研究［J］. 科学学研究，2020（2）：259.

科研人员职务科技成果所有权或长期使用权，为科研人员推动职务科技成果转化提供权利基础。对于单位来说，科研人员掌握的与职务科技成果相关的技术资料、原始数据、实验过程等技术信息是职务科技成果成功转化的制胜法宝，对于科研人员来说，拥有职务科技成果所有权或长期使用权可以充分调动其转化的积极性，因此，职务科技成果混合所有制改革通过权能的重新配置，形成以科研人员为核心的权利配置体系，有利于平衡公平原则和效率原则，平衡单位与科研人员的权益。根据当前改革的实践和发展方向，职务科技成果所有权正处于从单位所有逐步向科研人员移转的过程中，从赋予科研人员长期使用权到单位与科研人员共有职务科技成果所有权，最终目标是科研人员拥有完整的职务科技成果所有权。[1]

三、多元化原则

在实践中，为促进职务科技成果转化，以西南交通大学为代表的高校开启了职务科技成果混合所有制改革，将"事后科技成果转化收益奖励和股权激励"前置为"事前国有知识产权激励"，实现职务科技成果单位与科研人员的混合所有，落实对科研人员的奖酬权，以产权形式激发科研人员从事职务科技成果转化的动力。[2] 首先，科研人员需要有实施转化的意思表示，以科研人员具有共有产权的强烈意愿为基本前提，在团队内部达成一致同意意见，并通过书面协商约定好内部收益分配比例等事项。其次，需要有科研人员申请产权共有的具体表现和实际行动，由科研人员自下而上向单位提出共有申请，单位根据规定进行审批和不少于十五日的公示，只有具备"权属清晰、应

---

[1] 胡晓桥，李炎，许东升，等. 高校科技成果所有权权属改革的问题与对策 [J]. 北京经济管理职业学院学报，2021（3）：15.

[2] 丁明磊. 地方探索职务科技成果权属混合所有制改革的思考与建议 [J]. 科学管理研究，2018（1）：17.

用前景明朗、承接对象明确、科研人员转化意愿强烈"等条件,科研人员才能成为该职务科技成果的共同所有权人。最后,由单位与科研团队签署书面协议,合理约定转化科技成果收益分配比例、转化决策机制、转化费用分担以及知识产权维持费用等,明确转化科技成果各方的权利和义务。这种混合所有制改革通过"先确权,后转化"的模式将传统的收益分配权前置,将知识产权分割为单位和科研人员共有,然后再实现转化,根据占有的知识产权比例分配相应的收益,极大激发了科研人员实施转化的积极性。但职务科技成果混合所有制改革并非"一制解千愁",应当明确的是"混改不是目的,真正的目的是促进职务科技成果转化",职务科技成果混合所有制改革的确有利于推动成果转化,但其并非转化的唯一方式。职务科技成果的所有权依旧归单位所有,当成果转化并获得收益后,再按照一定的比例分配给科研人员的传统的收益权分享模式之所以不能很好地达到促进科技成果转化的目的,是因为"激励不到位",科研人员在该机制下只能获得职务科技成果的精神性权利,且收益权的获得也具有被动性、不确定性和不稳定性。正是因为科研人员的收益权没有得到充分保障,传统的收益权分享才未能够实现持续激发转化的效力。因此若科研人员的收益权得到充分保障时,如将转化收益的90%及以上归成果完成人所有,那么无须通过确权的方式使科研人员获得职务科技成果的所有权,也能充分调动科研人员的转化积极性,达到促进科技成果转化的效果。[①]

同时,"赋予科研人员职务科技成果长期使用权"仍处于探索阶段,由科研人员向单位申请并提交成果转化实施方案,由科研人员单独或与其他单位共同实施或转化该项职务科技成果,并由单位与科研人员签署书面协议,合理约定成果的收益分配等事项,在科研人员履

[①] 徐兴祥,饶世权. 职务科技成果专利权共有制度的合理性与价值研究——以西南交通大学职务科技成果混合所有制实践为例[J]. 中国高校科技,2019(5):87.

行协议、科技成果转化取得积极进展、收益情况良好的情况下,单位可进一步延长科研人员长期使用权期限。这种模式也能很好地激发科研人员推动科技成果转化的积极性。①

此外,并不是所有技术类型都适用于混合所有制改革,根据科技成果的难易程度,可以灵活地选择不同的转化模式。技术复杂的科技成果更适合以职务科技成果混合所有制改革的方式进行转化:由于科技成果具有高度创新性和复杂性,单位不可能掌握与科研人员同等充分的科研信息,信息的不对称性必将导致交易成本的大增,甚至影响到交易的进行,因此,对于技术复杂的科技成果转化,科研人员的智力参与是必不可少的,此时实行职务科技成果混合所有制改革是消除单位与投资方的信息劣势和忧虑的最好方式。若是技术简单的科技成果,单位凭其自身能力或者投资者以其自身经验即可做出判断并实现转化,而不用依靠科研人员的隐性知识,而只要确保传统的收益分配方式得到实施,即使没有科研人员的参与也可实现转化,因此,简单技术更适用于传统的转化方式。

同时,也并不是所有单位都适用于职务科技成果混合所有制改革,对于一些单位来说,职务科技成果混合所有制改革并非最简捷、成本最低的方式,因为确权的程序复杂、时间成本高,如主要以技术服务、技术咨询为主的单位,不用进行专利转让或许可,故科研人员也无须确权。又如以生态环境保护为主的公益性单位,其成果不宜市场化,因此也不适合职务科技成果混合所有制改革。再如涉军单位、以教育与科研为主导责任的单位,因其承担的责任不同,职务科技成果混合所有制改革可能动摇单位的本职工作。因此,传统的收益权分享机制依旧有其存在的空间和意义,只要提高科研人员收益权的比例,也对促进科技成果转化具有重要价值。

---

① 康治平,付媛,唐旭,等. 赋予科研人员职务科技成果所有权或长期使用权实施路径探究[J]. 中国科技论坛,2022(3):17.

因此，多元化原则是指因单位性质、技术差异等因素的不同，职务科技成果转化的方式、程序等也应随之有所不同。混合所有制改革只是推动职务科技成果转化的方式之一，其并不适用于所有单位、所有技术，不管是新探索的"赋予科研人员所有权和长期使用权"的改革模式，还是传统的收益权分享模式，虽然他们的方式不同，但其共同目的和原则都是为了有效激发科研人员的积极性，最终达到促进科技成果转化的终极目的，因此既不能全面否定传统的收益权分享模式对科技成果转化的促进作用，也不能绝对肯定职务科技成果混合所有制改革的积极效应，不能要求所有单位跟随职务科技成果混合所有制改革的"潮流"而不考虑实际情况，应当确定职务科技成果混合所有制改革为主的多元化的促进职务科技成果转化的方式，允许各单位根据自己的特点探索具有自己特色的促进科技成果转化方式。

第二节　职务科技成果混合所有制合法化的总路径

一、职务科技成果混合所有制改革法治化要素

（一）合法性要素

当前我国部分地区的高等院校和科研院所正在推进探索职务科技成果混合所有制改革，试图破解科技成果转化的效率难题，但面临着正当性质疑，为加速科技成果有效转化为现实生产力，国家出台了一系列政策文件，明确提出要探索赋予科研人员职务科技成果所有权或长期使用权，但实施职务科技成果混合所有制的上位法依据不足，当前的状况就是现行的法律已经不能适应科技创新体制改革的现实要求，甚至已经成为改革的障碍，赋予科研人员职务科技成果所有权缺

乏法律依据。在改革试点工作已经全面展开的情况下，根据"重大改革应当于法有据"的规定，需要立即对现行的相关法律进行修订，以政策与法律间的相互协同为思路，着手解决职务科技成果权属限制问题。通过修订《专利法》《促进科技成果转化法》《科学技术进步法》《事业单位国有资产管理暂行办法》等法律法规，完善地方立法、配套政策与措施，明确将职务科技成果所有权赋予科研人员，为职务科技成果混合所有制改革提供法律规范来源，促进职务科技成果转化的各种模式不仅在实践中具有合理性、有效性，而且应当得到法律、政策的确认，取得合法性。

（二）系统性要素

从国家的法律和政策来看，允许单位和科研人员在确定科技成果权利时就对该职务科技成果使用权和转化收益进行约定，并开展赋予科研人员职务科技成果所有权或长期使用权的改革试点。从法律层面解决单位与科研人员的权属配置问题之后，地方立法也应与时俱进。从地方立法来看，职务科技成果的转化模式主要还是针对科研人员进行职务科技成果转化的收益奖励来开展的，明确规定进行职务科技成果混合所有制改革的省份很少，为了系统推进职务科技成果权属改革，充分调动起相关各方的积极性，地方立法也需要针对职务科技成果权属分配做出调整，无论对职务科技成果采取哪一种转化方式，其最终目标都是要促进职务科技成果转化。

职务科技成果转化是一个系统工程，构建系统完备的专业化科技成果转化体系十分重要，不仅上位法和地方立法的修改要提上日程，相应的配套政策与措施的建设也要跟上。"建立职务科技成果披露制度、将科技成果转化情况纳入考评范围、加大财税扶持力度、建立科技成果转化机构、建立转化专业人员队伍、明确党政领导干部参与混改的合规性与合纪性"等措施与职务科技成果转化率密切相关，要将它们建设成一个完整的系统，以促进职务科技成果的转化。

（三）协同性要素

协同性是指由各方主体各司其职、相互配合，通过各种途径合力推进职务科技成果混合所有制改革，形成立法、执法、司法、守法协同保护的局面，构建知识产权全方位大保护格局，共同为职务科技成果的转化保驾护航。

在立法上，职务科技成果的转化动力来自国家的放权，国家要减少对职务科技成果转化的管制，要形成保障和促进职务科技成果转化的完备的法律体系。国务院要加强科技、财政、税收、人才、产业、金融等政策的协同，为职务科技成果转化创造良好环境；科技部要带头推动企业科技创新能力建设，推动多元化科技投入体系建设，组织拟订职务科技成果转移转化的相关政策并监督实施；财政部要加强对涉及职务科技成果转化税收优惠政策的制定，依法管理资产评估相关工作并组织实施；国家知识产权局要负责保护好知识产权，促进知识产权的运用。在执法与司法方面，检察机关通过设置知识产权保护检察服务站，联手市场监管部门，护航知识产权创新创造。检察院以服务站为契机，设置知识产权法律服务联络专员，编印知识产权法治体检表，主动帮助企业理顺法律层面问题，并为企业提供知识产权法律咨询、普法讲座等服务，助力企业提高知识产权核心竞争力，构建起知识产权保护长效机制。同时，考虑到若职务科技成果权属争议解决机制衔接不畅，则难以发挥保护合力，四川省在全国率先开展探索职务科技成果混合所有制改革，在司法中率先优化了职务科技成果权属争议的解决机制。其中《四川省促进科技成果转化条例》第二十五条规定，"职务科技成果权属发生争议的，除法律法规有明确规定外，按照有利于科技成果完成人或者参加人的原则妥善解决"。同时，四川大学针对本校职务科技成果混合所有制确权争端制定专门的规定："学校授权科研院与成果完成人及利害关系人共同组织异议仲裁专家组协调解决或共同委托有资质的仲裁机构进行仲裁。"侧重于单位利益的职务发明创造权属配置机制本就使科研人员处于弱势地位，若缺失完善的争议解决机制，会加剧单位与科研人员之间的权益失衡，那科研人员的合法权益更加得不到保障。[1] 因此，在执法与司法中，应当对职务科技成果的争端解决途径有所回应，同时在地方立法上由各省形成各具特色的争端解决细则，促进争议解决机制衔接畅通，形成知识产权协同保护合力。在守法上，各方主体都应主动遵守并落实职务科技成果转化的相关政策法规。对于单位来说，在职务科技成果披露、知识产权申请、制定职务科技成果转化方案、选择职务科技成果转化方式、分配转化收益等各个环节，都必须落实好相关的政策和法规。对于科研人员来说，其必须遵守与单位约定的转化模式，不私下通过其他途径转化职务科技成果，履行职务科技成果信息披露、保守技术秘密等义务。

二、职务科技成果混合所有制的法治化路径

（一）积极推进国家法律层面的制度修改

建立多元化转化模式后，需要制度加以确认与保障，从而实现合法化。首先，修改、完善《专利法》，扩大约定优先的适用范围，完善专利共有规则。其次，修改、完善《促进科技成果转化法》，如将《促进科技成果转化法》（2015）第十九条中的"完成人和参加人在不变更职务科技成果权属的前提下"变更为"不违反法律、行政法规与部门规章的规定"，同时扩大自主决定的权限范围，增加转化方式。最后，完善国有资产管理法，将国有科技成果作为特殊的无形资产进行管理，简化审批、定价程序，弱化国有股权的决策参与权，完善职

---

[1] 何莹，乔子轩. 职务发明权益配置研究：利益失衡及制度纾解[J]. 科技与法律（中英文），2022（3）：68.

务科技成果转化容错机制等。①

（二）积极制定和完善地方立法与配套政策、措施

地方政策、地方立法是职务科技成果混合所有制获得初步合法性的依据，而修改国家层级的《专利法》《促进科技成果转化法》和国有资产管理法是促使高校、科研院所职务科技成果混合所有制改革获得全面合法性的基础。但国家层面的法律相较于地方立法来说，修改程序更复杂、履行时间更长，因此，可以先由各省通过地方立法初步推行职务科技成果混合所有制，在各省达成对促进高校、科研院所职务科技成果混合所有制改革的共识的基础上，最终推动国家修改、完善《专利法》《促进科技成果转化法》和国有资产管理法，最后在国家法律修改的基础上进一步细化各省职务科技成果混合所有制的制度体系，实现权属混合所有制的全面合法化。

国家相关部委出台了一系列推动职务科技成果混合所有制改革的政策，但这些政策的重点在于探索职务科技成果的权属问题，而影响科研人员转化积极性的因素不仅有权利归属，还包括其他相关因素，如党政领导干部是否可以参与职务科技成果混合所有制并获得收益、如何保障转化资金、如何提高转化人员专业性等问题。因此，职务科技成果混合所有制改革应当遵循系统化原则，需要相应的政府部门制定相应的政策，并严格执行，以解除各种顾虑。如要明确党政领导干部参与职务科技成果混合所有制的合规性、合纪性，建立职务科技成果转化机构和转化专业人员队伍；将职务科技成果转化情况纳入科研人员考评范围；对科研人员在职务科技成果转化中获取的收益给予税收减免；等等。

总而言之，促进职务科技成果混合所有制改革需要系统的政策、

---

① 顾志恒，王玲. 新时期高校科技成果权属与处置相关问题探讨［J］. 中国高校科技，2021（8）：85.

法律制度作为支持，通过系统化策略最大限度调动科研人员参与职务科技成果转化的积极性。

（三）促进职务科技成果转化的不同专利权分享机制的建设

通过借鉴美国、德国、日本、英国、法国等国家不同的专利权分享路径，积极探索我国职务科技成果所有权分享机制，促进多样化转化制度建设。

根据利益平衡原则和差异化原则，为不同单位提供所有权共有、使用权共有、处分权共有、收益权共有等多样化的选择方案。职务科技成果投资主体的多样化和管理机制的多元化直接推动了权属机制从法定向约定的转变，对职务科技成果的所有权，可由单位与科研人员约定为共有，甚至归科研人员所有。若约定由科研人员单独享有所有权，应当为单位设置"非独占实施许可权"，并从收取的使用费中提取一定的比例给予科研人员。同理，若约定由单位单独享有所有权，在单位无正当理由不实施转化的情况下，科研人员也享有"非独占实施许可权"，可以自行或者以普通许可的方式实施该专利，同时应当从收取的使用费中提取一定的比例给予单位。若由单位与科研人员共享所有权，那么任何一方都享有使用权，并且任何一方因行使使用权而获得收益，都应当合理分配部分收益给另一方。

此外，需进一步完善职务科技成果权益分享制度，细化职务科技成果奖酬权的实现程序与路径、方式，采用"上不封顶，下要保底"的模式，增加弹性选择的空间。①

---

① 陈家宏，饶世权.协同激励创造与转化的职务发明制度重构研究——兼论《专利法》第六条的修改［J］.中国科技论坛，2019（7）：19.

第三节 《专利法》的改革路径与完善建议

一、《专利法》的改革路径

（一）《专利法》对职务科技成果权利配置的改革轨迹

职务科技成果的权利配置，是指按照一定的原则和标准在雇员和雇主之间对职务科技成果的专利权等相关权利进行分配，在我国从"知识产权大国"向"知识产权强国"的转型阶段，职务科技成果权利配置的价值导向也在悄然发生变化。基于职务科技成果权利配置中雇员与雇主之间的利益争夺，立法者在制定职务科技成果权属机制时往往会存在对于雇员或者雇主的利益偏向。因而，职务科技成果权属机制在价值导向上也就呈现出"重雇员主义"和"厚雇主主义"两种形态。[①]《专利法》自1984年公布实施以来，经历了1992年、2000年、2008年和2020年四次修改，在2000年前，职务科技成果的所有权一直牢牢掌握在国家或者单位的手中，即使2000年修订时在第六条中引入了对"利用本单位的物质技术条件形成的职务发明创造"适用"约定优先"的规则来确定其权利归属，明确小部分职务科技成果可以由单位与科研人员协商确定其权利归属，大部分职务科技成果所有权依旧由单位单独所有，呈现出"厚雇主主义"的立法倾向。在2020年的修订中，在《专利法》第六条中新增"单位可以依法处置其职务发明创造申请专利的权利和

---

① 刘鑫.职务发明权利配置的价值导向与立法选择——兼评《专利法修订草案（送审稿）》的相关规定[J].电子知识产权，2019（8）：30.

专利权,促进相关发明创造的实施和运用"的规定,对职务科技成果权属规则做出了较大调整,明确单位对职务科技成果的处置权,为职务科技成果混合所有制的实施和运用提供了新的契机,虽然2020年修订的《专利法》没有彻底改变以往其在职务科技成果权利归属上"雇主优先"的原则,但是为单位通过职务发明创造专利权共有等方式在权利归属方面向"雇员优先"模式进行转变提供了制度空间,并越来越重视科研人员对职务科技成果做出的积极贡献,从"厚雇主主义"价值导向逐步向"重雇员主义"价值导向转变。①

(二)单位职务科技成果处置权的制度逻辑

2020年修订《专利法》时新增的单位职务科技成果处置权规则,减少了职务科技成果混合所有制改革与法律法规可能产生的冲突,单位不仅能通过转让、许可、投资入股等方式对职务科技成果进行处置,还可以通过将职务科技成果的部分所有权转移给科研人员所有,形成职务科技成果所有权由单位与科研人员混合所有的权利主体结构,当单位授予科研人员所有权时,科研人员可以与单位共同享有职务科技成果的专利权,可以自行实施该专利权并拥有对外授予普通专利许可的权利。当然,单位在行使职务科技成果处置权时,也可以仅授予科研人员使用权而非所有权。此时单位完全享有对职务科技成果的处置权,并赋予了单位更为广泛的意思自治空间,在一定程度上放松了以往对职务科技成果权利归属主体范围过于严格的限制。

但是,在职务科技成果权利归属分配方面,2020年修订的《专利法》并未对初次分配规则直接做出调整,而是通过新增单位职务科技成果处置权的方式,为单位与科研人员更为灵活地对职务科技成果

---

① 伯雨鸿. 我国《专利法》第四次修正之评析[J]. 电子知识产权,2021(3):39.

权利归属及其收益进行"二次分配"提供法律保障。[1] 初次分配是指职务科技成果专利权原始取得的过程,《专利法》(2020)第六条规定,"职务发明创造申请专利的权利属于单位,申请被批准后,该单位为专利权人",即在职务科技成果专利权的"初次分配"中,单位原始取得职务科技成果的所有权,体现了对单位利益的保护。二次分配是指权利许可、权利转让等专利权权能的交易过程,《专利法》(2020)第六条还规定,"该单位可以依法处置其职务发明创造申请专利的权利和专利权,促进相关发明创造的实施和运用",即单位在获得职务科技成果的完全所有权后,可以通过协议转让的方式使科研人员继受取得职务科技成果的所有权或使用权。也就是说,科研人员不是通过法定初始权利取得职务科技成果的所有权,而是通过继受取得,职务科技成果权利配置从初次分配延伸至二次分配。通过权属约定的方式变更职务科技成果所有权与通过法律赋予取得职务科技成果的所有权完全不同,前者属于继受取得,后者属于原始取得,虽然最终的结果都是科研人员获得了一定的所有权,但取得方式的不同决定了科研人员对该职务科技成果的处置权有所不同,而《专利法》(2020)第六条完全排除了科研人员原始取得职务科技成果所有权的可能性,科研人员能否获得职务科技成果的所有权完全取决于原始所有权人的意志。[2]

因此,对现行《专利法》的修改可以从"初次分配"规则方面进行完善,在权利主体方面,可以将职务科技成果归属于单位所有的规则修改为由单位与科研人员协商确定职务科技成果所有权的归属。科研人员对职务科技成果专利权的取得方式应为法定的原始取得,而不应设定为合同转让取得。在"初次分配"中给予科研人员一定比例的

---

[1] 刘强.《专利法》第四次修改背景下职务科技成果混合所有制研究[J]. 知识产权, 2022(10): 82.

[2] 陈旭东, 倪晓磊. 高校科技成果转化权责配置的困境与改进[J]. 浙江学刊, 2021(4): 104.

专利权,有利于充分发挥双方各自具有的资源优势,可以有效激发科研人员参与专利申请的积极性,也能激励科研人员为职务科技成果的转化实施提前做好准备。

同时,2020年修订的《专利法》在第十五条中新增"国家鼓励被授予专利权的单位实行产权激励,采取股权、期权、分红等方式,使发明人或者设计人合理分享创新收益"的内容。这一条款与《专利法》(2020)第六条有所不同,前者属于"事后激励"措施,后者属于"事前激励"措施。在某种程度上来说,这两种权利是互斥的,对于同一职务科技成果,若通过"事前激励"的方式分配给科研人员一定比例的所有权,那么在成果转化获得收益后,单位就不用再从所获收益中提取一部分作为奖励或者报酬支付给科研人员。

(三)专利权共有类型和共有比例的改革行径

专利权共有的类型包括按份共有和共同共有,《专利法》(2020)第十四条规定,"专利申请权或者专利权的共有人对权利的行使有约定的,从其约定",即根据约定优先原则,当事人可以自由选择对他们有利的专利权共有形式,在职务科技成果混合所有制中,单位和科研人员根据意思自治既可以将专利权约定为共同共有,也可以约定为按份共有。在科研单位与科研人员未明确共有类型时,可以默认为按份共有形式,按份共有可以避免科研人员进行转化实施时受到过多限制,更有利于保障科研人员在职务科技成果专利权分配和流转中获得合理的权益回报,科研人员能够更好地行使专利共有权并对共有份额进行处置。[①] 若当事人对职务科技成果专利权共有比例做出明确约定,但未约定共有形式的,将专利权共有形式归为按份共有更为合理;若当事人明确约定为按份共有,但未明确共有比例的,可以根据

---

① 刘强.《专利法》第四次修改背景下职务科技成果混合所有制研究 [J]. 知识产权, 2022 (10): 82.

法律规则对共有份额比例加以推定。共有份额的确定会对权利行使和收益分配等事项产生重要影响，因此要从多方面综合考量确定其比例。单位与科研人员可以对职务科技成果专利权的共有比例进行特别约定或者由单位通过规章制度进行规定，划分的主要依据为双方对职务科技成果的贡献度、职务科技成果的类型等，在不同类型和不同技术领域的职务科技成果中，单位与科研人员的贡献度可能存在差异，因此，允许双方对职务科技成果的专利权比例做出灵活性规定，由此可以避免出现法定比例僵化导致当事人自主权不足的情况。但由于科研人员相较于单位来说处于劣势地位，《专利法》可以规定法定最低比例标准，以防单位对科研人员合法权益造成侵害。

（四）专利共有权行使规则的改革行径

《专利法》（2020）第十四条规定，"行使共有的专利申请权或者专利权应当取得全体共有人的同意"。这里对共有权行使的限制应该指的是整体转让专利权或者授权第三人独占许可和排他许可等，而不包括转让专利权的共有份额，专利权共有人有权自由转让所持有的共有份额，但这种自由也受到一定程度的限制。《民法典》第八百六十条规定，"合作开发完成的发明创造，申请专利的权利属于合作开发的当事人共有；当事人一方转让其共有的专利申请权的，其他各方享有以同等条件优先受让的权利"。职务科技成果专利权共有人应当将与第三人达成转让协议的交易条件和相关信息及时告知其他共有人，并给予其他共有人合理时间以决定是否行使优先购买权。共有人如果不同意该转让行为则应当购买该共有份额，如果不购买则会被视为同意该共有份额转让行为。[1] 因此，在职务科技成果混合所有制改革中，通过对专利权共有份额的自由转让和优先购买权的设置，兼顾了

---

[1] 王影航. 高校职务科技成果混合所有制的困境与出路 [J]. 法学评论，2020（2）：68.

单位与科研人员双方的利益，促进了职务科技成果专利权的流转和转化实施。

在职务科技成果混合所有制改革中，科研人员获得职务科技成果部分所有权后，可以自由通过分许可给第三方使用，而不用经单位同意，但应当保障单位的知情权。同时，单位可以通过职务科技成果处置权赋予科研人员职务科技成果的长期使用权，科研人员可以自行实施该职务科技成果，但获得长期使用权的科研人员通过分许可许可第三人实施科技成果的权利是否受到限制尚不明确。有学者认为，根据《专利法》（2020）第十二条的规定，"被许可人无权允许合同规定以外的任何单位或者个人实施该专利"。因此在未获得单位同意的情况下，科研人员无权通过分许可将科技成果专利权授予第三人使用，但长期使用权不同于许可实施权，虽然两者都是基于所有权延伸出来的权利，都需要签订相关协议，但长期使用权已明显被物权化，长期使用权的取得程序较为复杂和正式，需要科研人员提出申请并提交实施方案，单位审批并公示，直至签订协议。这一法定程序已在某种程度上突破了合同权利的相对性特征，特别是公示程序使得长期使用权具有了物权所具备的对抗效力。现行政策没有对科研人员长期使用权做出转让方面的限制性规定，这也为科研人员留下了作为物权人将长期使用权进行转让的制度空间。

为提高职务科技成果的转化率，充分发挥赋予科研人员职务科技成果所有权或长期使用权机制的作用，单位既可以在规章制度中制定相应规则，也可以与科研人员进行特别约定，不管科研人员拥有的是职务科技成果专利权的共有权还是使用权，科研人员都能够通过分许可授权他人实施职务科技成果并转化运用，但应当以订立普通许可合同为主要方式，避免独占许可合同或者排他许可合同对单位和科研人员自行实施专利或者许可其他当事人实施专利的权利造成不合理的限制。

二、《专利法》的完善建设

(一) 不再以"资源标准"作为职务科技成果的界定标准

《专利法》(2020) 第六条规定, "执行本单位的任务或者主要是利用本单位的物质技术条件所完成的发明创造为职务发明创造"。由此可知, 职务科技成果判断标准有两个: 一是"职责标准", 即执行单位的工作任务所完成的成果, 完全体现了单位的意志; 二是"资源标准", 即主要利用单位的物质技术条件所完成的成果。对职责标准的判断相较于资源标准来说更为容易, 因为资源标准的判定具有较大的弹性。首先, 尽管在客观上科研人员利用了单位的物质技术条件, 但科技成果的创新主要体现了科研人员个人的意志, 包含着科研人员的构思和设计, 且与科研人员的履职行为无关。其次, "主要"一词因无法量化而使其缺乏一个客观评判标准, 应如何界定"主要利用"长期以来存在诸多争论, 以当前我国推行的大型科研仪器设备共享政策为例, 若在一项重大成果的完成过程中, 发明人不仅仅利用了本单位的科研仪器设备, 还同时利用了所参与课题单位或其他机构开放共享的仪器设备, 该类使用行为如何判定难以准确把握。最后, 由谁来评判也存在争议, 由于科研人员与单位之间存在身份依附关系, 若由单位来自主判断, 在利益驱动下, 单位偏重于保护自身利益, 极可能认定为属于"主要利用"的情形, 从而将该科技成果归为职务科技成果, 导致单位利益明显优于科研人员利益, 造成双方之间利益分配不均的问题, 由此造成职务科技成果发生权属纠纷。因此, 建议删除"主要是利用本单位的物质技术条件"作为职务科技成果的界定标准, 保留职责标准作为唯一的界定标准。也就是说, 应修改《专利法》(2020) 第六条, 删除"主要是利用本单位的物质技术条件"这一构成要件, 以"执行本单位的任务"作为核心标准来界定职务科技成果，使界定某项发明是否属于职务科技成果时更加简单、明晰，提高界定的准确性，从而降低职务科技成果权属纠纷发生的可能性。①

（二）扩大"约定优先"的范围

我国在 2000 年修订《专利法》时引入了"约定优先"的权利配置模式，但是其适用范围相对有限，仅限于"主要利用本单位的物质技术条件"完成的职务科技成果，而无法适用于"执行本单位的工作任务"的情形，难以充分满足单位与科研人员日益多元化的利益诉求。因此，有必要对我国职务发明创造权利配置的模式进行重构，扩大"约定优先"原则的适用范围，将"执行本单位的任务所完成的发明创造"也纳入约定权属的范畴之中，实现约定权属机制的合理设计，即现行《专利法》第六条的部分内容可以修改为"执行本单位的任务所完成的发明创造，单位与发明人或者设计人订有合同，对职务发明创造申请专利的权利和专利权的归属作出约定的，从其约定"②。这样，在"约定优先"的制度运行逻辑下，无论是"执行本单位的任务所完成的发明创造"，还是"主要是利用本单位的物质技术条件所完成的发明创造"，都可以通过单位与科研人员之间灵活的意思自治来代替法定权属模式，充分给予科研人员就职务科技成果的权属进行自由协商的主动权，有利于实现职务科技成果专利权及相关权利在不同利益主体和技术领域之间的合理配置，为科研人员成为职务科技成果的专利权人或者争取更多的权益创造可能性。③

---

① 胡晓桥，李炎，许东升，等. 高校科技成果所有权权属改革的问题与对策 [J]. 北京经济管理职业学院学报，2021（3）：15.

② 刘鑫. 职务发明权利配置的价值导向与立法选择——兼评《专利法修订草案（送审稿）》的相关规定 [J]. 电子知识产权，2019（8）：30.

③ 陶鑫良. 职务发明性质之约定和职务发明报酬及奖励——我国专利法第四次修订中有关职务发明若干问题的讨论 [J]. 知识产权，2016（3）：3.

（三）保留"单位所有"的法定权属

随着职务科技成果约定优先原则的不断适用，法定权属的适用空间不断被挤压，但这并不代表着法定权属会被约定权属完全替代，法定权属具有法律效力上的权威性，依然有其保留的价值和必要性。因为在"执行本单位的任务"的情况下，职务科技成果突出体现了单位的意志，所以"执行本单位的任务完成的发明创造"在没有约定或者约定不明的情况下，应当保留单位的所有权，充分发挥约定权属失灵时明确职务科技成果权属、避免权属纠纷的作用。因此现行《专利法》第六条部分内容可以修改为："执行本单位的任务所完成的发明创造为职务发明创造。单位与发明人或者设计人订有合同，对职务发明创造申请专利的权利和专利权的归属作出约定的，从其约定；没有约定的，申请专利的权利属于该单位，申请被批准后，该单位为专利权人。"同时，在职务科技成果权属制度重构过程中，由于某些职务科技成果涉及国家秘密、国家安全或重大公共利益，必须对契约自由做出一定的限制，即实行法定权属，强制规定某些特殊职务科技成果专利权属于单位。[①]

（四）注重保护科研人员的合法权益

《专利法》（2020）第六条第三款规定，"利用本单位的物质技术条件所完成的发明创造，单位与发明人或者设计人订有合同，对申请专利的权利和专利权的归属作出约定的，从其约定"。但如果单位与科研人员未订立合同约定所有权的归属，根据《专利法》（2020）第六条第一款的规定，这项职务科技成果依旧是归单位所有，这与目前"国家将职务科技成果确权给成果完成人，从而调动其成果转化积极

[①] 谢乓，梁成意. 契约自由导向下的职务发明权属制度重构[J]. 山西师大学报（社会科学版），2018（2）：12.

性"的政策导向相违背，资源标准下的确权模式已经不符合当前的改革导向，逐渐失去了其存在条件。首先，高校、科研院所、社会机构等多元化科研仪器供给机制，使得单位的物质技术条件不再是科研人员唯一可依赖的物质技术条件；其次，单位物质条件保障力不断强化，使得科研人员的智力劳动付出逐渐体现出比"物质技术条件"更为重要的价值和效用，科研人员自身成为科技创新中最为关键的因素，将职务科技成果所有权赋予科研人员，是对其劳动创造享有人身权和收益权的尊重，符合洛克的自然权利理论和马克思的劳动价值理论。[①] 因此，建议设立"利用本单位的物质技术条件完成的职务科技成果在权属约定不明的情况下，由科研人员当然享有所有权，科研人员应从成果转让或转化收益中提取一定比例分配给所在单位"的规则。此种规定与现有的"单位优先"原则刚好相反，虽不偏向单位，但也未必对单位不利，单位可通过事先协议约定权利归属及其未来转化收益分配。因此，现行《专利法》第六条第三款可以修改为"利用本单位的物质技术条件所完成的发明创造，单位与发明人或者设计人订有合同，对申请专利的权利和专利权的归属作出约定的，从其约定；没有约定的，申请专利的权利属于发明人或者设计人"，推动职务科技成果的权利归属从"雇主优先"转变为"雇员优先"。

综上，建议现行《专利法》第六条可以修改为：

执行本单位的任务所完成的发明创造为职务发明创造。单位与发明人或者设计人订有合同，对职务发明创造申请专利的权利和专利权的归属作出约定的，从其约定；没有约定的，申请专利的权利属于该单位；申请被批准后，该单位为专利权人。

非职务发明创造，申请专利的权利属于发明人或者设计人；申请被批准后，该发明人或者设计人为专利权人。

---

① 邓恒，王含.专利制度在高校科技成果转化中的运行机理及改革路径[J].科技进步与对策，2020（17）：101.

利用本单位的物质技术条件所完成的发明创造，单位与发明人或者设计人订有合同，对申请专利的权利和专利权的归属作出约定的，从其约定；没有约定的，申请专利的权利属于发明人或者设计人。

建议现行《专利法》第十四条第二款可以修改为：

除前款规定的情形外，行使共有的专利申请权或者专利权应当取得全体共有人的同意。不同意的，可以根据公允的价格受让其他共有人的专利申请权或专利权；不同意也不受让其他共有人专利权的，视为同意，但行使专利权取得的收益应当根据公平原则在共有人之间进行分配。

第四节　《促进科技成果转化法》的改革路径与完善建议

一、《促进科技成果转化法》的改革路径

2015年修订的《促进科技成果转化法》对职务科技成果转化规则进行了较大修改，把职务科技成果处置权下放至单位，不需要政府部门审批或者备案，单位作为职务科技成果所有权人对成果的处置享有自主决定权，并确定了科技成果市场化定价原则，意味着对职务科技成果进行处置可以不进行评估，且所获收益全归单位自行处理；通过单位与科研人员平等协商，赋予科研人员协议使用权，发挥科研人员在成果转化中的积极作用；提高了科研人员获得奖励和报酬的比例，体现了对科研人员发挥聪明才智、促进成果转化的激励。[①] 这些

---

① 楚道文.职务科技成果长期使用权的法构造及实现路径[J].科技与法律（中英文），2021（3）：36.

措施一定程度上激发了科研人员活力，但实际上阻碍科技成果转化的根本性制度性障碍没有消除，导致职务科技成果转化依然面临现实困境。

《促进科技成果转化法》（2015）第十九条第一款规定，"国家设立的研究开发机构、高等院校所取得的职务科技成果，完成人和参加人在不变更职务科技成果权属的前提下，可以根据与本单位的协议进行该项科技成果的转化，并享有协议规定的权益"。其中，对"完成人和参加人在不变更职务科技成果权属的前提下"这一段表述的文意解释，直接决定了单位与科研人员成为职务科技成果共有人的合法性问题。有学者认为，这里的"不变更职务科技成果权属"是指职务科技成果的所有权的性质不能改变，"混合所有"仅仅改变了权利内部比例结构，但从权利外观看，单位依然为所有权主体之一，只是所有权由单独所有变成共同共有。由于没有将职务科技成果的所有产权赋予科研人员，因此职务科技成果混合所有制就没有违反《促进科技成果转化法》（2015）的规定。若在项目开发之前，科研机构与科研人员对基于项目产生的职务科技成果所有权进行约定，通过协议将成果权属转让给科研人员，那么科研人员对职务科技成果进行转化则并未变更其权属，因此也不违反《促进科技成果转化法》（2015）第十九条的规定。① 实际上，从字面意义上来看，"权属"一词在我国法律语境中是指"权利的归属"，"以不变更权属为前提"是指"在不改变职务科技成果由单位完全享有所有权"的前提下，科研人员才可以与单位签订职务科技成果转化的有关合同，并约定享有的相应权利。科研人员享有的只有职务科技成果的使用权，而不能拥有其所有权，并且该项职务科技成果使用权也仅仅是一项合同权利，不是物权意义上的权利，但职务科技成果混合所有

---

① 李政刚. 赋予科研人员职务科技成果所有权的法律释义及实现路径 [J]. 科技进步与对策，2020 (5)：124.

制改革是将一项完整的所有权进行分解,将原本完全属于单位的产权分出一定比例赋予科研人员,因此,职务科技成果混合所有制改革与《促进科技成果转化法》(2015)是存在冲突的。

《促进科技成果转化法》(2015)第十九条限制高校和科研院所变更科技成果所有权,其目的是防范科技成果完成人利用身份便利,侵犯国家和单位的财产权益,造成国有资产流失。然而科研人员在不变更职务科技成果权属的前提下,才可以与科研单位签署协议进行职务科技成果的转化,这意味着即使科研人员推动科技成果转化,其仍不具有职务科技成果的所有权,使得科研人员难以充分享有转化收益,因此,科研人员缺乏转化职务科技成果的积极性。当科研人员从法律与政策中能够获得的收益小于其完全拥有科技成果所有权并自行处分所获得的收益时,极易导致实践中科研人员为了将价值较低的成果尽快变现,而将真正有价值的成果通过私下渠道转让获益。[①] 因此,相较于职务科技成果转化可能造成的国有资产流失,职务科技成果不转化带来的损失更大,此时《促进科技成果转化法》(2015)第十九条防范国有资产流失的立法目的就难以实现。况且,《促进科技成果转化法》(2015)的立法目的根本不是由国家享有职务科技成果的所有权以防止国有资产流失,而是通过产权制度设计来促进成果转化,通过将科技成果转化为现实生产力,推动社会的发展和进步。综上所述,赋予科研人员职务科技成果所有权是符合立法目的和现实需要的。

《促进科技成果转化法》(2015)第四十五条规定了对职务科技成果的完成和转化做出重要贡献的人员的最低奖励比例,虽然科研人员获得收益权的比例提升了,但这是建立在单位有效实施和转化成果基础上的,本质上更像是一种期待权,并非现实的权利,并且

[①] 赵雨菡,魏江,吴伟. 高校科技成果转化的制度困境与规避思路 [J]. 清华大学教育研究,2017 (4):108.

难以避免实践中出现双方因收益分配比例而发生纠纷的情形。但若进行职务科技成果混合所有制改革,提前确定单位和科研人员分别占有的份额,在职务科技成果转化实施获得收益后,双方则可以根据各自持有的所有权比例分享该收益,由此可以保障科研人员的收益权。

二、《促进科技成果转化法》的完善建议

科研人员作为科技成果的完成人,具有转化职务科技成果的知识优势,其拥有科技成果的全部知识,其中已公布的显性知识仅仅是转化活动的开端与基础,而科研人员凭借自身本能直觉、知识积累、实践经验在成果完成过程中积累的隐性知识,才是决定职务科技成果转化效率的关键因素。它仅存在于科技成果完成人、参与人的大脑中,难以被表达与复制,在职务科技成果转化为现实生产力的过程中具有重要指导作用,因为转化过程往往需要满足市场主体的需求,需要测试成果的功能稳定性、质量安全性、工业应用性、生活实用性、成本经济性等,因此需要科研人员利用在完成科技成果时已经掌握的信息,结合转化项目的需求来制定技术路线,对发现的新问题进行研究,以此排除转化过程中可能发生的意外因素。[①] 科研人员是转化职务科技成果的最佳且必要的主体,而职务科技成果所有权是其转化权的权源基础,科研人员取得职务科技成果转化权的最根本途径是取得其所有权。[②]

上述分析都说明了职务科技成果进行混合所有制改革的必要性,赋予科研人员所有权是解决职务科技成果转化率低下的根本出

---

① 张胜,郭英远,窦勤超. 科技人员主导的职务科技成果转化机制研究 [J]. 科技进步与对策,2014 (21): 110.

② 谢地. 试析高校国有科技成果转化的产权配置问题 [J]. 电子知识产权,2018 (9): 51.

路，职务科技成果混合所有制改革突破了当前"先转化，后激励"的科技成果权属规定，实现先确权，属于事前激励，能够将科技成果所有权、处置权和收益权进行有序衔接，有助于解决科研人员有动力转化却没有权力转化、科研单位有权力转化却没动力转化的问题。[1] 因此，需要修改《促进科技成果转化法》，消除制约职务科技成果转化的体制机制障碍，提升科研人员参与职务科技成果转化的积极性。

首先，现行《促进科技成果转化法》第十九条第一款建议修订为"国家设立的研究开发机构、高等院校所取得的职务科技成果，完成人和参加人在不违反法律的前提下，可以根据与本单位的协议进行该项科技成果的转化，并享有协议规定的权益。该单位对上述科技成果转化活动应当予以支持"。取消国有科研机构职务科技成果转化"不变更权属"的前置条件，使单位可以通过协议形式将职务科技成果转让给科研人员，由他们与第三方按照市场交易规则进行成果价值谈判，单位只需按照协议从成果转化中获取收益即可，这样就可以减轻单位负责人对于国有资产流失的法律责任。[2] 将职务科技成果完成人和参加人与本单位协议进行该项科技成果的转化的前提条件从"不变更职务科技成果权属"修改为"不违反法律"，既可以从文意解释上排除对职务科技成果权属的限制性解读，也可以为国有科教事业单位提供法律依据，来保留涉及国家安全、国防安全、公共安全、经济安全、社会稳定等事关国家利益和重大社会公共利益的成果权属，为国家在今后的科技战略与知识产权战略中对国有科技成果权属做出新的部署提供法律保障。[3]

---

[1] 余赵，陈杰. 深化职务科技成果所有权、处置权与收益权配置改革路径研究 [J]. 科学管理研究，2020（2）：59.

[2] 李政刚. 赋予科研人员职务科技成果所有权的法律释义及实现路径 [J]. 科技进步与对策，2020（5）：124.

[3] 谢地. 论职务科技成果权属限制问题与解决思路——以职务科技成果混合所有制实践为背景 [J]. 电子知识产权，2021（6）：80.

其次，应当完善现行《促进科技成果转化法》第十八条规定的"自主决定"的适用规则，一是扩大自主决定的权限，其应当包括自主决定转让专利申请权、共有专利申请权、专利权分享机制的约定。二是丰富能够自主决定的转化方式，即除现有的协议定价、在技术交易市场挂牌交易、拍卖等方式确定价格外，还允许自主决定采取其他公允的方式。三是简化审批与备案程序或彻底废除审批与备案程序。

第五节 国有资产管理法的改革路径与完善建议

一、国有资产管理法的改革路径

目前，大量的国有科技成果大多集中于国家设立的高校、科研院所和医院等事业单位，且绝大多数属于职务科技成果，按照我国《专利法》《著作权法》与《民法典》的规定，职务发明创造、职务作品的知识产权属于发明人的单位所有，即国家所有，属于国有无形资产，因此，这些无形资产将作为国有资产被国家有关部门进行管理。[①] 而保值增值是我国国有资产管理的基本价值依归，但我国对无形资产的保值增值却没有专门的规定，因而只能适用与有形资产相同的规定，根据事业单位国有资产管理相关的要求，科技成果类资产转化需要经历一系列审批、备案、评估等严格的程序，导致大量的国有科技成果无法得到及时转化，让国家投入的大额科研经费没有发挥应有的作用。

---

① 谢地. 试论国有科技成果知识产权管理制度的完善思路 [J]. 中国行政管理，2018（1）：70.

第五章 我国职务科技成果混合所有制改革的路径与制度完善

我国虽然对国有职务科技成果转化的政策持"鼓励、支持、奖励"的态度，但是对于国有资产的管理却有着一套严格和规范的流程和制度体系，包括国有资产的清产核资、评估、投资、运作、收益处置和分配、监督等，因而单位在转化时秉持"强监督、防流失、增值保值"的原则，以防国有资产流失，导致国有资产管理流程与科技成果转化制度之间产生冲突。[①] 有研究者称之为"国资诅咒"，即"国有资产严格管理—成果所有权归国有单位—难以精准激励科研人员—成果无法或非法转移转化—实质性国资流失"。[②] 科技成果作为无形资产，如果一味担心流失而严格保护，就会陷入保护越严格，转化越困难，价值越难实现，导致实质上流失的怪圈。

第一，国有资产的分级审批制度影响了科技成果的转化效率，其决策程序烦琐，审批严格复杂，可能需要很长一段时间才能走完备案审查流程，不仅增加了职务科技成果转化的时间和人力成本，而且不利于科技成果的市场化运营与实施，因为科技成果具有时效性和创新性的特点，只有及时有效地转化才可能实现其价值最大化，而在漫长的层层审批过程中，科技成果极易失去市场竞争力。第二，国有资产评估制度减缓了科技成果转化进程，国有科技成果作为无形资产，其与一般国有有形资产有很大的不同，因为一般有形资产价值在一定时期内不会有大的变化，其固有的价值可感知到并有判定的标准，因此对其进行评估是有合理性和必要性的；但科技成果类资产不同，其价值要依托后续研发和实施转化才能进行有效判断，因此，对国有科技成果进行事前评估不仅无法判断或确定其价值，而且过程复杂且效率较低。

[①] 郝佳佳，雷鸣，钟冲. 高校职务科技成果权属混合所有制改革研究综述 [J]. 中国科技论坛，2021（4）：128.

[②] 张铭慎. 如何破除制约入股型科技成果转化的"国资诅咒"？——以成都职务科技成果混合所有制改革为例 [J]. 经济体制改革，2017（6）：116.

二、国有资产管理法的完善建议

(一)将国有科技成果当作特殊的无形资产进行管理

事业单位的财务和会计制度使国有科技成果知识产权的转让、实施许可、作价投资、抵押融资等法律行为处于事业单位国有资产管理法的管制范围内,使国有科技成果的转化实施困难重重,因此,应充分考虑到科技成果这一特殊无形资产的特殊性,不再将其单纯地视为一般国有资产,国有资产管理部门应该制定新的国有科技成果知识产权管理规范,明确国有科技成果与其他类型国有资产的区别,将国有科技成果转化作为一种特殊的无形国有资产进行专门管理,为其量身定制管理规范,减少国有知识产权在使用和处置中的程序负担,从而更快、更好地促进科技成果的转化,达成确保国有资产保值增值的目标。[1]

(二)完善国有资产评估和审批制度

如果国有科技成果评估不按规定进行,评估价值过低就有可能导致国有资产的流失,而评估价值过高就有可能导致国有科技成果丧失市场竞争力,而这也是国有资产流失的一种形式。由于国有科技成果是一种无形资产,其价值具有潜在性,因此,国有资产评估程序不应该成为处置、使用科技成果的事前必要程序,评估不当会阻碍职务科技成果的转化。虽然对国有科技成果在事前进行评估是不合理的,但资产评估机构作为独立的第三方监督主体,对国有科技成果的评估存在客观的监督作用,因此,可以在事后建立评估机制,为国有科技成

---

[1] 章熙春,江海,袁传思.产权激励对促进高校科技成果转化的影响研究[J].科技管理研究,2020(17):106.

果确立一个客观的价值参考标准，以此来衡量国有科技成果的使用和处置是否合理。

2019年财政部新修订的《事业单位国有资产管理暂行办法》第四十条规定："国家设立的研究开发机构、高等院校将其持有的科技成果转让、许可或者作价投资给非国有全资企业的，由单位自主决定是否进行资产评估。"第五十六条规定："国家设立的研究开发机构、高等院校对其持有的科技成果，可以自主决定转让、许可或者作价投资，不需报主管部门、财政部门审批或者备案，并通过协议定价、在技术交易市场挂牌交易、拍卖等方式确定价格。通过协议定价的，应当在本单位公示科技成果名称和拟交易价格。国家设立的研究开发机构、高等院校转化科技成果所获得的收入全部留归本单位。"该暂行办法明确了科技成果转化过程中的国有资产定价，不再需要报主管部门、财政部门审批或备案，放开了审批权，且不论单位是与国有全资企业还是非国有全资企业合作，都将是否进行资产评估的选择权完全交给单位自主决定。[1] 这一修改为高校、科研院所促进科技成果转化提供了制度保障，但该规定还属于暂行办法，并且法律效力层次较低，因此建议在《专利法》《促进科技成果转化法》以及与国有资产相关的较高层级的法律中，明确肯定这一制度。

（三）弱化国有股权的决策参与权

一大批科技公司因职务科技成果混合所有制改革而诞生，其中包括有国有股权参与的科技公司，正因如此，该公司的职务科技成果的转化可能参照国有资产管理法进行审批或者备案，程序复杂、耗时过长，导致效率低下，不利于企业高效的市场化运作。因此，建议因职务科技成果混合所有制改革而形成的科技公司，应当与传统的国有独

---

[1] 王红，唐晶. 事业单位科技成果转化与国有资产管理相关问题探讨[J]. 行政事业资产与财务，2021（1）：18.

资公司、国有控股公司或者国有参股公司在其股权行使方面有所区别，应当建立国有股权权利管理的特殊新制度，明确国有股权主要享有分红收益权，弱化国有股权的决策参与权。① 需要注意的是，弱化国有股权的决策参与权不等于国有资本"控股不控权"。国有资本"控股不控权"可能导致国有股东在做重大决策时权力被架空。如果国有股东经验不足，风险意识缺乏，可能丧失对所投资的企业的控制权，甚至其知情权、利润分配权、分红权等权益也会因此受到侵害。而且国有资产本质上是全体公民共有的财产，如果损害了国有股东的应有权益，相当于损害了全体公民的利益。因此弱化国有股权的决策参与权仅指在职务科技成果转化方面限制国有股东的决策参与权。

（四）完善职务科技成果转化容错机制

为了对国有科技成果履行国有资产管理职责，科技成果转化管理沿袭了传统做法，虽然2019年财政部修订《事业单位国有资产管理暂行办法》时简化了过去的审批、评估程序，但在落实中未能完全排除国有科教事业单位的各层级管理人员、科研人员在科技成果转化工作实践中对职务科技成果所有权变更后发生的价值变化是否属于国有资产流失的疑虑，从而导致了国有科教事业单位在享有国有科技成果处置权、使用权的情形下仍然以保守谨慎的态度处置成果权属的现实。② 因此，为了营造职务科技成果转化的良好氛围，要建立健全职务科技成果转化容错机制，让项目决策者不再担心会被追责而畏首畏尾。③ 在《赋予科研人员职务科技成果所有权或长期使用权试点实施方案》中，规定了领导人员的尽职免责机制，若领导人员履行了相关

---

① 徐兴祥，俞仕琳. 职务科技成果混合所有制改革的实践成效及完善建议——基于四川省33家改革试点单位的实证分析 [J]. 中国科技论坛，2022（12）：108.

② 谢地. 论职务科技成果权属限制问题与解决思路——以职务科技成果混合所有制实践为背景 [J]. 电子知识产权，2021（6）：80.

③ 翟晓舟. 职务科技成果转化收益配置中的权责规范化研究 [J]. 科技进步与对策，2019（20）：128.

管理制度，在没有牟取非法利益的前提下，可以免除追究其在科技成果定价、自主决定资产评估以及成果赋权中的相关决策失误责任。同时规定各地方、各主管部门要建立相应的容错和纠错机制，探索通过负面清单等方式，制定勤勉尽责的规范和细则，激发试点单位的转化积极性和科研人员干事创业的主动性、创造性。[①] 要完善监察、审计、财政等部门监督检查机制，以是否符合中央精神和改革方向、是否有利于科技成果转化作为对科技成果转化活动的定性判断标准，实行审慎包容监管。

综上，建议各部门、各地方、各单位应尽快出台"鼓励改革、崇尚创新"的试错、容错、纠错机制，并明确具体的免责机制，相关负责人在转化过程中，在没有违反国家法律法规和政策的规定、没有牟取私利、履行了勤勉尽职义务的前提下，将因非主观故意造成的失误纳入免责范围，免除因市场风险、技术迭代或其他不可预见因素导致的资产损失的责任。[②]

第六节 促进职务科技成果转化的地方立法、配套政策与措施

一、促进职务科技成果转化地方立法的完善

2015年《促进科技成果转化法》修订后，四川、重庆、广东、内蒙古、安徽、河北、浙江、福建、青海、宁夏、陕西、广西、北京、

[①] 马波. 论职务科技成果混合所有制的规范表达与完善措施 [J]. 科技进步与对策，2022（3）：129.

[②] 马碧玉. 促进科技成果转化的科技体制改革研究——基于当前政策调整与制度完善的思考 [J]. 中国高校科技，2022（6）：91.

河南、黑龙江、贵州、湖南、湖北等省（区、市）都相继出台了促进科技成果转化的条例。地方条例中主要规定了组织实施、转化实施、保障措施、技术权益和法律责任等方面的内容。其中有关奖酬标准的规定，主要参照《专利法实施细则》（2010）和《促进科技成果转化法》（2015）。《促进科技成果转化法》（2015）第四十五条规定，科技成果完成单位未规定、也未与科技人员约定奖励和报酬的方式和数额的，可按照下列标准对完成、转化职务科技成果做出重要贡献的人员给予奖励和报酬：（1）将该项职务科技成果转让、许可给他人实施的，从该项科技成果转让净收入或者许可净收入中提取不低于百分之五十的比例；（2）利用该项职务科技成果作价投资的，从该项科技成果形成的股份或者出资比例中提取不低于百分之五十的比例；（3）将该项职务科技成果自行实施或者与他人合作实施的，应当在实施转化成功投产后连续三至五年，每年从实施该项科技成果的营业利润中提取不低于百分之五的比例。但这一奖励标准早已与现今的经济发展水平相去甚远，因此，在地方立法中，只要是制定了促进科技成果转化条例的地区，都普遍将奖酬分配比例提高到了百分之七十甚至更高。比如，《四川省促进科技成果转化条例》第六十六条规定，科技成果完成单位未规定、也未与科技人员约定奖励和报酬的方式和数额的，按照下列标准对完成、转化职务科技成果做出重要贡献的人员给予奖励和报酬：（1）将该项职务科技成果转让、许可给他人实施的，从该项科技成果转让净收入或者许可净收入中提取不低于百分之七十的比例；（2）利用该项职务科技成果作价投资的，从该项科技成果形成的股份或者出资比例中提取不低于百分之七十的比例；（3）将该项职务科技成果自行实施或者与他人合作实施的，应当在实施转化成功投产后连续三至五年，每年从实施该项科技成果的营业利润中提取不低于百分之五的比例。而其他尚未制定职务科技成果转化条例的省（区、市），可以借鉴已出台案例的省（区、市）对职务科技成果的奖酬标准，早日出台适应其自身的地方条例。因此，只要提高了科研人员的成果转化收益比例，即使不采取职务科技成果混合所有制的转化模式，也能很好地促进职务科技成果的转化。

同时，随着《专利法》《促进科技成果转化法》以及国有资产管理法等相关法律法规的修改，地方立法也应当顺应改革的浪潮做出相应修改。

第一，规定单位转让职务科技成果时，科研人员享有优先受让权的地区如表5-6-1所示。

表5-6-1 地方立法规定科研人员享有职务科技成果优先受让权情况一览

地区	文件	相关内容
四川	《四川省促进科技成果转化条例》（2018）	第六十三条 利用本省财政资金设立的研究开发机构、高等院校组织实施科技成果转化时，应当保障科技成果完成人的知情权，充分听取科技成果完成人对科技成果转化的意见；科技成果转让时，应当提前十五日通知科技成果完成人，科技成果完成人在同等条件下享有优先受让权。
重庆	《重庆市促进科技成果转化条例》（2020）	第三十条 职务科技成果持有者实施科技成果转化时，应当保障科技成果完成人的知情权。利用财政资金设立的研究开发机构、高等院校以及国有独资企业（公司）、国有资本控股公司拟转让其持有的职务科技成果时，应当提前一个月书面通知科技成果完成人，完成人在同等条件下享有优先受让权。
广东	《广东省促进科技成果转化条例》（2019）	第十一条 高等院校、科学技术研究开发机构组织实施科技成果转化时，应当保障成果研发团队或者完成人的知情权，成果研发团队或者完成人应当配合实施科技成果转化。高等院校、科学技术研究开发机构拟转让或者放弃持有的科技成果的，应当提前一个月书面通知成果研发团队或者完成人，成果研发团队或者完成人在同等条件下享有优先受让权。
内蒙古	《内蒙古自治区促进科技成果转化条例》（2018）	第三十一条 研究开发机构、高等院校等事业单位拟转让或者放弃持有的科技成果的，应当提前一个月书面通知成果研发团队或者完成人，成果研发团队或者完成人在同等条件下享有优先受让权。

续表

地区	文件	相关内容
安徽	《安徽省促进科技成果转化条例》（2018）	第三十六条　转让职务科技成果时，科技成果完成人在同等条件下享有优先受让权。

根据《民法典》第八百四十七条的规定，职务科技成果的使用权、转让权属于法人或者非法人组织的，法人或者非法人组织可以就该项职务科技成果订立技术合同。法人或者非法人组织订立技术合同转让职务科技成果时，职务科技成果的完成人享有以同等条件优先受让的权利。而在各省的地方立法中，仅有四川、重庆、广东、内蒙古、安徽五省（区、市）规定了科研人员的优先受让权，当单位想要整体转让职务科技成果时，应当首先保障科研人员的知情权，赋予科研人员通过与单位协商的方式获得职务科技成果所有权的权利。[①]

在职务科技成果混合所有制改革中，科研人员成为职务科技成果的共有权人后，其优先受让权是以共有权为基础的请求权，伴随共有权而长期存在，并且具有对抗第三人的物权效力。

因此，各省（区、市）在修订相关条例时，为了防止单位不当转让，侵犯科研人员的合法权益，应当明确单位权责范畴，规定优先受让权的行使条件、通知期限等。

第二，规定科研人员享有闲置职务科技成果实施权的地区如表5-6-2所示。

[①] 刘群彦. 高校科研人员科技成果转化权和优先受让权问题研究[J]. 行政与法，2019（1）：124.

表5-6-2 地方立法规定科研人员享有闲置职务科技成果实施权情况一览

地区	文件	相关内容
四川	《四川省促进科技成果转化条例》(2018)	第二十六条 利用本省财政资金设立的研究开发机构、高等院校所取得的职务科技成果,自项目验收完成日起超过一年未实施转化的,科技成果完成人可以依法与本单位签订科技成果转化协议实施转化。利用本省财政资金设立的研究开发机构、高等院校在科技成果完成人提出签订科技成果转化协议之日起超过三个月无正当理由不与其签订科技成果转化协议的,经其主管部门备案后,科技成果完成人可以自行组织实施转化。
重庆	《重庆市促进科技成果转化条例》(2020)	第二十七条 利用财政资金设立的研究开发机构、高等院校对其持有的职务科技成果,应当积极实施转化。自职务科技成果完成之日起超过一年未实施转化,科技成果完成人可以向所在单位书面申请实施转化,单位应当与其签订科技成果转化协议,并在本单位公示。公示时间不得少于十五日。单位收到转化申请超过三个月未答复或者无正当理由不同意的,科技成果完成人经向所在单位主管部门书面报告后,可以自行实施转化。单位及其工作人员不得阻碍或者拒绝提供相关技术资料。
河北	《河北省促进科技成果转化条例》(2016)	第二十五条 国家设立的研究开发机构、高等院校在取得职务科技成果一年内未实施转化并且未与科技成果完成人和参加人达成转化协议的,科技成果完成人和参加人在不变更职务科技成果权属的前提下,可以要求与本单位签订实施科技成果转化协议,并将签订协议的书面请求提交本单位及其主管部门。自书面请求提交之日起三个月内仍未达成协议的,科技成果完成人和参加人可以自行或者与他人合作实施科技成果转化。该单位及其工作人员不得阻碍或者拒绝提供相关技术资料。
浙江	《浙江省促进科技成果转化条例》(2021)	第三十八条 政府设立的研究开发机构、高等院校对其持有的科技成果的转化,未与科技成果完成人签订实施协议,且在专利授权后或者其他科技成果登记备案后超过一年未组织实施、转让或者作价投资的,科技成果完成人可以自行实施或者与他人合作实施该项科技成果,所得收益归科技成果完成人所有。

续表

地区	文件	相关内容
福建	《福建省促进科技成果转化条例》（2017）	第四十六条　研究开发机构、高等院校等事业单位未与科技成果完成人签订转化实施协议，且在专利授权后或者在科技成果登记备案后超过一年未组织实施转化的，科技成果完成人可以自行实施或者与他人合作实施该项科技成果，并享有不低于本条例规定的转化收益。
青海	《青海省促进科技成果转化条例》（2020）	第四十一条　高等院校、研究开发机构主要利用财政性资金资助的项目所形成的职务科技成果，自项目验收完成之日起一年内未实施转化的，在不变更职务科技成果权属的前提下，科技成果完成人可以依法与本单位签订科技成果转化协议实施转化。 高等院校、研究开发机构在科技成果完成人提出签订科技成果转化协议之日起超过三个月无正当理由不与其签订科技成果转化协议的，经科学技术主管部门备案后，科技成果完成人可以自行组织实施转化。
宁夏	《宁夏回族自治区促进科技成果转化条例》（2018）	第十四条　利用财政资金资助的应用类科技项目，应当在项目完成后一年内实施转化。逾期未实施转化的，组织实施该项目的政府有关部门、管理机构可以授权他人实施成果转化，成果研发团队或者完成人拥有优先转化权。
陕西	《陕西省促进科技成果转化条例》（2017）	第十二条　国家设立的研究开发机构、高等院校对其持有的科技成果，自成果完成之日起二年未实施转化，尚具备转化价值和条件的，可以采取下列方式进行转化：（一）科技成果完成人可以根据与本单位的协议进行转化，并按照协议约定向单位返还收益；协议没有约定收益的，应当从转化成功获利之日起，连续三年从转化所得的年净收入中提取百分之十返还本单位。（二）科技成果完成人未与单位达成协议的，国有资产行政管理或者其他行政管理部门可以通过挂牌交易、拍卖等方式组织实施转化。

续表

地区	文件	相关内容
广西	《广西壮族自治区促进科技成果转化条例》（2018）	第二十九条　政府设立的研究开发机构、高等院校对其持有的科技成果未与科技成果完成人签订实施协议且在专利授权后或者科技成果登记后超过一年未实施转化的，科技成果完成人可以提出与本单位签订科技成果转化协议实施转化，自提出签订科技成果转化协议之日起超过三个月，单位无正当理由不签订协议的，科技成果完成人可以自行实施或者与他人合作实施该项科技成果，所得收益归科技成果完成人所有。
北京	《北京市促进科技成果转化条例》（2020）	第十一条　单位自职务科技成果在本单位登记后无正当理由超过一年未组织实施转化的，科技成果完成人可以自行投资实施或者与他人合作实施转化，单位应当对科技成果完成人的科技成果转化活动予以支持、配合。
安徽	《安徽省促进科技成果转化条例》（2018）	第三十六条　政府设立的研究开发机构、高等院校在取得职务发明专利授权后或者其他科技成果形成后超过一年未组织实施、转让或者作价投资的，成果完成人和参加人在不变更成果权属的前提下，可以与成果持有单位签订合同，自行实施或者与他人合作实施成果转化，并享有合同约定的权益。科技成果持有单位在完成人和参加人提出签订实施转化的合同之日起三个月内，无正当理由不与其签订合同的，完成人和参加人可以直接实施转化，科技成果持有单位按照不高于百分之三十的比例享受转化后的收益。

通过对比发现，各个地区对科研人员享有的闲置职务科技成果实施权规定各不相同，在"是否需要先向单位提出申请"这一问题上，各个地区给出了不同的回答。以四川省和福建省为例，单位自职务科技成果完成之日起超过一年未实施转化的，四川省规定科技成果完成人需要先向单位提出签订科技成果转化协议，单位未答复或者无正当理由不同意的，经备案后科研人员才可实施转化；而福建省没有"申请"这一前置程序，在满足时间条件后即可自行实施或者与他人合作

实施转化该科技成果。同时，在闲置职务科技成果获得转化收益后是否需要提取一定比例给单位这一问题上，安徽省规定了不高于30%的标准，而广西壮族自治区规定所得收益全部归科技成果完成人所有。

因此，建议各地区在相关条例中应当明确规定：利用本省（区、市）财政资金设立的研究开发机构、高等院校所取得的职务科技成果，自项目验收完成日起超过一年未实施转化的，科技成果完成人可以依法与本单位签订科技成果转化协议实施转化。科技成果转化协议应当在本单位公示，公示时间不得少于十五日。利用本省（区、市）财政资金设立的研究开发机构、高等院校在科技成果完成人提出签订科技成果转化协议之日起超过三个月无正当理由不与其签订科技成果转化协议的，经其主管部门备案后，科技成果完成人可以自行组织实施转化。单位不得阻碍或者拒绝提供相关技术资料。若通过签订转化协议约定科研人员的实施权，那么可在转化协议中约定单位享有一定比例的转化收益，若是在未签订协议的情况下由科研人员自主实施的，那转化收益可由科研人员全部享有。①

第三，规定科研人员享有职务科技成果转化权或实施权的地区如表5-6-3所示。

表5-6-3 地方立法规定科研人员享有职务科技成果转化权或实施权情况一览

地区	文件	相关内容
四川	《四川省促进科技成果转化条例》（2018）	第二十五条 实施国有单位的职务科技成果转化，可以按照混合所有制改革的原则依法确定职务科技成果权属。
山西	《山西省促进科技成果转化条例》（2019）	第二十八条 本省建立健全以知识价值为导向的科技成果权益分配机制，依法推进职务科技成果权属改革，维护和保障科技成果转化中各方主体的合法权益。

---

① 曹爱红，王海芸. 立法视角下的科技成果强制转化制度分析［J］. 科技中国，2019（9）：29.

续表

地区	文件	相关内容
重庆	《重庆市促进科技成果转化条例》(2020)	第二十三条 利用财政资金设立的研究开发机构、高等院校，在不变更职务科技成果权属的前提下，可以将职务科技成果部分或者全部给予科技成果完成人使用、转让、投资等，同时应当约定双方对转化收入的分配方式，并不得损害国家安全、国家利益、社会公共利益。 鼓励开展职务科技成果所有权和长期使用权等改革试点，促进科技成果转化和产业化。
北京	《北京市促进科技成果转化条例》(2020)	第九条 政府设立的研发机构、高等院校，可以将其依法取得的职务科技成果的知识产权，以及其他未形成知识产权的职务科技成果的使用、转让、投资等权利，全部或者部分给予科技成果完成人，并同时约定双方科技成果转化收入分配方式。 前款规定的情况不得损害国家安全、国家利益、社会公共利益。 第十一条 政府设立的研发机构、高等院校持有的职务科技成果，在不变更权属的前提下，科技成果完成人可以与本单位依法签订协议实施转化。
陕西	《陕西省促进科技成果转化条例》(2017)	第十条 国家设立的研究开发机构、高等院校对其持有的科技成果，除涉及国家秘密、国家安全外，可以自主决定或者授权科技成果完成人决定转让、许可或者作价投资，不需报相关主管部门审批或者备案；但应当通过协议定价，在技术交易市场挂牌交易、拍卖等方式确定价格。 通过协议方式确定科技成果价格的，可以由科技成果完成人主持公开询价，确定成交价格后，应当在本单位公示科技成果名称、内容摘要、转化方式、拟交易价格等信息，明确并公开异议处理程序和办法。受让方是职务科技成果完成人或者其利害关系人的，应当予以注明。 第四十二条 国家设立的研究开发机构、高等院校可以在科技成果转化过程中，奖励科技成果完成人一定比例的科技成果权属份额，取得科技成果权属份额的科技成果完成人不再参与该项科技成果转化后单位所获收益的分配。科技成果完成人要求按照第四十一条第一款和本条前款规定获取奖励的除外。

续表

地区	文件	相关内容
河南	《河南省促进科技成果转化条例》(2019)	第二十一条 国家设立的研究开发机构、高等院校取得的职务科技成果，完成人和参加人在不变更职务科技成果权属的前提下，可以根据与本单位签订的协议进行该项科技成果的转化，并享有协议约定的权益。
福建	《福建省促进科技成果转化条例》(2017)	第十四条 研究开发机构、高等院校等事业单位可以通过签订协议的方式，授予科技成果完成团队或者个人对该成果的处置权，并协商确定成果转让、许可或者作价投资的最低可成交价格。科技成果的完成团队或者完成人可以在最低可成交价格的基础上，通过市场化方式，确定科技成果转让、许可或者投资价格。 第四十四条 研究开发机构、高等院校等事业单位可以在科技成果转化过程中，奖励科技成果完成人一定比例的科技成果权属份额，取得科技成果权属份额的科技成果完成人不再参与该项科技成果转化后单位所获收益的分配。科技成果完成人要求按照前两款规定获取奖励的除外。 第四十六条 财政性资金资助的职务科技成果完成人和参加人在不变更职务科技成果权属的前提下，可以根据与成果所有单位的协议进行该项科技成果的转化。
浙江	《浙江省促进科技成果转化条例》(2021)	第三十七条 政府设立的研究开发机构、高等院校可以在科技成果转化过程中，奖励科技成果完成人一定比例的科技成果权属份额，取得科技成果权属份额的科技成果完成人不再参与该项科技成果转化后单位所获收益的分配。科技成果完成人要求按照前两款规定获取奖励的除外。 第三十八条 政府设立的研究开发机构、高等院校持有的科技成果，在不变更权属的前提下，科技成果完成人可以根据与本单位的协议实施该项科技成果。单位对科技成果完成人实施科技成果转化活动应当予以支持。

续表

地区	文件	相关内容
河北	《河北省促进科技成果转化条例》（2016）	第二十五条 国家设立的研究开发机构、高等院校所取得的职务科技成果，科技成果完成人和参加人可以根据与本单位的协议实施该项科技成果的转化，并享有协议规定的权益。该单位对上述科技成果转化活动应当予以指导和支持。 第四十二条 探索科技成果产权制度改革，可以通过奖励等办法将部分股权、知识产权等让渡给科研人员。
黑龙江	《黑龙江省促进科技成果转化条例》（2016）	第十三条 利用财政资金设立的研究开发机构、高等院校取得的职务科技成果，完成人和参加人在不变更科技成果权属的前提下，可以根据与本单位的协议进行该项科技成果的转化，并享有协议规定的权益。该单位对上述科技成果转化活动应当予以支持。
内蒙古	《内蒙古自治区促进科技成果转化条例》（2018）	第三十条 研究开发机构、高等院校等事业单位持有的科技成果，在不变更权属的前提下，科技成果完成人可以根据与本单位的协议实施该项科技成果。 第三十三条 研究开发机构、高等院校等事业单位在科技成果转化过程中，可以奖励科技成果完成人一定比例的科技成果权属份额，取得科技成果权属份额的科技成果完成人不再参与该项科技成果转化后单位所获收益的分配。
宁夏	《宁夏回族自治区促进科技成果转化条例》（2018）	第三十六条 高等院校、研究开发机构等事业单位利用财政资金支持形成的不涉及国防、国家安全、国家利益、重大社会公共利益的科技成果的使用权、处置权和收益权，全部下放给科技成果完成单位，科技成果转化收益全部留归科技成果完成单位。
贵州	《贵州省促进科技成果转化条例》（2021）	第十七条 财政资金设立的研究开发机构、高等院校的职务科技成果完成人、参加人，在不变更职务科技成果权属的前提下，可以向本单位提出转化该职务科技成果的申请，本单位应当给予支持，与完成人、参加人签订转化该职务科技成果的协议，明确双方的权利与义务。

续表

地区	文件	相关内容
广西	《广西壮族自治区促进科技成果转化条例》（2018）	第二十九条　政府设立的研究开发机构、高等院校持有的科技成果，在不变更权属的前提下，科技成果完成人可以根据与本单位的协议实施该项科技成果的转化，并享有协议规定的权益。单位对科技成果完成人实施科技成果转化活动应当予以支持。
湖南	《湖南省实施〈中华人民共和国促进科技成果转化法〉办法》（2019）	第十九条　政府设立的研究开发机构、高等院校对其持有的科技成果，除涉及国家秘密、国家安全的外，可以自主决定转让、许可或者作价投资，不需报相关主管部门审批或者备案。通过协议定价方式确定科技成果价格的，应当于协议签订前在本单位显著位置公示拟交易科技成果的名称、交易价格、受让方等信息以及民主决策程序、提出异议和异议处理的程序，公示期不少于十五个工作日。受让方是科技成果完成人或者与完成人有利害关系的，应当予以注明。
湖北	《湖北省实施〈中华人民共和国促进科技成果转化法〉办法》（2019）	第十七条　具有实用价值的职务科技成果在完成后一年内，单位未能实施转化的，科技成果完成人和参加人在不变更职务科技成果权属的前提下，可以与本单位签订协议进行该项科技成果的转化，并享有协议约定的权益，该单位对上述科技成果转化活动应当予以支持。 第二十一条　国家和省设立的研究开发机构、高等院校接受企业、其他社会组织委托的横向委托项目，项目承担单位和科研人员可以通过合同约定知识产权使用权和转化收益，支持探索赋予科研人员成果所有权或者长期使用权。

在近几年的地方立法修订过程中，逐步有地区开始探索职务科技成果混合所有制改革，并在立法中规定奖励科技成果完成人一定比例的科技成果权属份额、依法推进职务科技成果权属改革、赋予科研人员职务科技成果所有权和长期使用权等。国家可以借鉴部分省（区、市）促进科技成果转化的做法，将确认有效的经验在全国各地推广开来，通过地方立法、颁布政策为职务科技成果混合所有制改革提供合法、合理的基础。如《四川省促进科技成果转化条例》就走在改革的前沿，其具体规定和措施具有很好的借鉴意义。

二、促进职务科技成果转化配套政策与措施的完善

（一）建立职务科技成果披露制度

2020年，教育部、国家知识产权局、科技部联合发布《关于提升高等学校专利质量 促进转化运用的若干意见》，强调高校应从源头上加强对科技创新成果的管理与服务，提出要逐步建立职务科技成果披露制度，科研人员应主动、及时向所在高校进行职务科技成果披露。高校要提高科研人员从事创新创业的法律风险意识，引导科研人员依法开展科技成果转移转化活动，切实保障高校合法权益。为减少职务科技成果的流失，有针对性地进行职务科技成果转移转化，国家设立的研发机构和高等院校应当建立职务科技成果披露制度，明确研发过程中尤其是形成科技成果后单位与发明人之间的权利、义务与责任，及时确定职务科技成果的权益归属。国家设立的研发机构和高等院校可以根据本单位的具体情况，明确发明人应当就其完成的与单位业务有关的科技成果及时向单位披露，并附具该科技成果是否为职务科技成果的意见；发明人的披露报告提交后，单位应当及时确认并告知发明人该科技成果是否为职务科技成果，若为职务科技成果应立即对该项职务科技成果的可行性、新颖性、潜在用途及市场前景等进行评估，并决定采取何种方式对该职务科技成果进行知识产权保护。同时，单位要及时掌握科研人员科技创新的最新进展，挖掘有潜力的科技成果，指导科研人员对有价值的科技成果通过申请专利等方式进行保护。

（二）将科技成果转化情况纳入考评范围

2013年，国家知识产权局、教育部、科技部等部门联合印发《关于进一步加强职务发明人合法权益保护 促进知识产权运用实施

的若干意见》，提出要将与职务发明知识产权相关要素纳入考评范围，鼓励高校、科研院所在评定职称、晋职晋级时，将科研人员从事知识产权创造、运用及实施的情况纳入考评范围，同等条件下予以优先考虑。2017年，国务院发布的《关于印发国家技术转移体系建设方案的通知》提出，要树立正确的科技评价导向，推动高校、科研院所完善科研人员分类评价制度，建立以科技创新质量、贡献、绩效为导向的分类评价体系，扭转唯论文、唯学历的评价导向。加大对科研人员成果转化、技术推广、技术服务等评价指标的权重，把科技成果转化对经济社会发展的贡献作为科研人员职务晋升、职称评审、绩效考核等的重要依据，不将论文作为评价的限制性条件。2018年，国务院发布的《关于优化科研管理提升科研绩效若干措施的通知》提出开展"唯论文、唯职称、唯学历"问题集中清理，建立以创新质量和贡献为导向的绩效评价体系。2019年7月，科技部、教育部、发展改革委等部门发布的《关于扩大高校和科研院所科研相关自主权的若干意见》提出，要切实下放职称评审权限，高校和科研院所按照国家规定自主制定职称评审办法和操作方案，按照管理权限自主开展职称评审，开辟评审绿色通道，评审标准不设资历、年限等门槛。2020年，科技部印发《关于破除科技评价中"唯论文"不良导向的若干措施（试行）》，提出对于科技创新创业人才，不把论文作为主要的评价依据和考核指标，并开展破除"唯论文"不良导向各项措施落实情况的监督检查。

国家之所以出台大量的政策文件破除职称评定时唯论文、唯学历的评价导向，鼓励将科技成果转化情况纳入考评范围，就是因为现行的职称评价体系过于强调论文的发表，转化研究成果在职称评定时难以发挥作用，实践中大部分的科研人员重视的都是理论内容的创作，关注焦点在于学术成果是否有助于评优、评职称等，而成果的应用性、市场性和可转化度并非科研人员关注的重点，科研人员"重研究而轻应用，重获奖而轻转化"的价值导向导致科技成果研发与生产脱节的问题严重。

因此,要贯彻落实国家的相关政策,完善并落实科研单位考核评价机制,将职称评审和人才引进自主权下放给单位,鼓励高等院校、科研院所在评定职称、晋职晋级时,将科研人员从事知识产权创造、运用及实施的情况纳入其中,建立符合科技成果转化工作特点的职称评定、岗位管理和考核评价制度。① 同时,科研单位应当制定适用于本单位科技成果转化的相关制度并落到实处,制定符合本单位促进科技成果转化需求的考核标准,对不同类型的人才实行多元化动态考核,最大限度激发本单位科研人员的创新和转化活力,让科研人员在从事科技成果转化的道路上实现名利双收。这样既能破除以论文为唯一指挥棒的传统思想观念,又能改变科研人员对科技成果转化概念的认知,从而形成科研人员产出真正优质科技成果并将其转化为可服务于社会、支撑和引领行业发展的市场化产品或技术后反哺科研的良性循环。②

(三) 加大财税扶持力度

科技成果转化是一项风险性事业,同时也是一个复杂的系统工程,没有政府资助做后盾,单靠个人或企业很难做到。特别是对一些技术复杂的科技成果,尤其是人用药品等,由于需要较长时间和较多资金的投入,注重短期效益的社会资本的投入远远不够。因此在科技成果转化和推广的过程中,政府的参与是必不可少的,通过政府的引导基金来吸引社会资金投入,采取多渠道、多层次的融资方式,解决科技成果转化资金难的问题。政府不仅要制定相应的政策,发挥引导作用,而且要加大资金投入,加强财政支出扶持力度,建立支持促进

---

① 葛章志, 宋伟, 万民. 职务科技成果单位优先转化权及其规则改进——兼评我国《促进科技成果转化法》第19条 [J]. 中国高校科技, 2016 (8): 15.
② 范瑞泉. 落实并释放科技成果转化政策红利 有效推动高校科技成果转化 [J]. 科技管理研究, 2020 (15): 145.

职务科技成果转化的专项资金，用于项目的启动，并为技术复杂的科技成果转化提供后续资金保障。①

2013年，国家知识产权局、教育部、科技部在《关于进一步加强职务发明人合法权益保护 促进知识产权运用实施的若干意见》中，提出要落实和完善职务发明人获得奖金和报酬的财政税收优惠政策，对职务发明人的奖金和报酬按照国家税法的相关规定实行优惠，充分调动职务发明人从事职务发明创造及运用实施的积极性、主动性和创造性。2016年，中共中央办公厅国务院办公厅发布《关于实行以增加知识价值为导向分配政策的若干意见》，提出完善股权激励等相关税收政策，对符合条件的股票期权、股权期权、限制性股票、股权奖励以及科技成果投资入股等实施递延纳税优惠政策，鼓励科研人员创新创业，进一步促进科技成果转化。2017年，国务院印发的《国家技术转移体系建设方案的通知》提出，各地区、各部门要充分发挥财政资金对技术转移和成果转化的引导作用，完善投入机制，推进科技金融结合，加大对技术转移机构、信息共享服务平台建设等重点任务的支持力度，形成财政资金与社会资本相结合的多元化投入格局。2018年9月，国务院发布《关于推动创新创业高质量发展打造"双创"升级版的意见》，提出要加大财税政策支持力度，聚焦减税降费，将国家级科技企业孵化器和大学科技园享受的免征房产税、增值税等优惠政策范围扩大至省级，符合条件的众创空间也可享受。另外，在2015年财政部、国家税务总局发布的《关于将国家自主创新示范区有关税收试点政策推广到全国范围实施的通知》，2016年财政部、国家税务总局发布的《关于完善股权激励和技术入股有关所得税政策的通知》，2018年财政部、国家税务总局、科技部发布的《关于科技人员取得职务科技成果转化现金奖励有关个人所得税政策的通

---

① 王乔，黄瑶妮，张东升. 支持科技成果转化的财税政策研究[J]. 当代财经，2019（7）：28.

第五章 我国职务科技成果混合所有制改革的路径与制度完善

知》中，也规定了大量关于科技成果转化的优惠政策，对科研人员、技术转移机构和技术转移人员等各个主体都设置了相应的激励措施，特别是对科研人员因科技成果转化而获得的收益给予相应的税收减免优惠。

在职务科技成果混合所有制改革中，若将科研人员的转化收益计入其综合所得而适用高额税率，会严重挫伤科研人员的积极性，因此，要进一步将国家对科研人员在职务科技成果转化中获取的收益税收减免政策落到实处，对科技成果完成人因科技成果转化而获得的收益，无论是股份、股息还是现金，在税收方面都能够给予适当减或免。国家的优惠政策发挥引导及支持作用，降低科技成果转化的综合成本，强化科技成果转化的现实动力。

（四）建立专门的技术转移机构

2017年，国务院印发的《国家技术转移体系建设方案的通知》提出要发展技术转移机构，加强高校、科研院所、社会化技术转移机构建设，加强科技成果的市场开拓、营销推广、售后服务。斯坦福大学是美国最早设立技术转移办公室的高校。首先，OTL对科研人员的科技成果十分熟悉，同时对市场的需求把握精准，能有效衔接科技成果的供给与需求。其次，学校将科技成果的处置权赋予技术转移办公室，其可自主进行技术许可、转让等活动，技术转移人员对科技成果的商业潜力进行评估，拥有独立于科研人员之外推进项目的权利，有权代表斯坦福大学签署许可协议、材料转换协议、产业合同以及其他涉及知识产权的协议，用自身专业性为精准发掘科技成果价值、与利益方实施高效沟通和提升转化成功率提供了重要保障。[①] 最后，在收益权分配上，科技成果转化总收益的15%分配给技术转移办公室，

---

① 张翼，王书蓓. 美国斯坦福大学职务科技成果转化处置权和收益权配置研究［J］. 科学管理研究，2018（6）：111.

主要用于该机构的转化奖励、运营管理和专利申请及保护，保证技术转移工作的良性循环和可持续发展。①

虽然我国大部分高校设有负责技术转移的部门，但科技成果转化仅仅是该部门职能之一，并且该部门缺乏转化科技成果的实权，加上高校较少考虑技术转移部门的收益权，没有建立专门从事科技成果转化的机构，技术转移部门没有起到搭起科研和市场的"桥梁"的作用。我国高校可以借鉴美国斯坦福大学模式，建立专业化的科技成果处置机构，由该机构集中科技成果的处置权，确保科技成果转化的专业性、独立性和高效性，推动科研人员和技术转移部门之间的协调合作，有效提高科技成果转化效率；还可以设置激励兼容的收益分配政策，将技术转移部门的收益纳入收益分配体系中，实现收益共享。②

（五）建立技术转移专业人员队伍

国家一直极为重视技术转移的专业人才培育。2016年，中共中央、国务院印发《国家创新驱动发展战略纲要》，在"构建专业化技术转移服务体系"中明确提出要建立"职业化技术转移人才队伍"。2020年2月，教育部、国家知识产权局、科技部发布《关于提升高等学校专利质量促进转化运用的若干意见》，提出要加快专业化人才队伍建设。支持高校设立技术转移及知识产权运营相关课程，加强知识产权相关专业、学科建设，引育结合打造知识产权管理与技术转移的专业人才队伍，推动专业化人才队伍建设。鼓励高校组建科技成果转移转化工作专家委员会，引入技术经理人全程参与高校科技成果披露、价值评估、专利申请与维护、技术推广、对接谈判等科技成果转

---

① 钟卫，沈健，姚逸雪．中美高校科技成果转化收益分配机制比较研究［J］．科学学研究，2022（2）：253．

② 高艳琼，肖博达，蔡祖国，等．高校职务科技成果混合所有制的现实困境与完善路径［J］．科技进步与对策，2021（8）：118．

移转化的全过程，促进专利转化运用。2020年3月，中共中央、国务院印发《关于构建更加完善的要素市场化配置体制机制的意见》，明确指出建立国家技术转移人才培养体系，提高技术转移专业服务能力。

虽然我国大部分高校和科研机构成立了技术转移部门，与研究人员协同推动创新成果转化，但是能胜任技术转移工作的人才可谓凤毛麟角。科技成果转化的一个显著特点就是专业性，高校和科研院所科技成果转化涉及面广、过程复杂、定价机制烦琐，从最初的信息采集、技术和市场评估，到专利申请管理和专利授权后的权利维护、信息服务，以及技术贸易服务、许可谈判、许可费管理和再投资等都需要全方位、高水平、专业化和系统化的专业人员来推动。[1] 因此，需要既对专业技术有一定的了解，又拥有法律、财务、人事等方面的知识，同时还具备敏锐的商业头脑和市场洞察力的复合型人才来实施科技成果的转化，目前中国亟须培养能满足现实需求的此类人才。[2]

习近平总书记强调："我国要建设世界科技强国，关键是要建设一支规模宏大、结构合理、素质优良的创新人才队伍，激发各类人才创新活力和潜力。"可见，实施科技创新驱动发展战略，关键是发挥好人才的作用，必须依靠人才作为第一资源的引领和支撑作用。因此，围绕科技成果转化"最后一公里"，需要培养一批"懂政策、懂法规、懂流程、会实操"的科技成果转化专业人员队伍，推动职务科技成果转化落地。为此，科技部成立了国家技术转移人才培养基地，聚集了一批国内外的行业专家、院士，形成优秀的师资力量，系统传授国内外在科技成果转化过程中的经验，旨在培养一批适合我国国情的专业化、职业化、精细化、国际化的技术转移人才。

---

[1] 张宇庆. 如何破解科技成果转化之困——基于科技经纪人（组织）建设的视角[J]. 中国高校科技，2018（3）：72.
[2] 黄灿，徐戈，李兰花，等. 中国高校和科研院所科技成果转化制度改革——基于专利技术交易数据的分析[J]. 科技导报，2020（24）：92.

该培养基地对促进科技成果的转移转化发挥了重要的作用，但基地数量不多，还需要进一步扩大建设。同时，只对技术转移人员进行培训是远远不够的，如在高校中，负责科技成果转化的大多是高校自身的科研或行政管理人员，其工作内容以专利信息收集和转移流程管理为主，其技术转移能力很难通过短期的专业技术培训而得到明显提升，难以在短期内实现质的飞跃。因此，还应建立长期的人才培养机制，技术转移人才应当具备良好的知识产权学科背景，而目前我国知识产权专业多为法学的二级学科，或者以高校自设交叉学科模式出现，不利于独立系统的知识体系的形成和复合型人才的培养，建议把知识产权学科建设成为新的一级学科，这是培养技术转移人才的长期性战略举措，也是获取基础知识最高效的方式，有利于壮大专业化技术转移人才队伍。

还应完善多层次的技术转移人才发展机制，通过项目、基地等多种载体和教学合作等多种形式吸引海外高层次技术转移人才和团队，畅通技术转移人员的职业发展和职称晋升通道，将参与技术转移的人员纳入奖励范围，进一步激发技术转移人员参与科技成果转化的工作热情。

（六）明确党政领导干部参与职务科技成果混合所有制改革的合规性、合纪性

虽然目前国家出台了许多政策推动职务科技成果混合所有制改革，一些单位也对职务科技成果混合所有制改革感兴趣，但一些单位及其科研人员对该政策仍有些顾虑。例如，在高校、科研院所里完成大量职务科技成果的优秀科研人员中有不少是单位的党政领导干部，由于他们同时具有国家公职人员的身份，而现有规定对其在职务科技成果转化中获取奖励和报酬的规定并不明确，这在一定程度上影响了他们开展科技成果转化的积极性。另外，根据相关的法律法规、党纪党规，党政干部不得从事或者参与营利性活动，不得在企业或者其他

第五章　我国职务科技成果混合所有制改革的路径与制度完善

营利性组织中兼任职务。而在职务科技成果混合所有制改革中，党政领导干部作为科技成果完成人可以通过入股、创办企业等形式确认收益分配。可以看到，实践中职务科技成果混合所有制改革的措施与相关法律法规、党纪党规存在冲突，导致党政领导干部不是"不愿转"，而是"不敢转"。

然而，随着国家政策的支持，在地方立法层面已经逐步开始明确规定担任领导职务的科研人员可以获得科技成果转化收益，如2019年发布的《湖南省实施〈中华人民共和国促进科技成果转化法〉办法》第二十七条规定，政府设立的研发机构、高校及其所属具有独立法人资格单位的正职领导，是科技成果的主要完成人或者对科技成果转化做出重要贡献的，可以依法给予现金奖励，但一般不给予股权激励。其他担任领导职务的科技人员，是科技成果的主要完成人或者对科技成果转化做出重要贡献的，可以依法给予现金、股份或者出资比例等奖励和报酬。2021年发布的《重庆市进一步促进科技成果转化的实施细则》规定，担任行政职务的科研人员（不含单位正职领导干部）在完成岗位职责和任务前提下，可以向单位提出书面申请，在成果转化中经单位同意后在企业（含在本单位所属企业）从事技术研发、产品开发、技术咨询和技术服务等工作；是科技成果的主要完成人或者对科技成果转化做出重要贡献的，可以按照促进科技成果转化法的规定获得现金、股份或者出资比例等奖励和报酬。尽管如此，但在实际转化工作中，部分高校和科研院所的领导干部及管理人员对其职务科技成果的转化依旧持比较谨慎的态度，不敢轻易尝试转化。如果不把提高他们积极性的体制机制障碍清理干净，创新驱动将依然缺乏内生动力。因此，建议在政策、党纪党规和相关法律法规中进行例外规定，在科技成果转化中，作为科技成果完成人的党政干部，可以持股或在相应企业兼职兼薪。同时，应当细化参与收益分配的决策流程，建立公开、严格的程序，如可以要求向相应的组织部门备案，事先报请相关部门批准并公示，保证政策能够落地实施，党政领导干部也应当如实申报在科技成果转化过程中获得的奖励情况。通过法律和政策规定，明确党政领导干部参与职务科技成果混合所有制改革的合规性、合纪性，喂党政领导干部吃下"定心丸"，提高党政领导干部带头开展科技成果转化的积极性。

参考资料

[1] 安涌洁，刘海波. 高校科技成果转化中知识产权管理系统的嵌入——基于对英国30所高校的分析［J］. 科技管理研究，2022（9）：136－142.

[2] 曹勇，邢燕菊，赵莉. 日本推进产学研合作创新的立法效果及启示［J］. 情报杂志，2009（10）：191－196.

[3] 常静，芮绍炜，武雨婷. 科技成果转化股权奖励个税政策演变过程分析与启示［J］. 中国科技论坛，2020（11）：18－25.

[4] 常旭华，刘永千，刘笑，等. 区域科技成果转化政策目标体系与评估——基于上海数据的研究［J］. 中国科技论坛，2018（9）：58－68.

[5] 陈柏强，刘增猛，詹依宁. 关于职务科技成果混合所有制的思考［J］. 中国高校科技，2017（A2）：130－132.

[6] 陈何芳. 论法国高等学校的科学研究与科技园区建设［J］. 高教发展与评估，2008（4）：70－74.

[7] 陈家宏，饶世权. 协同激励创造与转化的职务发明制度重构研究——兼论《专利法》第六条的修改［J］. 中国科技论坛，2019（7）：19－26，33.

[8] 陈俐，冯楚健，陈荣，等. 英国促进科技成果转移转化的经验借

鉴——以国家技术创新中心和高校产学研创新体系为例［J］. 科技进步与对策，2016（15）：9-14.

［9］陈旭东，倪晓磊. 高校科技成果转化权责配置的困境与改进［J］. 浙江学刊，2021（4）：104-112.

［10］陈扬跃，马正平. 专利法第四次修改的主要内容与价值取向［J］. 知识产权，2020（12）：124-130.

［11］程行坤. 职务科技成果共有权行使的价值、困境与完善路径［J］. 中国高校科技，2023（3）：86-92.

［12］楚道文，丛培虎，余晓龙. 职务科技成果共有权的政策要义及制度路径［J］. 中国科技论坛，2021（3）：36-42.

［13］楚道文. 职务科技成果长期使用权的法构造及实现路径［J］. 科技与法律（中英文），2021（3）：36-44.

［14］邓恒，王含. 专利制度在高校科技成果转化中的运行机理及改革路径［J］. 科技进步与对策，2020（17）：101-108.

［15］邓志红. 高校职务科技成果的权利配置规则研究［J］. 科学学研究，2020（2）：259-265.

［16］丁明磊，刘彦蕊. 南京和武汉探索促进科技成果转化的实践及政策启示［J］. 科学管理研究，2014（2）：55-58.

［17］丁明磊. 地方探索职务科技成果权属混合所有制改革的思考与建议［J］. 科学管理研究，2018（1）：17-20.

［18］高华. 职务发明创造及专利权归属探析［J］. 科研管理，1999（5）：46-50.

［19］高艳琼，肖博达，蔡祖国，等. 高校职务科技成果混合所有制的现实困境与完善路径［J］. 科技进步与对策，2021（8）：118.

［20］葛章志. 赋权改革背景下职务科技成果共同所有权的行使逻辑［J］. 科技进步与对策，2023（1）：114-122.

［21］顾志恒，王玲. 新时期高校科技成果权属与处置相关问题探讨

[J]．中国高校科技，2021（8）：85-89．

[22] 郝佳佳，雷鸣，钟冲．高校职务科技成果权属混合所有制改革研究综述[J]．中国科技论坛，2021（4）：128-139．

[23] 何敏，张浩泽．论按份共有规则在职务发明制度中的确立[J]．科技与法律，2018（5）：1-6．

[24] 何敏．新"人本理念"与职务发明专利制度的完善[J]．法学，2012（9）：65-74．

[25] 何莹，乔子轩．职务发明权益配置研究：利益失衡及制度纾解[J]．科技与法律（中英文），2022（3）：68-75．

[26] 黄灿，徐戈，李兰花，等．中国高校和科研院所科技成果转化制度改革——基于专利技术交易数据的分析[J]．科技导报，2020（24）：92-102．

[27] 黄超，韩赤风．我国大学教师科研成果的知识产权属性与法律保护研究[J]．江苏高教，2018（12）：54-58．

[28] 解栋栋，曾翔．关于上海高校和科研院所职务科技成果产权管理体制改革[J]．科学发展，2015（12）：64-69．

[29] 康凯宁，刘安玲，严冰．职务科技成果混合所有制的基本逻辑——与陈柏强等三位同志商榷[J]．中国高校科技，2018（11）：47-50．

[30] 康旭东，张心阳，杨中楷．美国国家科学基金会促进高校科技成果转化的措施与启示[J]．中国科学基金，2021（3）：473-481．

[31] 康治平，付媛，唐旭，等．赋予科研人员职务科技成果所有权或长期使用权实施路径探究[J]．中国科技论坛，2022（3）：17-24．

[32] 李强，暴丽艳，郝丽．基于最优委托权安排模型的职务科技成果混合所有制研究[J]．科技管理研究，2019（5）：191-198．

[33] 李胜利．分配法与再分配法[J]．法学评论，2008（2）：

109—111.

[34] 李昕，卞欣悦. 我国公立大学职务科技成果权属分置制度的困境与完善［J］. 湖南师范大学教育科学学报，2020（2）：11—19.

[35] 李政刚. 赋予科研人员职务科技成果所有权的法律释义及实现路径［J］. 科技进步与对策，2020（5）：124—130.

[36] 刘春田. 知识产权法［M］. 2版. 北京：高等教育出版社，北京大学出版社，2004：114.

[37] 刘凤，张明瑶，康凯宁，等. 高校职务科技成果混合所有制分析——基于产权理论视角［J］. 中国高校科技，2017（9）：16—20.

[38] 刘强.《专利法》第四次修改背景下职务科技成果混合所有制研究［J］. 知识产权，2022（10）：82—101.

[39] 刘鑫，穆荣平. 基层首创与央地互动：基于四川省职务科技成果权属政策试点的研究［J］. 中国行政管理，2020（11）：83—91.

[40] 隆云滔，刘海波. 发达国家科技成果转化股权激励政策比较研究［J］. 科技促进发展，2021（8）：1468—1477.

[41] 罗林波，王华，郝义国，等. 高校科技成果转移转化模式思考与实践［J］. 中国高校科技，2019（10）：17—20.

[42] 马碧玉. 促进科技成果转化的科技体制改革研究——基于当前政策调整与制度完善的思考［J］. 中国高校科技，2022（6）：91—96.

[43] 马碧玉. 美国联邦研发经费资助的科技成果转化制度体系研究［J］. 世界科技研究与发展，2022（2）：185—198.

[44] 马波. 论职务科技成果混合所有制的规范表达与完善措施［J］. 科技进步与对策，2022（3）：129—136.

[45] 乔永忠，朱雪忠，万小丽，等. 国家财政资助完成的发明创造

专利权归属研究［J］. 科学学研究，2008（6）：1181-1187.

［46］曲振涛，杨恺钧. 法经济学教程［M］. 北京：高等教育出版社，2006：118.

［47］饶世权. 激励发明人参与职务发明创造转化的专利权分享：比较与适用［J］. 电子知识产权，2023（1）：81-90.

［48］芮雯奕. 德国《科学自由法》对我国新型科研院所建设的启示［J］. 科技管理研究，2015（19）：84-89.

［49］石琦，钟冲，刘安玲. 高校科技成果转化障碍的破解路径——基于"职务科技成果混合所有制"的思考与探索［J］. 中国高校科技，2021（5）：85-88.

［50］史晋川. 法经济学［M］. 北京：北京大学出版社，2007：50.

［51］陶娜，郭英远，张胜. 基于利益相关者理论的高校科技成果转化机制研究［J］. 科技管理研究，2018（21）：131-137.

［52］陶鑫良. 职务发明性质之约定和职务发明报酬及奖励——我国专利法第四次修订中有关职务发明若干问题的讨论［J］. 知识产权，2016（3）：3-13.

［53］万志前，朱照照. 论职务科技成果转化利益分配的约定优先原则［J］. 华中农业大学学报（社会科学版），2017（3）：124-131.

［54］王乔，黄瑶妮，张东升. 支持科技成果转化的财税政策研究［J］. 当代财经，2019（7）：28-36.

［55］王影航，李金惠，李炳超. 职务科技成果赋权改革的法治标准及优化路径研究［J］. 科技进步与对策，2023（4）：97-105.

［56］王影航. 高校职务科技成果混合所有制的困境与出路［J］. 法学评论，2020（2）：68-78.

［57］魏琼. 美日高校职务成果转化的权利配置及启示［J］. 宁夏社会科学，2018（6）：57-64.

［58］吴汉东. 著作权合理使用制度研究［M］. 北京：中国政法大学

出版社，1996：13.

［59］吴殷，刘延辉. 日本产学连携政策体系效率分析［J］. 知识产权，2013（4）：92-96.

［60］肖尤丹，徐慧. 职务发明国家所有权制度研究［J］. 知识产权，2018（8）：62-72.

［61］谢地. 试析高校国有科技成果转化的产权配置问题［J］. 电子知识产权，2018（9）：51-66.

［62］徐兴祥，饶世权. 职务科技成果专利权共有制度的合理性与价值研究——以西南交通大学职务科技成果混合所有制实践为例［J］. 中国高校科技，2019（5）：87-90.

［63］徐兴祥，俞仕琳. 职务科技成果混合所有制改革的实践成效及完善建议——基于四川省33家改革试点单位的实证分析［J］. 中国科技论坛，2022（12）：108-116.

［64］许义文. 职务发明共有制：对我国职务发明专利权归属的思考［J］. 研究与发展管理，1996（1）：40-43.

［65］余赵，陈杰. 深化职务科技成果所有权、处置权与收益权配置改革路径研究［J］. 科学管理研究，2020（2）：59-63.

［66］曾莉，付雪旻. 国际视野下职务发明权属制度的经验与启示［J］. 科技与法律（中英文），2021（1）：44-52.

［67］翟晓舟. 科技成果转化"三权"的财产权利属性研究［J］. 江西社会科学，2019（6）：171-179.

［68］翟晓舟. 职务科技成果转化收益配置中的权责规范化研究［J］. 科技进步与对策，2019（20）：128-133.

［69］张虹冕，赵今明. 德国亥姆霍兹联合研究会建设特点及其对我国的启示［J］. 世界科技研究与发展，2018（3）：290-301.

［70］张菊. 法国高校与政府研究机构的合作及对中国的启示［J］. 科技进步与对策，2003（4）：130-132.

［71］张胜，郭英远，窦勤超. 科技人员主导的职务科技成果转化机

制研究［J］. 科技进步与对策，2014（21）：110－113.

［72］张文斐. 职务科技成果混合所有制的经济分析［J］. 软科学，2019（5）：51－54.

［73］张宇庆. 如何破解科技成果转化之困——基于科技经纪人（组织）建设的视角［J］. 中国高校科技，2018（3）：72－74.

［74］张玉琴. 日本产学研合作新体系评述［J］. 河北师范大学学报（教育科学版），2012（4）：54－58.

［75］章熙春，江海，袁传思. 产权激励对促进高校科技成果转化的影响研究［J］. 科技管理研究，2020（17）：106－111.

［76］赵雨菡，魏江，吴伟. 高校科技成果转化的制度困境与规避思路［J］. 清华大学教育研究，2017（4）：108－112.

［77］郑学党，汪春雨，赵乐祥. 新时代推进高校科技成果转化的财税激励政策研究［J］. 高校教育管理，2019（2）：68－77.

［78］钟卫，沈健，姚逸雪. 中美高校科技成果转化收益分配机制比较研究［J］. 科学学研究，2023（2）：253－263.

［79］朱一飞. 高校科技成果转化法律制度的检视与重构［J］. 法学，2016（4）：81－92.

［80］邹俊. 美国技术创新法律机制评介［J］. 科技管理研究，2008（11）：17－19.

后　记

　　本书不仅是作者思考的结晶,更是对一件重大事件的历史记录。2016年1月19日,西南交通大学在总结过去五年"职务科技成果混合所有制"小范围试验的基础上,印发了《西南交通大学专利管理规定》,在国内高校中率先全面实施"职务科技成果混合所有制",使职务发明人首次拥有了职务科技成果的所有权。西南交通大学的"职务科技成果混合所有制改革"兴起之时即引起了社会的广泛关注。有质疑,也有赞扬。2016年5月21日晚,中央电视台《新闻联播》以近5分钟的时长做了头条专题报道"科技成果确权　自主创新提速",介绍了西南交通大学在加速科技成果转化中的新尝试和新实践。2018年12月,西南交通大学的"职务科技成果混合所有制改革"以特殊形式在国家博物馆举办的"伟大的变革——庆祝改革开放40周年大型展览"中展出。2018年6月14日,学者杨伟民在第十届陆家嘴论坛上说:"我以为进行改革的西南交大是科技成果产权制度改革的'小岗村',当年土地承包制这一土地产权制度改革解决了农民产权激励问题,也就解决了中国吃饭的问题。今天唯有推动科研产权制度改革,才可以解决科研人员产权激励问题,从而解决创新驱动的动力源泉问题，解决我国核心技术受制于人的问题。"2023年3月28日，西南交通大学"职务科技成果混合所有制改革"相关实物被中国共产党历史展览馆永久收藏，而此时西南交通大学的这一改革已经从"1.0版"更新完善到"3.0版"。

我们有幸作为这一开创性事件的见证人，一直从法理、经济学等不同角度对职务科技成果混合所有制改革的公平性、合理性进行了研究，并在相关部门支持下，对职务科技成果混合所有制改革试点成效进行了广泛的调查和深入分析，形成相关建议。因此，本书是对职务科技成果混合所有制改革理论与实践的总结。

本书受西南交通大学法学专项研究项目资助（项目编号：SWJTU SPAL002），同时是四川省科技计划项目软科学项目"职务科技成果混合所有制改革的知识产权法理研究"（项目编号：2018ZR0221）、四川省科技计划项目软科学项目"四川省职务科技成果混合所有制改革的实效及完善对策研究——基于试点单位的调查分析"（项目编号：2020JDR0054），以及西南交通大学－中细软中国高铁知识产权研究院、四川省知识产权教育培训（西南交通大学）基地2022—2023年度项目（项目编号：IP22001－IP22005）的研究成果。

在此，要特别感谢相关部门和有关人员的支持，使得我们能够广泛、深入、持续地了解职务科技成果混合所有制改革的整个过程和整体面貌！感谢长期以来关注和研究职务科技成果混合所有制改革的专家、学者，本书参考了他们的研究成果，使得本书的内容更加全面！感谢西南交通大学公共管理学院为本书的出版提供经费资助！感谢西南交通大学公共管理学院法学系硕士研究生宋爱洁、汪斐宇、谢宛仪、范晓帆、卢俊言、赵建军、俞仕琳、梨姿、杨贤文、江淼、余文星、黄合杰、刘颖（排名不分先后）等参与了相关课题的资料收集、整理等工作！

本书由多人合著，分工如下（以撰写章节为序）：饶世权，第一章；陈迎新，第二章；杨珊，第三章；徐兴祥，第四章；夏永梅，第五章。

本书纰漏之处，恳请读者指正！

作　者

2023.10